Am Fuße der Festung

W0067125

Am Fuße der Festung

Begegnungen vor Europas Grenze

Text | **Johannes Bühler**
Illustration | **Marina Grimme**

schmetterling verlag

Bibliografische Informationen der Deutschen Nationalbibliothek
Die Deutsche Nationalbibliothek verzeichnet diese Publikation in der
Deutschen Nationalbibliografie; detaillierte bibliografische Daten sind im
Internet über http://dnb.d-nb.de abrufbar.

Freundliche Unterstützung durch:

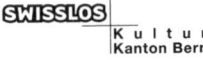

stadtlangenthal

www.am-fusse-der-festung.eu

Personennamen wurden teilweise geändert, um die Privatsphäre
der Betroffenen zu schützen.

Schmetterling Verlag GmbH
Lindenspürstr. 38b
70176 Stuttgart
www.schmetterling-verlag.de
Der Schmetterling Verlag ist Mitglied von aLiVe,

ISBN 3-89657-077-3
1. Auflage 2015
Printed in Hungary
Alle Rechte vorbehalten
Grafikdesign Umschlag und Innenteil sowie Reproduktionen:
Marina Grimme und Schmetterling Verlag
Satz: Schmetterling Verlag
Druck: Interpress, Budapest

Dem Lachen. Der Hoffnung. Dem Vergessen.

Danke an alle, welche dieses Buch möglich gemacht haben.

Ganz besonders an Abu, Amin, Ayoub, Azarias, Barnabé, Davi, Ebrima, Felix, Giresse, Hermine, Jihorul, JML, Jounes, Kamal, Moise, Moise, Moussa, Nadine, Natacha, Patric, Sajid, Serge und Zakaria. Sowie an Clara von Verschuer, Marina Grimme, Zineb und Familie Bhaby, meine Eltern, Salvi Pittà, Friederike Müller und Sarah Wendle.

Inhalt

AMADOU

Amadou

Geboren 1981 in Côte d'Ivoire

Willkommen in Duardum. Das hier ist ein Slum. Wir sind viele hier. Und jeder ist mit seinem eigenen Ziel gekommen. Wir zum Beispiel, wir sind durch die Wüste gekommen. Unser Leben ist nochmal ein anderer Film. Und es tut weh, sich daran zu erinnern, um es zu erzählen. Das ist nicht leicht. Denn unsere Geschichten, das sind wahre Geschichten. Ich habe so einiges gesehen. Ich habe die Wüste gemacht. Ich habe Libyen gemacht. Ich habe Algerien gemacht. Die Wüste ist derart weit, wenn dein Lastwagen eine Panne hat, dann kommst du um. Ich habe die Körper toter Menschen auf dem Weg liegen sehen, den Pass auf der Brust. *Franchement*, da wirst du verrückt. Aber ich bin am Leben. Ich bin noch hier.

Ich sage dir, es ist überhaupt nicht leicht. Du wirst dieses Buch schreiben und so weiter – aber was erhalte ich im Gegenzug? Alles, was ich dir erzählen werde, habe ich erlebt. Das sind keine Inszenierungen. Ich bin Amadou Koné. Ich bin hier, wie man sagt, ein Einwanderer wie die anderen. Ich bin gekommen, um zu überqueren. Darum bin ich hier. Seit fünf Jahren. Ich versuche mich mit Gelegenheitsarbeit als Hilfsmaurer durchzuschlagen. 50 Dirham (5 Euro) pro Tag. Wenn man mich braucht, ruft man mich an. Wenn es keine Arbeit gibt, bin ich zuhause. Wir leben von heute auf morgen. Es ist Gott, der uns hier führt. Sonst nicht viel.

Ich verließ Côte d'Ivoire, als der Krieg ausgebrochen ist. Das war 2002. Sie haben meine Familie umgebracht, weil wir aus dem Norden sind.[1] Ich war nicht zuhause, als es passierte. Ich war zu Besuch bei einem Freund und wir organisierten ein Geburtsfest für das

Kind eines Cousins. Sie kamen mit Kalaschnikows, traten die Türe ein und brachten alle um. Die ganze Familie. Als ich zurückkam, habe ich ihre Körper in der verwüsteten Wohnung liegen sehen. Ich wusste nicht, ob ich noch auf Erden bin, ehrlich gesagt. Denn ich hätte mir nie ein solches Leid vorstellen können. Ich erkannte nichts mehr. Überall war Blut. Es ist nicht leicht, zu erklären, was ich fühlte. Ich konnte nicht einmal mehr die Körper überprüfen, wer alles da war. Denn ich hatte Angst, sie würden gleich wiederkommen und mir ebenso ein Ende setzen.

Also ergriff ich die Flucht. Ich war 21 Jahre alt und ging nach Mali. In Bamako schlief ich auf einem Karton auf den Markttischen, nachdem die Frauen am Abend ihre Sachen zusammengeräumt hatten, bis ich eines Tages einen Malier traf, der mich bei sich aufnahm. Er hat mir viel geholfen und mir viel Mut gemacht. Er sagte, man müsse kämpfen im Leben, um zu Rande zu kommen. Denn in Mali war es nicht leicht. Doch er fand für mich eine Arbeit in einer Garage, wo ich Schweißen lernte. Das tut weh in den Augen, aber ich habe alles gemacht, was der Patron von mir verlangte. Ich sagte mir, ich muss diese Zeit durchhalten, bis ich genug Geld habe, um die Wüste zu überqueren. So blieb ich ein Jahr lang bei ihm.

Als ich losging, war es, als würde ich meinen Bruder verlassen. Er erklärte mir alles und sagte, *möge Gott dich beschützen*. Denn die Reise war nicht leicht. Wir reisten drei Tage lang im Herzen der Wüste, und am zweiten Tag kamen wir an einen Ort, an dem drei Körper auf dem Sand lagen. Ihre Glieder waren steif, die Hände verkrampft und auf der Brust lagen ihre Pässe und Identitätskarten. Es waren drei junge Malier. Das hat mich an die toten Körper meiner Familie erinnert und ich war verzweifelt. Ich hatte keine Lust mehr weiterzureisen. Ich sagte mir, ich werde ebenso umkommen. Man hat eben drei tote Menschen mitten in der Wüste abgeladen und die Sonne hat ihre Leichen verbrannt. Aber mir blieb nichts anderes übrig, als mit den anderen weiterzufahren. Da habe ich gesehen, ehrlich gesagt, das Leben ist seltsam.

Am Tag darauf erreichten wir Bordj². Ich blieb über ein Jahr in Algerien und arbeitete auf Baustellen. Es war nicht leicht. Du musst den ganzen Tag lang Sand auf Lastwagen schaufeln. Und am Abend bist du voller Staub und magst nicht einmal mehr essen, weil du so müde bist. Doch ich blieb dort und arbeitete, arbeitete, arbeitete. Selbst am Sonntag arbeitete ich. Es gab keinen Tag, an dem ich nicht auf die Baustelle ging. Derart wollte ich mein Leben wieder in Ordnung bringen. Ich sagte mir, ich habe keine Familie mehr, aber warum nicht eine Frau haben, Kinder haben und so weiter, in Europa, wo es besser ist?

Eines Tages, als ich 1500 Euro zusammenhatte, ging ich nach Maghnia³ und überquerte die Grenze nach Marokko. Dort gehst du um fünf Uhr morgens los, zu Fuß. Und gegen elf Uhr kommst du an. Denn es ist keine richtige Grenze und es gibt keinen Grenzübergang, wegen den Problemen zwischen Marokko und Algerien. Da gibt es nur verschiedene Camps. Du siehst die Fahnen der Marokkaner und die Fahnen der Algerier. Und du musst durch das Gestrüpp gehen, um zu vermeiden, dass sie dich sehen. Wir gingen, gingen, gingen. Meine Füße, meine Beine, alles war verletzt. Die Sohle löste sich von meinem linken Schuh, weil wir so weit gingen. Also musste ich meinen Fuß mit meinem T-Shirt einwickeln. Er blutete bereits. Ich fragte mich, was ist das denn für ein Leben? Mit all den Stacheln überall. Ich war todmüde, ich schwitzte, die Sonne wurde immer heißer, wir gingen, gingen, gingen.

In Marokko ging ich nach Rabat zu einem Ivorer, dessen Nummer man mir unterwegs gegeben hatte. Und allmählich verbrauchte ich mein Geld. Denn hier gibt es keine Arbeit. Ehrlich gesagt, hier ist die Misere. Ich sah Leute, welche gezwungen waren, zu betteln, nur um etwas zu Essen zu haben, um ihre Kinder zu ernähren. Das tat mir weh. Und ich sagte mir, ich muss hier weg. Der Ivorer sagte mir, es gäbe verschiedene Mittel, um zu reisen. Manche würden ein Zodiac⁴ und einen Motor kaufen, um von Nador⁵ aus ihr Glück zu versuchen. Es koste 1000 Euro pro Person und gehe etwa fünf Stunden, bis man nach Spanien kommt. Fünf Stunden auf dem Meer! Ich fragte, ob wir Schwimmwesten tragen, aber er sagte nein, es gäbe keine Schwimmwesten. Manche ertränken und blieben im Wasser. Ich schwöre dir, an dem Abend, ich weiß noch, wir saßen auf dem Sofa und schauten fern, in dieser Nacht konnte ich nicht schlafen. Ich sagte eh, was passiert mit mir? Was hat mich hierhergeführt? Ich sah das Meer, die Wellen, all das. Und also sagte ich mir, ich werde eine andere Möglichkeit suchen.

Aber nach einigen Wochen hörte ich von sieben Leuten, welche es auf der Höhe von Castillejos[6] reingeschafft haben. Sie ruderten mit einem Zodiac nach Ceuta[7]. Und ich sagte mir, ich bin bereit, ich will nach Spanien, und wenn ich dabei sterbe, dann sterbe ich eben. Ich kam in Kontakt mit ein paar Leuten, welche noch jemanden für ihren Zug suchten, damit sie schneller sind beim Rudern. Wir trafen uns, jeder zahlte 700 Euro, wir kauften ein Zodiac und gingen mit dem Car nach Castillejos. Dort versteckten wir uns im Wald auf dem Berg und am frühen Morgen schlichen wir zum Meer hinunter. Wir pumpten das Boot auf und schoben es ins Wasser. Aber in dem Moment, als wir ins Meer stechen wollten, kamen die Soldaten[8] und umzingelten uns. Sie sagten, *heute habt ihr kein Glück!* Sie ließen die Luft aus dem Zodiac und falteten es zusammen.

Ich schaute in den Himmel und fragte, was hat Gott mit mir vorgesehen? Ich weiß, dass es Gott gibt, aber dieses Mal hat er sein Kind im Stich gelassen. Das sagte ich mir, dann kniete ich nieder. Mit all dem, was mir zugestoßen ist. Aber ich behielt den Glauben. Denn, ehrlich gesagt, wenn ich den Glauben verloren hätte, hätte ich den Kopf verloren. 700 Euro sind gerade einfach so ins Wasser gefallen. Ich konnte das nicht glauben. Aber die Soldaten stießen mich in den Rücken: *Los, los, geht!* Sie führten uns zu einem kleinen Haus. Wir mussten uns auf die Brust legen. Sie hatten dicke Holzknebel. Und sie fingen an, uns auf den Hintern zu schlagen. Sie schlugen uns in die Rippen. Sie prügelten auf uns ein. Sie prügelten und prügelten. Sie schrien uns an. *Was sucht ihr hier? Wer brachte euch hier her? Eh? Ihr seid hier nicht zuhause! Geht nachhause! Was wollt ihr in Europa? Eh? Soll Europa euch durchfüttern?* Sie beschimpften uns und droschen auf uns ein. Der Kleinste wurde ohnmächtig. Sie warfen ihn zur Seite. Und ich fragte mich, ob er das wohl überlebt. Aber sie prügelten einfach weiter auf uns ein. Wir versuchten, davonzukriechen. Wir baten sie um Verzeihung. Aber sie sagten: *Wir werden euch nach Oujda⁹ bringen! Dann werdet ihr sehen, wer hier das Sagen hat! Dreckige Neger, wir brauchen euch nicht! Wenn es uns hier schlecht geht, dann ist das euretwegen!* Sie sagten, hier gäbe es auch keine Arbeit. Und wenn sie heute Soldaten sind, dann nur, weil es sonst keine Arbeit gibt. Sie schlugen auf uns ein. Sie beschimpften uns. Ehrlich, bis heute kann ich diese Geschichte nicht wirklich vergessen. Und wenn ich einmal ein Kind habe, ich werde ihm sagen, *du musst dich durchschlagen im Leben. Alles, was auf dich zukommt, ist hart. So ist das Leben. Was dein Vater gesehen hat, ist mehr als den Tod.*

Irgendwann kam ein Kastenwagen und sie brachten uns alle rein. Sie sperrten uns zwei Tage lang in eine Zelle. Dann fuhren sie uns an denselben Ort, an dem ich nach Marokko kam. Spät in der Nacht. Mitten im Nichts. Du wartest dort, bis sie weg sind. Dann gehst du den ganzen Weg zu Fuß zurück bis zu einer Bahnstation, wo die Güterzüge langsamer fahren, sodass du aufspringen kannst. Ich landete in einem Wagen voller Schafe und versteckte mich dazwischen.

Als ich wieder hier war, habe ich lange überlegt, was ich jetzt tun soll. Mein Geld war dahin. Wie willst du hier in Marokko siebenhundert Euro verdienen? Ich bin seit fünf Jahren hier. Manchmal arbeite ich auf Baustellen, aber das reicht gerade, um mein Zimmer zu bezahlen und etwas zu essen. So geht es uns. Wir leben in Slums. Es gibt ständig Überfälle gegen Schwarze. Letzte Woche haben mich zwei Männer mit einem Messer angegriffen und mir mein Telefon gestohlen. Aber wenn du zur Polizei gehst, fragen sie dich bloß, ob du einen Ausländerausweis hast. Alles andere kümmert sie nicht. Wirklich, das Leben ist nicht leicht für uns. Aber dir bleibt nichts anderes übrig. Du musst es annehmen und versuchen, dich durchzuschlagen. Und immer wieder lachen, um die Probleme zu vergessen. Das ist alles, was du hier tun kannst. Aber wir sagen immer, Gott sei Dank. Denn wir sind noch am Leben. Das ist auch das Leben. Du darfst den Kopf nicht hängen lassen. Ich sage mir, eines Tages wird sich eine Gelegenheit ergeben. Eines Tages werde ich nach Europa kommen. Das ist alles, was in meinem Kopf ist. Selbst wenn ich schlafe, denke ich daran. Denn hier, was kann ich hier tun? Und in Côte d'Ivoire? Meine Familie ist tot. Ich habe dort nichts mehr. Also bin ich dazu verurteilt, den Kampf weiterzuführen. Und, gut, ich weiß nicht, wann mein Leben aufhören wird. Aber bis dann werde ich versuchen, das Meer zu überqueren und diese Misere hier zu verlassen. Das ist meine Entscheidung. Denn es gibt ein Sprichwort bei uns, das sagt, solange man lebt, hat man immer Hoffnung. So ist das. Erst wenn du nicht mehr lebst, weißt du, dass dein Leben zu Ende ist, *bon*, da musst du nichts mehr hoffen.

مرحبا بك[10]

Aufbrechen fühlt sich an wie eine kalte Dusche nach einer schlecht geschlafenen Nacht. Ich fürchte mich vor der Kälte, obwohl ich mich nach frischer Durchblutung meines müden Körpers sehne. Ich zögere alles hinaus und lenke mich ab – vom Packen, Aufräumen, Schuhe schnüren – von dem Moment des Gehens. Ein kühler Schweizer Herbsttag ist der Beginn meiner Reise. Vier Jahre nachdem ich das erste Mal nach Marokko reiste. Vier Jahre nachdem ich alleine mein Zuhause verlassen hatte, um eine unbekannte Welt zu entdecken. Und mein Leben auf den Kopf zu stellen.

Neben mir marschieren Soldaten das Kasernengelände ab. Ich schreibe *Genf* auf einen Pappkarton und strecke ihn den Autos entgegen. Zwanzig Kilometer später sitze ich in der Kabine eines mächtigen Sattelschleppers. Triumphierend lasse ich die Deutschschweiz an mir vorbeiziehen, wie ein Zugvogel, der es eilig hat. Die Flüsse und Bauernhöfe, die Stadthäuser, Hochhäuser, Wälder, Bahnlinien, Brücken und Weiden. Mit mir das beflügelnde Gefühl, zu ziehen; das Vertrauen in den Weg und darauf, dass er immer weiter geht.

An einer Raststätte hält ein Kombi mit Diplomatenschild. Ein rundlicher Asiate fragt auf Englisch, woher ich komme und wohin ich gehe. *Aus der Deutschschweiz,* antworte ich, *nach Marokko. – Like this?* meint er erstaunt und wedelt mit dem Daumen. *Ja,* sage ich, *like this,* und er beginnt herzhaft zu lachen. Dann will er alles wissen. Was ich in meinem Rucksack habe, ob ich keine Angst habe, wo ich schlafe, wie viel Geld ich brauche, in welchen Ländern ich schon gewesen bin, und ob ich eine Freundin habe. *You white people are lucky,* sagt er dann, *ihr weißen Leute habt's gut. Ihr habt einen Pass, mit dem ihr überallhin gehen könnt, überall helfen euch die Leute, und wenn ihr für kurze Zeit arbeitet, habt ihr genug Geld, um lange zu reisen.* Wir fahren auf der Autobahn durch die herbstlich gelbe Landschaft, die tief stehende Novembersonne im Rücken. In mir das brennende Verlangen nach dem Abenteuer und die Freude am Entdecken: Tage, Welten, Momente und das Glück. *Ich komme von den Philippinen,* beginnt der Mann zu erzählen. *Ich kann dir sagen, das Leben ist hart, wenn man im falschen Land geboren wird. Als ich so alt war wie du, bin ich nach Saudi-Arabien gegangen, um Arbeit zu finden. Ich habe ein paar Jahre auf dem Bau gearbeitet, aber wir lebten dort wie Sklaven. Also heuerte ich auf einem Frachtschiff an. Doch das Meer ist schrecklich. Manchmal waren die Wellen so hoch wie diese Hochhäuser dort drüben. Ich musste ständig erbrechen und trotzdem arbeiten. Das war kein Leben für mich. Und als wir in Italien ankamen, bin ich bei Verwandten eines Kameraden untergetaucht. Ich arbeitete zehn Jahre lang alles Mögliche, und jetzt bin ich Fahrer für die Libysche Delegation an der UNO. Mein Lohn ist gerade genug, um zu überleben und meine Wohnung zu bezahlen.* Dann seufzt er und lächelt mich an, fragt mich noch einmal alle Details meiner Reise, ob ich Bargeld habe oder eine Kreditkarte, was ich mache, wenn ich schlechten Menschen begegne, wenn es regnet, wenn mich niemand mitnimmt, wenn ich mich verliebe, wenn ich krank werde, wenn ich kein Geld mehr habe. Ich erzähle – und verliere das Bild des Abenteurers, das ich manchmal gerne von mir hätte. Mein Risiko, im Leben zu scheitern, ist klein. In erster Linie habe ich eine solide Versicherung für alles Mögliche: Das Land, in dem ich geboren bin.

Genf. Vor mir die Gebäude der UNO, hinter mir eine verlassene Villa mit wucherndem Garten, über mir die Flugzeuge, die in irgendeine Weltrichtung starten und den Himmel durchpflügen. Ich warte eine gefühlte Ewigkeit in der Abendsonne, bis eine junge Frau abbremst und mich einsteigen lässt. Ihr lächelndes Gesicht, ihre gestreckten Arme aus zarten Muskeln und die leichten Haarsträhnen, die über ihre Sonnenbrille fallen, lassen mein Herz in den Kopf schlagen. Wir reden von Lebensplänen und der Leidenschaft des Reisens. Als sie an der Peripherie Lyons auf einen staubigen

Abstellplatz fährt, möchte ich sitzen bleiben, ihr Lächeln genießen und die Unvorhersehbarkeit des Lebens. Aber ich steige rasch aus, packe meinen Rucksack und reiche ihr mit einem scheuen Lächeln die Hand zum Abschied.

Ich folge den Autobahnschildern nach *Alle Richtungen* und verirre mich zwischen Brücken, Schranken, Einfahrtsspuren und Abendverkehr. Ich halte mein Schild in die Abendluft. Die Minuten werden zu einer Ewigkeit, die Sonne verschwindet allmählich hinter dem Horizont und irgendwann gehen die Straßenlaternen an. Niemand hält an. Als es dunkel ist, gehe ich der Rhone entlang und suche einen besseren Ort für morgen. Doch der Weg endet auf einem staubigen Platz im Nirgendwo. Ich habe keine Orientierung mehr, aber Hunger und Durst.

Am Ufer fachen drei Gestalten ein Kohlenfeuer an und unterhalten sich im Licht eines Autoscheinwerfers. Zäh fließt der Fluss an ihnen vorbei durch die Dunkelheit. Ich gehe auf sie zu und frage, ob sie Wasser haben. *Wasser?* fragt der eine. *Du willst Wasser?* ich bejahe und ein anderer, der gerade auf dem Rücksitz des Autos herum wühlt, blickt auf und meint *Nein, wir haben kein Wasser. – Wir haben kein Wasser*, wiederholt der erste, und seine Stimme gibt mir das Gefühl, dass ich mich besser verziehen soll. *Kein Problem*, sage ich. Wieder oben auf dem Sträßchen höre ich die Jungs rufen. Sie winken mich zu sich. *Hey, hast du Durst?* fragt der erste. Ich nicke und der dritte meint: *Siehst du, der hat nur Durst!* Ich gehe auf sie zu und der erste meint: *Willst du trinken? Tut uns leid, wir dachten du brauchst Wasser um dich zu waschen. Wir haben kein Wasser.* Die drei reichen mir einen Plastikbecher mit Coca Cola und laden mich ein, mit ihnen zu essen. Mein Hunger lässt mich das Angebot nur zwei Mal ablehnen, beim dritten Mal nehme ich die Einladung glücklich an. Auf der glühenden Kohle liegen Würstchen. Französische *Banlieue*-Jugend, wie nach dem Drehbuch von *La Haine*, denke ich. Sie heißen Adil, Saïd und Sabri, ihre Eltern kommen aus Marokko und Tunesien, sie fragen mich, wo ich herkomme und wo ich hin will. Ich erzähle die Geschichte meiner Reise, trinke Bier und beiße in ein Baguette mit Würstchen, Mayo und Chilisauce. Ich lächle in die Nacht, dem Rauch entgegen, der im Scheinwerferlicht von den Kohlen aufsteigt und sich über dem Fluss verliert. Saïd legt Hähnchenschenkel auf den Rost, die er regelmäßig mit Zitronensaft besprüht, wenn das Fett zu brennen beginnt. *Sag mal*, fragt Adil, *denkst du, die würden uns auch mitnehmen? – Nein*, antwortet Saïd, *die nehmen keine Araber mit, schau mal unsere Köpfe an, das sieht man von Weitem!* Ich sage nichts. Wir trinken Bier, rauchen Hasch und essen Hähnchenschenkel. Später fahren sie mich im Auto zurück zu der Kreuzung, von der ich am Abend weggelaufen bin. Mit einem Bier in der Hand streife ich über den leeren Kreisel und lache den Sternen zu. Es ist eine laue Herbstnacht und ich fühle mich lebendig. Leicht angetrunken lege ich mich neben eine Baumgruppe, in meinem warmen Schlafsack auf der weichen Luftmatratze, und grüße die Müdigkeit.

Am frühen Morgen ist die Straße voller Autos im Morgenstau. Bald hupt ein Lastwagenfahrer und winkt mich mit ausladenden Gesten zu sich, während er gemächlich im Stau nach Süden rollt. Ich springe auf. Wir fahren dem Sonnenaufgang entgegen und erzählen unsere Leben. Seine Eltern wanderten vor dreißig Jahren von Algerien nach Frankreich aus. Er arbeitet selbstständig und hat sich vor fünf Jahren mit einem Kredit seinen Schlepper gekauft. Aber seit der Krise sei das Geschäft hart geworden. Er zeigt mir die Fotos seiner Kinder, schwärmt von Marseille und erklärt mir einen Trick, um Autobahngebühren zu sparen: *Du musst das Ticket unter dein Handy legen. So wird der Magnetstreifen entladen. Und wenn du zur Zahlstelle kommst, akzeptiert die Maschine das Ticket nicht. Also musst du über die Gegensprechanlage die Nummer durchsagen, welche hinten auf dem Ticket steht und besagt, wo du losgefahren bist. Ich habe eine Liste mit den Nummern aller Mautstellen. So wähle ich einfach die kürzeste Strecke.*

Ich bin im Süden. In der Camargue. Die Landschaft ist weit, die Straßen gerade, die Luft warm. In Perpignan verbringe ich zwei Nächte bei einem Couchsurfer, und an meinem reisefreien Tag schlendere ich gemächlich durch die Stadt. Silbrig glitzert das Wasser des flachen Flüsschens in der Morgensonne. Die Kinder der Primarschule spielen kreischend hinter einem Gitterzaun. Fünf Polizisten mit blauen Plastikhandschuhen verhaften zwei Obdachlose, die sich vor ein Modegeschäft gesetzt haben, um Wein aus Kartonpackungen zu trinken und die Herbstsonne um Gnade zu bitten. Am Bahnhof umringen mich drei kräftige Männer in Zivil. *Guten Tag Monsieur, Police National, Ausländerkontrolle, Ihre Papiere bitte, woher sind Sie, wohin gehen Sie, was machen Sie hier, wer war das, der eben mit Ihnen war.* Ich reiche ihnen das rote Büchlein, welches es mir als Geburtsrecht erlaubt, in solchen Fällen keine Probleme zu haben.

Am nächsten Tag trampe ich weiter nach La Jonquera, der Fernfahrerknoten an der französisch-spanischen Grenze. Ein endlos langes Dorf mit tausenden von Lastwagen. Ein Hafen voller schnaubender Motoren, schweren Frachträumen und leicht bekleideten Mädchen, die ihre Körper vermieten. Ein älterer Mann mit langen Haaren und vielen selbstgestochenen Tätowierungen nimmt mich am Nachmittag mit nach Süden. Er freut sich darüber, dass ich Französisch spreche; ich freue mich über den Blick geradeaus auf die Straße und die Fahrt nach vorne. Er ist Portugiese und heißt João. Nach einer Weile holt er einen Dreiliterkarton Rotwein hervor und drückt mir ein Glas in die Hand. Dann kramt er eine lange Wurst und Brot aus einer Kiste und fordert mich eindringlich auf zu essen.

Ich frage ihn, wieso er so gut Französisch spreche, und er meint: *Ich war in Frankreich.* Nach einer Weile fügt er hinzu: *Ich war in der Legion. – In der Fremdenlegion? – Ja, vier Jahre lang.* Darauf schweigt er lange. Ich trinke Rotwein und irgendwann stelle ich die einzige Frage, die sich in meinen Kopf bohrt: *Hast du Menschen getötet? – Natürlich,* sagt er, *das war mein Job. – Erinnerst du dich an sie? – Ja. Jede Nacht.* Sein Blick verliert sich in der Weite, am Horizont einer schnurgeraden Autobahnstrecke. *Ich erinnere mich an jeden.* Er greift nach dem Weinglas, welches er mich eben füllen ließ, und leert es in einem Zug. Guter portugiesischer Rotwein. *Ich will nicht darüber* reden. Ein paar Kilometer und zwei Gläser später erzählt er mir, wie es dazu gekommen ist: *Ich war in Frankreich, ich war jung und ich habe an diesem Abend viel getrunken. Wir waren drei Kameraden, und um uns Mut voreinander zu beweisen, gingen wir auf die Gendarmerie. Wir sagten, wir wollen in die Fremdenlegion. Der Gendarm sagte, wir sollen morgen wieder kommen, wenn wir nüchtern seien. Aber wir beharrten darauf, uns jetzt an diesem Abend einzuschreiben. Also gab er uns den Vertrag und wir unterschrieben. Drei Tage später bereute ich alles, aber da gab es kein Zurück mehr. Ich war für vier Jahre verpflichtet. Ich wurde ausgebildet und in die Kriege geflogen. Ich wusste nicht, für wen ich kämpfte und wer mich bezahlte. Aber ich musste kämpfen und wurde bezahlt. Ich wurde sehr gut bezahlt. Ich war in Zentralafrika, im Libanon und im Irak. – Hat es dir gefallen? – Nein, natürlich nicht. Ich wollte das nicht. Aber du bist da drin gefangen. Vier Jahre lang.* Danach fahren wir schweigend dem Meer entlang in die Dämmerung, vorbei an den Touristenstädten, immer weiter Richtung Süden. Am frühen Morgen steige ich an einer Raststätte aus, er gibt mir Wurst und Brot mit und fährt nach einem warmherzigen Abschied in die Nacht hinein. Ich lege mich unter eine Eiche am Rande des Parkplatzes und falle in einen schweren Schlaf.

Am nächsten Morgen warte ich lange. Ich warte sehr lange. Ich verfluche mein Vorhaben und frage mich, ob ich überhaupt je wieder hier wegkommen werde. Aber irgendwann gegen Mittag hält ein Lastwagen auf dem Pannenstreifen und winkt mich energisch herbei. Ich renne zur Kabine und ein lachender Bart öffnet mir die Türe. Wir fahren weiter. Ich könnte die ganze Welt umarmen.

Der Bart ist ein Moldauer, der in Portugal lebt, und wir reden zusammen ein Gemisch aus allen möglichen europäischen Sprachen. Er kam einst mit einem Visum für die Fußball-Europameisterschaft nach Belgien, tauchte unter und wurde von einer Bande nach Portugal geschmuggelt, für die er drei Jahre lang ohne Lohn auf dem Bau arbeiten musste, bis sie ihm die Papiere organisierten. Jetzt hat er zwei Kinder und fährt quer durch Europa. Er bringt mich bis nach Granada, von wo mich ein deutsches Urlauberpärchen nach

Algeciras fährt. Ich übernachte in einer kleinen Herberge im Hafenquartier, wo schwarze Prostituierte mit hohen Absätzen auf den Gehsteigen der engen Gässchen stehen und mir *¡Hola chico!* zurufen. Am frühen Morgen weckt mich ein kräftiges Poltern gegen die Zimmertüre nebenan: *Guten Tag, Polizei, Personenkontrolle, sprechen Sie Spanisch, wo sind Ihre Papiere.*

*

Dann ist es wieder still. Kein Wind wellt das Meer auf. Tief hängt der graue Himmel über dem silbrigen Wasser. Die schwere weiße Fähre steht mitten in der Meeresenge. Wir blicken auf den Atlantik. Rechts die südlichsten Hügel Spaniens, links ein Berg mit drei mächtigen Wörtern aus weißen Steinen: *Allah, Almelik, Alwatan –* Gott, König, Vaterland. 14 Kilometer Wasser trennen hier Europa von Afrika, ein Gemisch aus Atlantik und Mittelmeer. Die Motoren sind aus. Wir warten auf die Einfahrt in den Hafen Tanger Med. *Hörst du den Adhan?*, fragt Hamada in die Stille hinein. Von der Küste her klingt der Gebetsruf eines Muezzins leise auf das Meer hinaus. *Marhababik,* sagt Hamada, mit einem sanften Lächeln und der Freude des Heimkehrers, *willkommen.*

Wir sind nur wenige Leute auf der Fähre. Nebst Hamada treffe ich zwei deutsche Tramper, welche nach Ghana wollen. Hamada ist ein höflicher junger Mann, Auswanderer der zweiten Generation, der in Portugal den krisengeplagten Bauunternehmen ihre Bagger abkauft und nach Marokko verfrachtet. An einen Schalter stempelt ein marokkanischer Polizist meinen Pass, ohne mich anzuschauen. Über ihm hängt ein Bild seiner Majestät, *Mohammed VI,* König von Marokko. Die Überfahrt dauert eine Stunde und kostet 20 Euro.

Ich fahre zusammen mit Hamada und den beiden Deutschen vom großen Hafen Tanger Med in die Stadt. Hamada hält uns die aggressiven Taxifahrer vom Hals, führt uns hungrig in ein kleines Straßenrestaurant und organisiert uns ein günstiges Hotelzimmer. Als wäre es selbstverständlich. In der Nacht spazieren wir zum kleinen Hafen der Stadt. Straßenkinder stellen sich uns in den Weg. Kinder, die trotz der nackten Füße und zerschlissenen Kleider im

Dezemberregen lächeln, nachdem sie einen Schluck aus meiner Wasserflasche getrunken haben. Für sie bin ich etwas, wofür ich mich schäme. Ich bin einer von oben, einer von den Gewinnern in einem dreckigen Spiel mit mafiösen Regeln. Aber ich weiß, dass sie das anders sehen: Ich hatte Glück und Gottes Segen. Am nächsten Morgen lädt uns Hamada zum Frühstück ein und wünscht uns mit warmem Lächeln und scheuem Händedruck eine ganz gute Reise. *Llahyoubarfikum,* Gott möge euch Glück bringen.

Neben mir in dem klapprigen Überlandbus sitzt ein alter Mann mit weißer Gebetsmütze und brauner Dschellaba[11]. Wir tauchen in eine wintergrüne Landschaft voller weidender Schafe, pflügender Ochsen und farbiger Frauenkleider. Weiter nach Chefchaouen, ein schmuckes blaues Touristenstädtchen mitten in den Hügeln des Rif. Ich schlendere durch die einladende, kleine Medina, die Altstadt, vorbei an den Kunstwebern, Drechslern und Händlern, durch die Duftwolken von Gewürzen, Seifen, Stoffen, Kohlenfeuer und Haschisch. Zuoberst setze mich auf einen Felsvorsprung mit Blick auf die blaue Stadt, lausche dem Rauschen des klaren Bergbachs, dem Lachen der Kinder, dem Kreischen der Hähne, dem Schreien der Esel und dem Rufen junger Männer beim Fußballspiel auf einem staubigen Platz, das der Wind nach oben zu den Winterwolken trägt.

Für mich ist das Leben hier ein Schnäppchen. Ich übernachte für fünf Euro, frühstücke für zwei, esse Hähnchen für drei und reise für sieben nach Fès. Ich überquere den schneebedeckten Atlas, vorbei an den Skigebieten, hinab in die Wüste nach Errachidia. Ich besuche den großen, lebendigen Souk[12] der Karawanenstadt Rissani, wo vor vierhundert Jahren die heute regierende Königsdynastie der Alawiden ihren Anfang nahm. Ich reite durch die Sanddünen bei Merzouga, nahe an der Grenze zu Algerien, in die friedliche Stille der Wüste hinein, wo ich mir beim Augenzwinkern zuhören kann. Dort schlafe ich kuschelig warm auf drei Schaumstoffmatten unter acht Wolldecken in einem Beduinenzelt, während über mir die matte Kugel des Neumondes von einer hauchdünnen Sichel über den Horizont des Sternenhimmels getragen wird.

Die Schätze des Königs

Casablanca sieht alt aus, in Grautöne mit leichtem Gelbstich versunken, wie ein verblichener Film aus der Vergangenheit. Bröckelnde Häuser aus französischer Kolonialzeit, alte Mercedes, Müll auf der Straße, Staub und Menschen mit Falten im Gesicht. Marokkos Wirtschaftsmetropole. Um sechs Uhr abends sind die Straßen voll. Schulbuben klammern sich hinten an die Stangen der Containertüren eines Sattelschleppers und fahren johlend nach Hause. Andere hängen sich aus den offenen Türen der übervollen Busse, welche durch die lärmigen Boulevards brausen. Straßen, die sich anfühlen wie ein Ameisenhaufen, der jede Kontrolle verloren hat. Ich tauche in das Getümmel aus redenden Menschen, Motorenlärm, Hupen, Rauschen, Autolichtern, Ampeln und flackernden Werbetafeln. Ich begebe mich auf die Suche nach den Geschichten von Menschen, die hier gestrandet sind. Gestrandet in dem Land, das durch die Liebe ein bisschen meine zweite Heimat geworden ist. Gestrandet auf der Reise nach Europa, wo ich geboren bin.

Neben dem Palast des Königs liegt das schmucke Marktquartier *Hobous*, einer der wenigen Orte in Casablanca, der Touristen in das Marokko der Reiseführer versetzt. Unter den Arkaden werden tagsüber Souvenirs, Kaftane, Dschellabas, Teppiche und Kunsthandwerk verkauft. Abends sind die Gässchen ausgestorben. *Hier ist es sicher,* sagt Amin. *Wir sind direkt neben dem Palast und da gibt es viele Polizisten, damit niemand den König stört.* Ich treffe ihn mit seinen Kameraden vor dem Café Mauritania, dem einzigen Ort mit Menschen in dieser Gegend. Amin ist vierundzwanzig Jahre alt, kleingewachsen, ein rundlich bleiches Gesicht, schwarze Locken unter einer Baseballmütze und weite Kleider nach Hip-Hop-Dresscode. Ich habe ihn über *Couchsurfing*[13] kennengelernt, während ich in Casablanca eine Wohnung suchte. Als ich ihm das

Thema meiner Arbeit nannte, meinte er, *ich kann dir dazu vielleicht etwas erzählen.*

Marokko wird durch die europäische Grenzpolitik zunehmend zum unfreiwilligen Zielland afrikanischer Flüchtlinge und Migrierenden – obwohl die Bevölkerung des Landes selbst von einer großen Auswanderungssehnsucht heimgesucht wird: 42 Prozent aller Marokkanerinnen und Marokkaner und sogar 64 Prozent aller marokkanischen Jugendlichen wollen auswandern, ein Viertel von ihnen um jeden Preis. Zu diesem Ergebnis kommt eine aktuelle Studie der EU (ETF, 2013). Seit den 80er-Jahren ist Marokko ein klassisches Auswanderungsland. Gleichzeitig Gastland für Migrierende zu sein ist ein neues Phänomen, mit dem sich das Land schwer tut.

Wir sind alle Harragas[14], sagt Amin, *wir versuchen alle auszuwandern.* Amin wohnt auf der anderen Seite der Bahngeleise, im Arbeiterviertel Derb Sultan. Ein einfaches Haus zwischen Straßen voller Menschen, Müll und Armut. Seit einem halben Jahr hat er keine Arbeit mehr. Davor arbeitete er sechs Monate am Hafen für eine Sicherheitsfirma. Er überwachte die Überwachungskameras, welche die *Harragas* entdecken sollten. Sieben Tage die Woche, ohne freie Tage, ohne Vertrag, ohne Versicherung. Nach sechs Monaten wurde er entlassen. Damit umgeht die Firma das Sozialversicherungsgesetz.

Beim Eingang des Palastes steht eine Gruppe gelangweilter Soldaten. Der marokkanische König Mohammed VI hat mindestens einen Palast in jeder größeren Stadt im Land. Insgesamt sind es zwölf. Hinzu kommen an die zwanzig Residenzen, eine 70 Meter lange Yacht, ein Schloss in der französischen Oise, ein Edelhotel in Paris und so weiter. *Weißt du, hier siehst du überall Leute, welche auf der Straße schlafen,* sagt Amin. *Doch das ist ihm völlig egal. Sein Palast ist leer. Ich mag den König nicht.* Aber Mohammed VI ist ein cooler König. Er trägt Sonnenbrille und führt eine liberale Politik. Das Volk mag ihn. *Die Leute, welche hier den König mögen, kennen ihre Rechte als Menschen nicht,* meint Amin trocken.

Mohammed VI, der König der Armen, wie ihn die Presse seines Landes liebevoll nennt, ist der siebtreichste Monarch der Welt (Forbes, 2011). Er verfügt über ein geschätztes Privatvermögen von zwei Milliarden Euro – vor nur zehn Jahren besaß er erst einen Fünftel davon. Und keine Monarchie der Welt erhält so viel Steuergeld aus der Staatskasse: Über 250 Millionen Euro pro Jahr lässt die marokkanische Königsfamilie ihren Unterhalt dem Volk kosten (Reflexion, 2012). Obwohl fünf Millionen Marokkaner mit weniger als einem Euro pro Tag auskommen müssen. Obwohl 20 Prozent der Bevölkerung in Armut lebt.

Das marokkanische Herrschaftssystem wird traditionell auch *Makhzen* genannt. *Makhzen* bezeichnet das Netzwerk der königstreuen Elite, welche ein institutionalisiertes System von gegenseitiger Privilegierung, Korruption und persönlicher Bereicherung aufrechterhält. Dazu gehören nebst dem Adel auch die königlichen Berater, hochrangige Militärs, Angehörige der Oberschicht sowie Führungskräfte in Parteien und Organisationen. Ein *Makhzen* war ursprünglich ein Lagerhaus, in dem die vom König eingetriebenen Steuern aufbewahrt und an dessen Begünstigte verteilt wurden – und ist übrigens auch die Wurzel des französischen *magasin*. Heute steht der Begriff in Marokko für ein zentralistisches Staatswesen mit undurchsichtigen Entscheidungsprozessen, in dem die meisten Steuern dem Machtapparat zugute kommen und kaum in Infrastruktur, Gesundheit oder Bildung investiert werden.

Fast die Hälfte des Staatseinkommens erzielt das Land durch den Export von Phosphaten. Der Mineralrohstoff wird vorwiegend für die Produktion von synthetischem Dünger verwendet und in den Minen am Rand der Sahara abgebaut. 42 Prozent der weltweiten Phosphatvorräte befinden sich in Marokko und in der von Marokko besetzten Westsahara. Das Land ist der weltweit größte Exporteur von Phosphor. Und der Monopolbetrieb *Office Chérifien des Phosphates* erzielte 2012 einen atemraubenden Reingewinn von 1.3 Milliarden Euro. Wer wieviel davon kriegt, bleibt im Dunkeln. Die Namen der Aktionäre sind nicht bekannt. Es wird jedoch davon ausgegangen, dass der rasante Anstieg des Privatvermögens von Mohammed VI eng mit den steigenden Preisen für Phosphate zusammenhängt.

Eng mit dem Phosphatexport verbunden sind auch die Hoffnungen unzähliger junger Männer, welche jede Nacht versuchen, in den Handelshafen von Casablanca zu gelangen – und von dort auf ein Frachtschiff nach Europa. Denn jede Nacht wird in drei vollbeladenen Zügen Phosphat in den Hafen gefahren und von dort in die Welt verschifft, um die Felder unserer Bauern zu düngen. Und jede Nacht verstecken sich die *Harragas* im gelblichen Pulver in den Wagons und hoffen, dass sie es diesmal vielleicht schaffen, ein neues Leben zu beginnen.

Amin

Geboren 1988 in Marokko

Man muss sich gut vorbereiten. Man muss auf der Internetseite *Marinetraffics.com* nach einem Frachter Ausschau halten, der im Hafen liegt und in ein Land fährt, von dem man glaubt, dass man dort sein Leben retten kann. Dann legt man mit seinen Freunden eine Zeit und einen Treffpunkt fest, von dem aus man zusammen bis in die Nähe der Züge geht, um sich zu verstecken. Jeder packt einen kleinen Rucksack mit *Gaschté*, mit Reiseproviant: Ein Kilo Datteln, zwei Liter Wasser, Biskuits und ein bisschen Brot. Die Datteln geben viel Energie. Du isst zwei Datteln mit ein bisschen Wasser und hast keinen Hunger mehr. Das ist gut. Wenn die Datteln aufgebraucht sind, muss man Brot essen. Das ist alles, was wir mitnehmen, wenn wir in den Hafen gehen.

Um Mitternacht halten die Phosphatzüge auf einem Rangierbahnhof in der Nähe von Ain Saba. Dann muss man über die Mauern springen und unbemerkt zu den Zügen schleichen. Die Wagen haben oben eine Luke, die man öffnen kann, und in die man hineinklettern muss. Sie sind voll mit Phosphatpulver und es stinkt ziemlich penetrant. Wir graben uns in das Pulver ein, um uns zu verstecken. Um zwei Uhr morgens fährt der Zug los. Wir öffnen sorgfältig die Luken, um Luft reinzulassen und um den richtigen Zeitpunkt zum Abspringen zu erwischen. Man muss vom fahrenden Zug springen, bevor er im Werk ankommt und anhält, um das Phosphat abzuladen. Da muss man gut aufpassen. Ich kannte Leute, die dabei gestorben sind, weil sie unter die Räder kamen. Man klettert über eine große Mauer, von der aus man die Schiffe

31

sehen kann. Es gibt überall Polizisten und *Watchmen,* vor denen man sich verstecken muss. Bei der ersten guten Gelegenheit rennt man zum Schiff. Manche nehmen einen aufgepumpten Reifen und eine Strickleiter mit. Sie springen ins Wasser, schwimmen um das Schiff herum, werfen die Strickleiter mit Enterhaken auf den Schiffsrand und klettern hinauf. Aber ich bin nie ins Wasser gesprungen, ich kletterte immer über die Taue. Wenn das Schiff in Europa ankommt, muss man warten bis es Nacht wird, dann vom Schiff springen, an Land schwimmen und sich verstecken. Das ist alles. Ich habe es oft versucht. Keine Ahnung wie oft. Manchmal wurde ich von der Polizei geschnappt und 48 Stunden auf dem Posten festgehalten. Aber ich versuchte es immer wieder.

Mich haben sie nie verprügelt. Ich bin ihnen zu groß. Sie schlagen nur die kleinen. Mich haben sie nur beschimpft: *Dreckiger Hurensohn, so willst du nach Europa? So wie du aussiehst, du Penner?* Sie brachten mich vor Gericht, der Richter beschimpfte mich ebenfalls und irgendwann ließen sie mich wieder frei. Später, als ich am Hafen arbeitete, war ich gleich neben dem Polizeiposten. Einmal hatten sie drei kleine Jungen erwischt, welche sich im Fahrgestell eines Lastwagens versteckt hatten. Ich sah, wie der eine Polizist auf dem Posten die drei verprügelte. Er schlug sie mit dem Schlagstock mit voller Wucht auf den Kopf. Dann nahm er ihnen die Rucksäcke mit den Kleidern und dem *Gaschté* weg, rief ein Polizeiauto und ließ sie auf das Kommissariat bringen. Als sie weg waren setzte er sich bequem vor den Posten und aß den Reiseproviant der drei Jungen auf. Er fing gemütlich mit den Keksen an. Ich sage dir, die Polizisten bei uns sind alles Hurensöhne. Gnadenlos.

Ich schaffte es bisher nur einmal bis auf das Schiff. Dort gab es kleine Luken, die man öffnen konnte um in den Schiffsbauch herunter zu klettern. Unten war es stockdunkel. Man sah nichts und der Raum war voll mit Mais aus Amerika. Wir waren zu zweit und verbrachten zwei Tage lang dort unten, weil das Schiff den Hafen nicht verließ. Bereits nach einem Tag hatten wir nichts mehr zu essen und es war sehr kalt, weil wir unter der Meeresoberfläche waren. Also gaben wir auf. Wir kletterten die Leiter hoch um wieder raus zu kommen, aber jemand hat die Luke von außen geschlossen. Also schlugen wir mit den Fäusten einen ganzen Tag lang gegen die eiserne Luke, aber niemand hörte uns. Ich hatte unglaublich Angst und betete zu Gott, dass er mich in Frieden ruhen lässt. Ich dachte wirklich, ich würde sterben. Wir hatten Hunger, wir hatten kein Wasser mehr und waren seit zwei Tagen in absoluter Dunkelheit. Wir schlugen immer wieder gegen die Türe, aber niemand hörte uns. Erst am Abend hörten wir, wie die Besatzung mit Staubsaugern das Schiff reinigt. Eine Maschine kam ganz nahe an unserer Luke vorbei und wir warteten, bis sie abgestellt wurde. Dann polterten wir so kräftig wie wir konnten gegen die Türe, bis ein Chinese uns aufmachte. Er hatte ein Walkie-Talkie und wollte damit die Polizei rufen, aber wir flehten ihn an, uns ziehen zu lassen. Er war sehr nett. Er hatte uns verstanden und half uns, vom Schiff zu gehen, ohne von der Polizei erwischt zu werden. Dann sind wir abgehauen.

Meine Eltern wussten nichts davon. Sie wissen auch heute nichts davon. Wenn ich es eines Tages schaffe, werde ich sie anrufen und sagen: *Es ist gut, ich bin angekommen.* Sie sind geschieden. Mein Vater ist Elektriker und arbeitet auf Baustellen. Meine Mutter lebt mit meinen beiden Schwestern. Ich machte nach dem Gymnasium eine zweijährige Ausbildung als Informatiker und mehrere Praktika. Mit dem Diplom suchte ich anderthalb Jahre lang Arbeit. Aber ohne Beziehungen findest du hier überhaupt nichts. *C'est la grosse galère,* es ist eine echte Plagerei. Damals verlor ich die Hoffnung und fing an, Hasch zu rauchen und Alkohol zu trinken. Mein Vater verdient nicht genug, um mich zu unterstützen. Ich leihe mir Geld von meinen Freunden. Wir machen das immer so: Wenn einer Arbeit hat, hilft er den anderen. Und sobald der andere Arbeit findet ist es umgekehrt. Sonst geht es dir schlecht. Ich will mir nicht vorstellen müssen, mein ganzes Leben in Marokko zu verbringen.

Seit ich vierzehn Jahre alt bin ist es mein großer Traum, zu gehen. Damals schaffte es mein Cousin mit einem Schiff nach Spanien, er lernte Spanisch, traf eine Frau aus Deutschland und heiratete. Er rettete damit sein Leben. Als ich es das erste Mal versuchte war ich achtzehn. Ich war in meinem letzten Jahr am Gymnasium. Ich wollte ein schönes Leben haben, eine Frau, ein Haus, Kinder, Geld und gute Leute um mich herum. Ich bin sehr interessiert an der Kultur Europas und den Leuten dort. Ich habe das Gefühl, dass ich mit den Leuten dort besser klarkommen kann als hier. *Voilà.* Ich werde es immer wieder versuchen, irgendwie nach dort drüben zu kommen. Ich werde mich nie geschlagen geben. Ich bin mir bewusst, dass ich dabei mein Leben riskiere. Aber ich sage immer: *ça passe ou ça casse,* es klappt oder geht in Brüche. Man muss sein Leben riskieren, um ein schönes Leben zu haben. Das ist mein Prinzip. Es ist besser zu sterben, indem man sein Glück versucht, als hier zu leiden und zu warten, bis du im Elend stirbst.

Es gibt viele Möglichkeiten, die in meinem Kopf kreisen, und ich denke immer darüber nach, welches der beste Weg ist. Als ich siebzehn war, hatte ich einmal ein Mädchen aus Kanada auf MSN[15] getroffen. Sie war bereits einmal in Marokko gewesen, bevor ich sie kennenlernte. Sie kam zusammen mit ihrer großen Schwester, welche mit einem Marokkaner verheiratet ist. Wir redeten viel auf MSN und verstanden uns gut. Ich mochte sie gerne und sie wurde meine Freundin. Wir hatten große Pläne und sie wollte mich in Marokko besuchen kommen. Als ihre große Schwester davon erfuhr, wollte sie mich auch besuchen kommen und erzählte ihrem Mann davon. Aber dieser redete daraufhin mit ihrer Mutter und meinte, die Marokkaner wollten nur wegen den Papieren mit Kanadierinnen zusammen sein und so weiter. Und eines Tages rief mich ihre Mutter an und sagte mir, ich dürfe nicht mehr mit ihrer Tochter reden. Danach schrieben wir uns Briefe. Die Briefe habe ich immer noch. Wir mochten uns sehr gerne und hatten viele Pläne für das Leben. Sie wollte, dass ich zu ihr komme um mit ihr zu leben. Ich mochte sie. Sie war wirklich eine gute Frau. Aber nach zwei Jahren haben wir unsere Beziehung aufgegeben und ich habe den Kontakt zu ihr verloren. Das ist alles.

Worte wie Federn

Nicht weit vom Hafen, in einem Quartier aus grauen Kolonialzeithäusern, unscheinbar hinter einem schwarzen Gittertor verborgen, liegt die evangelische Kirche Casablancas. Sie wurde während des französischen Protektorats von europäischen Einwanderern gegründet und lebt heute vor allem durch das Engagement von Studentinnen und Studenten aus christlichen afrikanischen Ländern, welche über ein Stipendienprogramm der UNESCO an marokkanischen Universitäten studieren.

Der Hof vor der Kirche ist an diesem Morgen voller Menschen, die auf Essenspakete des CEI warten. Das *Comité d'Entraide Internationale* ist eine evangelische Hilfsorganisation, welche Eingewanderte in prekären Situationen unterstützt. Denn da die EU-Außengrenze immer besser verteidigt wird, stranden seit Mitte der Neunzigerjahre viele Flüchtlinge und Migranten mittellos in den marokkanischen Großstädten. Schätzungen zufolge leben hier zwischen 30.000 und 60.000 Menschen aus dem Süden ohne Aufenthaltsstatus, ohne Rechte und ohne gesicherte Existenz.

Marokko ist von allen afrikanischen Ländern das nächste an Europa: Nur 14 Kilometer Meerenge trennen es im Norden vom spanischen Festland, drei Stacheldrahtzäune von den spanischen Enklaven Ceuta und Melilla und etwa einhundert Kilometer Ozean von den Kanarischen Inseln. Es hat aber auch das fünftgrößte Bruttoinlandsprodukt in Afrika, eine wachsende Wirtschaft und einen florierenden Tourismus, weshalb es nicht mehr nur Ausgangs- und Transitland von Migration ist, sondern zunehmend auch Zielland für Einwanderer aus den Staaten südlich der Sahara.

Clara, eine Freundin aus Dresden und Praktikantin beim CEI, verteilt an diesem Tag die Essenspakete. Ich frage sie nach Eingewanderten, die bereit wären, mir ihre Geschichte zu erzählen. Und sie gibt mir die Nummer von Naomi. Ich treffe Naomi drei Tage später im Saal der Kirche. Sie wischt gerade die Papierschnipsel und Blumen der vergangenen Neujahrsfeier zusammen. Eine dünne, zierliche Frau, durch die Arbeit klein geworden, mit feiner Stimme und einem von Sorgen gefärbten Gesicht. Als ich mich vorstelle, bittet sie mich, auf die Kirchenbank zu sitzen. Sie setzt sich mir gegenüber, legt den Besen zur Seite und beginnt zu erzählen. Ohne dass ich eine Frage stelle. Die leere Kirchenhalle schluckt ihre zarten Worte. Aber wie hauchdünne Federchen entrinnen sie unaufhörlich aus ihrem Mund. Weich und wohlgeformt, wie die Worte eines Kindes.

Es ist die Geschichte einer jungen Frau, welche den Versprechen eines älteren Europäers glaubte, um der Armut zu entfliehen. Die Geschichte eines Teufelskreises aus Scham, Hoffnung und Enttäuschung, der sie bis nach Casablanca brachte und hier stranden ließ. Eine Woche später besuche ich Naomi in ihrem kleinen Zimmer und sie zeigt mir ihre Erinnerungen. Bilder von früher. Naomi, elegant gekleidet und gut genährt, in dem französischen Restaurant in Abidjan, in dem sie arbeitete. Naomi, am Strand mit ihren beiden Jugendfreundinnen. Das Bild ist abgewetzt von den unzähligen Malen, die es in den Händen gedreht wurde. Und über Marie, die in den Wellen gestorben ist, hat Naomi mit einem Kugelschreiber ein großes X gemalt.

Naomi

Geboren 1979 in Côte d'Ivoire

Meine Geschichte beginnt in Côte d'Ivoire vor vier Jahren. Ich arbeitete in einem französischen Restaurant in Abidjan. Jedenfalls ging es mir gut. Da traf ich einen Franzosen. Er hat dort gegessen. Und als er fertig war, kam er zu mir an die Theke, um einen Kaffee zu trinken. Er fragte nach meinem Namen, ich sagte, *ich heiße Naomi. – Arbeitest du schon lange hier? – Nein, ich habe erst vor zwei Monaten angefangen.* Er sagte, *ich bin Franzose und lebe in Tansania. Ich arbeite dort in einer Zuckerfirma und kam hierher, um ein Geschäft zu machen. Gleich fliege ich zurück. Hier ist meine Karte.* Und er gab mir seine Visitenkarte.

Später ging ich nach Hause und erzählte meiner Freundin, *schau, ein Monsieur hat mir seine Karte gegeben, ein alter Weißer, der wird mich umbringen.* Das sagte ich im Spaß. Aber sie sagte: *Nein, du musst an dich denken, denk mal darüber nach.* Ich warf die Karte in eine Ecke und dachte nicht mehr daran. Erst viele Monate später fand ich sie zufälligerweise wieder, als ich die Wohnung putzte. Ich hatte bereits vergessen, woher sie kam, und fragte meine Freundin, *weißt du, was das für eine Karte ist?* Und sie sagte, *ah, du hast doch von diesem Mann erzählt, der dir im Restaurant seine Karte gegeben hat! Ruf ihn an!* Ich sagte, *nein, wieso denn?* Aber sie sagte, *doch, ruf ihn an, man weiß nie!* Denn sie hatte einen Freund, aber ich hatte keinen Freund. Ich hatte eine schlechte Geschichte erlebt und wollte alleine bleiben. Sie sagte, *schau, du bist hier, du wirst älter* und so, *du solltest ihn anrufen, man weiß nie, komm schon!* Und am Ende schrieb ich ihm eine SMS.

So kam ich mit ihm in Kontakt. Er sagte, *ich will, dass du kommst und mit mir in Tansania lebst.* Es war das erste Mal, dass ich mein Land verließ, und ich hatte Angst. Aber alle ermutigten mich, zu gehen. Er bezahlte mir das Flugticket und ich ging nach Tansania. Er war 50 und ich 29. Ich ging zu ihm, aber wir verstanden uns nicht. Was er wollte, so sehe ich das jedenfalls, war eine Frau, die kommt, wenn er sie braucht, und wieder geht, wenn er befriedigt ist. Er hat oft getrunken. Immer gab es Streit und Probleme. Und nach drei Monaten sagte er mir, *Naomi, du musst zurück nach Hause.* Ich sagte: *Das war so nicht abgemacht. Ich habe deinetwegen meine Arbeit verloren!* Also wollte er mir tausend Euro geben. *Was will ich mit tausend Euro? Wie lange soll ich davon leben?* Ich wollte nicht gehen. Aber wir konnten uns nicht mehr aushalten. Ich rief meine Mutter an und erzählte ihr alles. Meine Mutter hat mich immer verstanden. Sie sagte, ich soll zurückkommen. Doch mein Stiefvater meinte: *Siehst du nicht, wir sind arm! Auch wenn er dich schlecht behandelt, du musst das Herz abdrücken und hart bleiben.* Aber ich konnte nicht hart bleiben. Er hätte mich vielleicht eines Tages noch umgebracht. Also gab er mir das Geld und ich kehrte zurück.

Ich schämte mich. Wir sind Afrikaner, wir haben eine gewisse Art, die Dinge zu sehen. Die Leute fragten mich: *Wo ist dein Mann? Warum bist du zurückgekehrt? Hast du nicht durchgehalten? War es dir nicht ernst? Hast du dich schlecht benommen?* Die Leute spekulierten über meine Rückkehr und jeder interpretierte die Geschichte auf seine Art. Das hat meinen Kopf überfordert. Ich versteckte mich und ging nicht mehr aus dem Haus. Ich hielt das nicht mehr aus, das Geschwätz der Leute, ihre Blicke, ihre Urteile. Also habe ich entschieden, das Land wieder zu verlassen.

Zuerst wollte ich nach Italien. Aber man sagte mir, das sei nicht einfach, wegen den Papieren. Ich soll besser in die Türkei gehen. Mein Cousin vermittelte mir einen Mann, der die Papiere macht, damit die Leute reisen können. Der meinte, in der Türkei könnte ich problemlos Arbeit finden und Europa wäre auch nicht mehr weit. Ich zahlte ihm 300.000 Francs CFA[16] (450 Euro) und er versprach mir, die Papiere zu beschaffen. Ich wartete fünf Monate lang auf das Visum. Die ganze Zeit versteckte ich mich im Haus und ging nicht nach draußen. Das Handy hatte ich aus, damit mir niemand Fragen stellen konnte. Nach fünf Monaten fragte ich den Mann nach dem Visum, und er meinte, es sei eben kompliziert geworden, das dauere lange. Und ich fragte: *Kennst du nicht ein Land, wo ich einfach hingehen und arbeiten kann?* Er sagte: *Doch, du kannst nach Marokko gehen. Dort gibt es viele Restaurants, da findest du leicht Arbeit.* Er sagte: *Da brauchst du kein Visum und ich kenne einen Ivorer, bei dem du unterkommen kannst.* Ich war einverstanden und er machte das Ticket.

Als ich hierher kam, suchte ich überall Arbeit. Aber ich fand nichts. Eines Tages ging ich in ein Internetcafé. Bevor ich hier ankam, wusste ich nicht einmal, wie einen Computer bedienen und so weiter. Da war jemand, der mir sagte, *ja, du musst ein Konto eröffnen, yahoo oder hotmail* und so. Also hat er mir ein Konto eröffnet. Und er sagte mir *ja, da du ja keinen Typen hast* und so, *da gibt es Kontaktseiten, wo du deinen Mann kennenlernen kannst.* Und er erstellte mir ein Profil auf *affection*.[17] So fing das an. Ich begann zu lernen. Ich übte mich darin, den Computer zu bedienen. Und noch in derselben Woche traf ich den Vater meines Kindes. Auf *affection*. Ein Franzose, der in Casablanca lebte. Er schrieb mir, ich antwortete, und einmal gab er mir seine Telefonnummer.

Er war gerade in Frankreich, um seinen Stempel zu erneuern. Und ich sagte, *ah, ich habe gerade überall meinen Lebenslauf hinterlegt, aber hier in Marokko finde ich keine Arbeit. Ich werde in die Ukraine gehen.* Denn man brachte mich in Kontakt mit einem Typen, der die Leute reisen macht. Weißt du, es gibt hier viele, die da reingefallen sind. Der sagte, *ja, ich kann dir alle Papiere besorgen, damit du in die Ukraine gehen kannst* und so. Ich sagte, *okay, einverstanden.* Ich sagte es dem Vater meines Sohnes und er sagte, *nein, mach das nicht, du musst nicht gehen, in einer Woche werde ich zurückkommen* und so, *du bist eine schöne Frau, ich liebe dich, ich will mein Leben mit dir verbringen* und all das. Aber ich sagte *nein, ich hab Marokko satt, denn ich finde keine Arbeit. Ich muss weggehen.* Der andere hatte die Papiere gemacht, die Tickets, ich habe sie genommen und ging. Ich kam nach Dubai. Dort saß ich fest.

Es war ein indirekter Flug. Zwischenhalt in Dubai. Dort, mit der Zeitverschiebung – ich wusste nicht, dass es eine Zeitverschiebung gibt. Also flog das Flugzeug davon. Und ich blieb dort am Flughafen. Ich hatte ein elektronisches Ticket. Der Typ kaufte es mit einer Kreditkarte von einer Person, die er nicht kannte, siehst du. Das einzige, was er mir gab, war eine Nummer. Und als ich eincheckte, zeigte ich die Nummer und man gab mir das Ticket. Ich weiß nicht, ob du verstehst. Ich habe also das Flugzeug verpasst, und als ich ihn anrief, sagte er, *ja, kein Problem, hab Geduld, ich werde etwas machen, damit du das nächste Flugzeug nehmen kannst.* Aber es geschah nichts. Ich blieb zwei Wochen am Flughafen. Ich hatte ein Rückflugticket von Dubai nach Marokko. Und bevor dieses ablief, entschied ich mich, zurückzufliegen.

Als ich zurückkam, nahmen mich zwei Studentinnen bei sich auf. Denn mein Koffer blieb in Dubai. Sie haben vergessen, meinen Koffer mitzuschicken. Und einen Tag später rief mich der Vater meines Kindes an. Er sagte *ja, ich bin aus Frankreich zurückgekommen, ich versuchte dich zu erreichen, aber ich kam nicht durch, wo warst du? – Ich war auf Reisen, aber es hat nicht geklappt. – Ich habe dir doch gesagt, du sollst nicht gehen. – Wenn ich nicht gehe, was soll ich hier tun?* Am nächsten Tag musste ich den Koffer am Flughafen abholen. Ich hatte diesen Monsieur noch nie gesehen. Aber er sagte mir, *ich werde dich begleiten.* Also trafen wir uns am Bahnhof L'Oasis. An diesem Samstag sah ich zum ersten Mal den Vater meines Kindes. Nachdem ich den Koffer holte, fragte er mich, *wo gehst du jetzt hin mit deinem Koffer?* Ich sagte ihm, *zwei Freundinnen haben mich bei sich aufgenommen.* Aber er sagte, *ah, ich habe zwei Zimmer und lebe alleine, ich kann dir ein Zimmer geben und so, bis du etwas gefunden hast.* Ich überlegte und dann sagte ich, *ja gut, einverstanden.*

Da hat es angefangen. Als ich dort ankam, stellte ich mein Gepäck in das andere Zimmer, er machte zu Essen, wir aßen, und so ging es weiter. Wir kamen zusammen. Zwei Wochen später, das ging derart schnell, und all das war nicht sein Fehler, ich war einfach naiv. Zwei Wochen später, *ah ja, Naomi, was hältst du davon, ein Kind zu machen?* Ich sagte, nun, ich mag Kinder, aber im Moment fühle ich mich dazu nicht bereit. Aber er sagte, *alle meine Brüder und Schwestern haben schon Kinder, alle außer mir.* Denn sie sind sieben Geschwister. *Ich hätte gerne ein Kind. Und du? – Eh, wie ich dir gesagt habe, ich fühle mich noch nicht bereit, denn ich muss erst arbeiten und mich um meine Familie kümmern. – Aber nein, nach neun Monaten kannst du wieder arbeiten. Und ich kann in einem Callcenter Geld verdienen.* Ich sagte, *ich habe Angst, schwanger zu werden,* denn einmal war ich schwanger und habe abgetrieben, das war 2005, und ich wäre fast gestorben. Also hatte ich Angst. Und hier in Marokko ist es hart. Er sagte, *nein, ich kriege Arbeitslosengeld, damit können wir uns durchschlagen, bis das Kind groß ist. Dann können wir es in die Krippe bringen und du kannst auch arbeiten gehen.* Ich sagte, *gut, ich habe verstanden.* Und am selben Tag rief ich meine Mutter an. Denn ich verheimliche nichts vor meiner Mutter. Ich sagte, *schau, Mama, ich habe einen Mann kennengelernt und er will ein Kind. Aber dann kann ich nicht arbeiten und ich werde dir kein Geld schicken können.* Sie sagte mir, *du musst an dich denken! Du wirst älter. Wenn du also einen Mann getroffen hast, war es vielleicht Gott, der es so wollte. Und wenn er ein Kind will, werde ich auch glücklich sein, eine Enkelin oder einen Enkel zu haben.*

Also entschieden wir ein Kind zu haben, und machten Liebe ohne Präservativ. Eine Woche später ging er nach Frankreich, um seinen Stempel zu erneuern. Und ständig rief er an: *Hast du deine Regel? – Nein, ich habe sie noch nicht. – Ah, ich bin so stolz, ich werde Vater.* Zwei Tage später: *Hast du deine Regel? – Nein, noch nicht.* Denn meine Regel sollte am 17. Februar kommen. Und als das Datum vorbei war, war er sehr glücklich. Er schickte mir immer Nachrichten und freute sich. Drei Wochen später kam er zurück und wir lebten zusammen. Er schlug mir vor, zu einer Gynäkologin zu gehen. Sie zeigte mit dem Finger auf das Ultraschallbild und fragte, *Monsieur,*

Mademoiselle, wollen Sie das Kind behalten oder möchten Sie eine Abtreibung vornehmen? Er sagte, *nein, warum abtreiben? Wir wollen das Kind behalten, ich will mein Kind!* Das war seine Antwort. Die ganze Zeit war er glücklich: *Ah, ich werde Vater!* Am selben Abend kaufte er ein Menu bei McDonalds und brachte es nach Hause.

Manchmal klingelte sein Telefon und ich sagte, *dein Telefon klingelt, du musst rangehen.* Aber er sagte, *nein, das ist nur ein Kumpel,* oder *nein, sorge dich nicht, das ist nichts Wichtiges.* Oder: *Ah, das ist meine Mutter, ich werde sie von der Kabine zurückrufen.* Dann ging er runter. Oft arbeitete er am Computer. Doch sobald ich kam, wechselte er das Fenster oder schaltete den Bildschirm aus. Und ich begann mir Fragen zu stellen: Er geht nie an sein Telefon, wenn ich da bin. Und wenn er reden will, geht er runter. Was ist das?

Nach ein paar Wochen sagte er auf einmal: *Weißt du, Naomi, ich habe nachgedacht, ich will, dass du abtreibst. – Wie? Du wolltest doch ein Kind! – Ja, ich wollte ein Kind, aber jetzt will ich nicht mehr. Du arbeitest nicht, ich arbeite nicht, das geht nicht. Ich will, dass du abtreibst. – Aber ich habe dir doch gesagt, dass ich eine Abtreibung hatte, die mich fast das Leben gekostet hat?* Er sagte, *naja, aber hier ist die Medizin weiterentwickelt* und so. Ich sagte, *ich werde nicht abtreiben. – Okay, wenn du nicht abtreiben willst, musst du deine Sachen packen, denn ich gehe zurück nach Frankreich. Du wirst dich abplagen mit einem Kind. – Bestimmt werde ich mich abplagen, aber wenn du gehst, sollst du nie kommen, und nach deinem Kind fragen! – Tant-pis, mach was du willst!* Und er ging.

Dank der Gnade Gottes fand ich Arbeit bei einem Franzosen als Hausmädchen. Der war im Ruhestand und vermietete Häuser, wie nennt man das, ja genau, er war Immobilienhändler. Ich verdiente 1200 Dirham (120 Euro). Ich schlief dort und aß dort. Die Arbeit war hart und ich musste oft erbrechen. Nach zwei Monaten merkte der Patron, dass ich schwanger war, und stellte mich vor die Türe. Das war um sieben Uhr abends. Er sagte, ich solle gehen. Aber ich wusste nicht, wohin. Ich konnte nicht zu den beiden Studentinnen. Denn sie würden mir sagen: *Du bist schwanger? Wo ist der Vater deines Kindes?* Was würde ich antworten? Ich schämte mich. Also ging ich in einem einfachen Quartier in ein Hotel. Ich bezahlte 80 Dirham (8 Euro) die Nacht. Es gab nur eine schmutzige Toilette, keine Dusche, und so lebte ich zwei Wochen lang ohne mich zu duschen. Dann hatte ich kein Geld mehr.

Ich traf dort einen jungen Kameruner. Er fragte mich, *was hast du?* Und ich erklärte ihm mein Problem. Dass ich nach Hause zurückkehren will, aber kein Geld habe und so weiter. Er sagte mir, es gäbe eine Organisation in Rabat, die heiße IOM[18], *du musst dorthin gehen und die werden dich rasch nach Hause bringen, weil du schwanger bist.* Also nahm ich am nächsten Tag meinen Koffer und ging nach Rabat. Ich ging zu IOM, doch dort sagten sie mir, ich müsste mich bis im September gedulden, denn sie hätten kein Geld. Ich sagte ihnen, *ich bin mit meinem Koffer gekommen, ich weiß nicht, wo ich hingehen soll.* So gaben sie mir die Adresse der Caritas, welche mir für die Zwischenzeit ein Zimmer bezahlte. Es war ein winziges Zimmerchen für dreißig Euro im Monat.

Weil ich schwanger war, gaben mir die Marokkaner auf dem Markt oft ein bisschen Tomaten, ein bisschen Huhn, und davon lebte ich. Bis im September. Da ging ich wieder zu IOM und sie fragten mich, *seit wann bist du schwanger?* Und ich sagte, *seit sieben Monaten.* Also sagten sie, *die Schwangerschaft ist zu weit fortgeschritten, du kannst nicht reisen, bevor das Kind geboren ist.* Ich sagte, *gut.* Einmal ging ich ins Internetcafé und sah, dass er mir geschrieben hat. *Ach ja, ich suche dich, ich habe mein Telefon mit deiner Nummer verloren* und so. *Wie geht es dir? Ruf mich bitte an.* Nachdem ich seine Nachricht las, ging ich zu einem Priester. Ich erklärte ihm alles und er sagte, *ah, man weiß nie, er ist auch ein Kind Gottes, vielleicht bedrückt ihn das Gewissen und er möchte sich bei dir entschuldigen. Du sollst ihn anrufen und schauen, was er dir sagt.* Also ging ich darauf ein. Ich rief ihn an und er sagte, *ja, komm zu mir, ich bin in Casa, ich möchte dich sehen.* So sahen wir uns wieder. *Oh, wie rund du bist! Oh, wie schön du bist!* Er legte mir die Hand auf den Bauch, *ah, das ist mein Kind! Bitte entschuldige mich, ich will, dass mein Kind bei mir bleibt.*

Ich sagte mir, vielleicht hat er realisiert, dass er einen Fehler gemacht hat, und will es wieder gutmachen. Später ging ich zu ihm. Ich blieb eine Woche, dann ging ich zurück nach Rabat, und ab dem achten Monat konnte ich mich nicht mehr bewegen. *Ja, am Tag der Geburt werde ich kommen und alles filmen! Ich will mein Kind sehen, du musst mich anrufen, wenn es soweit ist.* Aber trotz allem gab er mir keinen Cent. Der Priester in Rabat half mir, damit ich Kinderkleider kaufen konnte.

Der Tag, an dem ich gebar, war ein Montag. Ich hatte ihm zuvor eine Nachricht geschrieben, aber er hatte mir nicht geantwortet. Ich rief ihn an und er sagte, *ah, ich kann nicht kommen, ich habe kein Geld, um die Fahrt zu bezahlen.* Es ist die Geburt seines Kindes und er kann nicht einmal jemanden bitten, ihm etwas Geld zu leihen, damit er ins Krankenhaus fahren kann! Also ging ich alleine. Ich nahm ein Taxi und fuhr ins Krankenhaus. Ich musste per Kaiserschnitt gebären. Da war eine Schweizer Organisation, welche mir die Medikamente bezahlte, Terre des Hommes[19], sie machten die Papiere und dann gebar ich. Später rief er mich an: *Ah, ich gratuliere dir, ich komme nächste Woche.* Ich war im Krankenhaus und sah all die Frauen mit ihren Männern und Müttern und so weiter. Alle erhielten Besuch. Außer ich. Als ich nach Hause gehen konnte, rief ich ihn wieder an: *Wann kommst du? – Ah, ich komme nächste Woche.* Er kam nicht.

Nach der Geburt musste ich mich durchschlagen und eine Möglichkeit finden, um das Zimmer zu bezahlen. Denn Caritas konnte mir nicht mehr helfen, sie hatten viele Leute auf der Liste. Aber was soll ich tun? Ich habe ein Baby, wo soll ich arbeiten gehen? Ich wollte in mein Land zurückkehren, aber in dem Moment war da der Krieg, mit Alassane und Gbagbo[20] und all das. Die Leute schossen ein bisschen überall, die Leute starben, sie hatten Angst, sie litten, und ich sagte mir, ich kann jetzt nicht zurückkehren. Also rief ich ihn nach zwei Monaten an und sagte, *ich weiß nicht, wo ich hin soll, man kann mir das Zimmer nicht mehr bezahlen.* Er sagte mir, *komm zu mir, ich werde dich unterbringen.* Aber als ich kam, änderte er seine Meinung: *Ja, Naomi, du musst in dein Land zurückgehen mit meinem Kind, denn ich kann euch nicht ernähren. – Aber du siehst doch im Fernsehen, was los ist! Und du willst, dass ich zurückgehe?* Also bin ich geblieben. Jedes Mal, wenn das Geld kam, machte er sich ein schönes Leben. Er erhielt 500 Euro Arbeitslosengeld pro Monat. Er nahm es und zahlte die Wohnung für 1300 Dirham. Also blieben noch 3700. Er kaufte ein Kilo Hackfleisch, ein Kilo Wurst, ein Kilo Tomaten, zwei Kanister Wasser. Fertig. Mit dem Rest kaufte er sich marokkanische Prostituierte. Ab dem 15. hatte er nichts mehr. Manchmal ging er teure Kleider kaufen und verheimlichte es. *Ach, man hat mir das geschenkt. – Nein, du hast dafür bezahlt, da ist ja noch das Ticket drauf! Du kaufst dir teure Kleider und dein Kind hat nicht einmal Milch! – Mir egal, ich hab dir gesagt, du sollst es abtreiben!*

Bevor er ging, als mein Kind sechs Monate alt war, habe ich ihn jeden Moment angeschrien. Denn er ging ständig auf den Balkon und pfiff den Mädchen nach: *Schau mal, wie hübsch die ist! Ich werde mir ihre Nummer holen.* Und immer ab Mitte des Monats war ich gezwungen, die Leute um mich herum zu fragen: *Bitte, gib mir zehn Dirham, gib mir fünf Dirham, das Baby hat Hunger.* Ich kaufte Milch für mein Kind, ein bisschen zu Essen. Und er aß. Der Vater meines Kindes. Er aß. Ich wog nur noch 46 Kilo. Wenn ich die Treppe hochging, musste ich mich festhalten, um nicht zu fallen. Oft aß ich nichts bis am Abend. Aber er nahm das Geld und machte sich ein schönes Leben. Und ich habe ihn beschimpft: *Clochard, fauler Sack, bewege deinen Arsch, such dir eine Arbeit, kümmere dich um dein Kind!* Die Leute um mich herum sagen, *ah Naomi, du bist dumm, wie kannst du mit ihm zusammenleben.* Aber was immer er tut, er ist der Vater meines Kindes. Auch wenn er es nicht einmal anerkennen wollte. Immer gab es Streit deswegen und er drohte mir damit, die Polizei zu rufen, damit sie mich abschieben, weil ich illegal hier bin.

Einmal stritten wir uns sogar auf der Straße, bis uns die Polizei aufgriff. Sie brachten uns auf den Posten und wir erklärten, was los war. Dann sagte der Kommissar: *Warum willst du nicht die Papiere für dein Kind machen?* Und er schimpfte auf mich: *Sie ist keine gute Frau, sie ist illegal hier, sie ist eine Diebin!* Denn ich hatte ihm eine Aktenmappe weggenommen, in der er seine Papiere vom Sozialamt und von der Arbeitslosenversicherung aufbewahrte. Ich brachte sie zu einer Freundin und sagte ihm, ich würde sie ihm erst zurückgeben, wenn er sein Kind anerkennt. Sonst würde ich sie dem französischen Konsulat bringen, denn wenn er Arbeitslosengeld bezieht, darf er nicht in Marokko wohnen. Aber der Kommissar sagte ihm: *Die Frau, die dir ein Kind geschenkt hat, beschimpfst du als Diebin? Mache die Papiere für dein Kind! Ansonsten werde ich dich beim französischen Konsulat anzeigen.*

Dann willigte er endlich ein, das Kind zu akzeptieren. Und am nächsten Morgen stand er auf und sagte: *Naomi, ich gehe zurück nach Frankreich, für immer.* So ging er. Ich blieb alleine mit meinem Kind. Und bis heute leide ich. Dank Gottes Gnade fand ich eine Arbeit. Ich putze in der reformierten Kirche, sie zahlen mir 2000 Dirham im Monat. Ich bezahle 1125 für mein Zimmer. Wieviel bleibt mir übrig? 875. Damit muss ich die Krippe für meinen Sohn bezahlen, er braucht etwas zu Essen, ich muss Strom und Wasser bezahlen. Ich komme damit nicht durch. Du siehst, wo ich wohne. Ich stehe um vier Uhr morgens auf. Ich mache mein Kind fertig, um es in die Krippe zu bringen. Wir gehen zu Fuß bis zur Krippe. Und zu Fuß gehe ich weiter bis zur Arbeit. Das sind fünf Kilometer. Jeden Tag. Und am Abend gehe ich den gleichen Weg zu Fuß zurück. Ich habe keine Wahl. Oft kann ich in der Nacht nicht einmal schlafen, weil ich überall Schmerzen habe. Und wenn ich endlich schlafe, wacht das Kind auf und weint, weil es trinken will.

All das stresst mich. Manchmal habe ich nichts mehr zu essen. Aber anstatt mich zu prostituieren, esse ich mein Brot lieber im Schweiße meines Angesichts. So ist das. Einmal rief er mich an: *Ah, hast du meinem Kind Kleider gekauft?* Ich sage *nein*. Mit dem bisschen Geld, das ich verdiene, kann ich nicht noch Kleider kaufen gehen. Sagt er: *Ja, ich werde dir Geld schicken, damit du meinem Sohn Kleider kaufen kannst.* Ich wollte das Geld erst fast nicht abholen. Schau, hier ist die Quittung. 43 Euro. Nach eineinhalb Jahren. Er arbeitet. *Bon*, er hat eine Stelle in einem Supermarkt. Seit eineinhalb Jahren ist er weg. Das ist die Summe, die er seinem Sohn schickt. 470 Dirham. Sein erstes Kind.

Dieser Mann hat mir viel Leid gebracht. Ich bete zu Gott, damit ich ihm vergeben kann. Einmal sagte ich zu Clara, *schau, das ist der Vater meines Kindes, aber ich habe ihm vergeben.* Ich habe ihm vergeben. Doch stelle dir vor, eine Frau, die ein Baby hat und um drei Uhr in der Nacht aufwacht, weil sie nicht einmal einen Dirham hat, um die Milch für ihr Kind zu bezahlen? Marokko ist nicht leicht. Viele müssen betteln oder sich prostituieren, bis sie genug Geld haben für ein Zodiac. Aber ich hatte nie die Idee, über das Meer zu gehen. Wenn ich nicht so Angst vor dem Wasser hätte, würde ich es vielleicht auch versuchen. Doch das Meer macht mir Angst. Ich habe eine Freundin, welche es vor einem Monat versuchte und zurückkehrte. Es hat nicht geklappt. Es gab 14 Tote. Sie will im Sommer wieder gehen. Ich sagte ihr, *aber es gab 14 Tote!* Doch sie sagt, *wir sind auf Erden, um zu sterben. Jeder von uns wird eines Tages sterben. Und wenn ich nicht gestorben bin, heißt das, dass mein Tag noch nicht gekommen ist.*

Ich habe viele Freunde, die so gegangen sind. Aber ich habe Angst vor dem Wasser. Selbst im Schwimmbad habe ich Angst. Denn ich erinnere mich, als ich noch zu Hause war, mit sechzehn, da gingen wir einmal an den Strand, drei Mädchen und drei Buben, ich, Marie mit ihrem Freund und dessen beiden Brüdern und noch eine andere. Es war ein Sonntag. Wolken zogen auf und wir wollten zurückgehen. Marie ging noch einmal ins Meer, um sich den Sand abzuwaschen und sich anzuziehen. Sie ging ins Meer. Und das Meer trug sie davon. Ihr Freund hat sie gesehen: *Eh, meine Freundin geht unter!* Er ging ihr nach, um sie zu retten. Und ist geblieben. Sein kleiner Bruder sagte, *ich werde meinen großen Bruder nicht ertrinken lassen!* Er ging auch, und sie sind alle drei im Meer geblieben. Marie, ihr Freund und sein kleiner Bruder. Schau, ich habe hier ein Foto von ihr. Da, das ist sie, das ist Marie, die im Meer geblieben ist. Das hier bin ich. Das war 1995. Wir gingen immer zusammen in die Kirche, wir gingen zusammen an den Strand, wir gingen zusammen aus. Das Meer hat uns voneinander getrennt. Und seit diesem Tag habe ich Angst vor dem Wasser. Darum bin ich noch hier. Das ist die Wahrheit. Es ist die Angst, die mich in Marokko hält.

Aber manchmal sage ich mir, so ist das Leben. Wenigstens habe ich einen kleinen Jungen. Als ich schwanger war, sagte ich mir oft, ich werde mich umbringen. Denn wie soll ich meiner Mutter sagen, dass mich der Mann verlassen hat, dem ich mein Vertrauen schenkte? Am Anfang bereute ich es sehr, ihn je kennengelernt zu haben. Aber heute, wenn ich mich hinsetze und meinen Sohn betrachte – ich liebe meinen Sohn – da sage ich mir, wenn ich seinen Vater nicht gekannt hätte, wäre er jetzt nicht hier. Siehst du? Oft habe ich das Gefühl, die Vergangenheit ist eben an die Gegenwart gebunden oder ich weiß nicht, wie ich das sagen kann. Wenn alles nicht gewesen wäre, dann wäre es jetzt nicht so. Ich sage mir, alles war so bestimmt. Auch diese Reise hat mich vieles gelehrt. Vorher wusste ich, dass das Leiden existiert. Aber gewisse Leiden, wenn du sie nie erlebt hast, kannst du sie nicht kennen. Der Kampf, den ich mit meinem Sohn erlebt habe, hat mir vieles gezeigt. Und mit all dem, was mir sein Vater angetan hat, weiß ich zumindest, wer ich bin: Ich bin eine starke Frau. Es gibt gewisse Erfahrungen im Leben, welche den Menschen dazu bringen, zu wachsen. Also bereue ich nichts.

Exzellente Kooperation

In den vergangenen Jahrzehnten entwickelte sich Europa zu einer Art Festung: Ein geschlossenes Terrain, das nur legal betreten darf, wer eingeladen ist. Oder wer aufgrund von Herkunft oder Status zu den Wohlhabenden dieser Welt gehört. Alle anderen müssen auf die Schleichwege ausweichen, den Burggraben durchschwimmen, die Festungsmauer überklettern, sich als Grafen verkleiden oder zwischen Marktwaren verstecken. Mit genügend Kraft, Geschick, Glück oder Geld gelingt es manchen von ihnen, das verbotene Land zu betreten. In ihrer Klandestinität dienen sie als niedrigste Arbeiterinnen und Arbeiter den Burgbewohnern. Vielleicht gelingt es ihnen, sich in die Festung einzuheiraten. Oder sie hoffen als Verfolgte fremder Reiche auf eine humanitäre Ethik und bitten um Asyl.

Die meisten aber bleiben draußen, am Fuße der Festung. Und die europäischen Staaten delegieren die Bekämpfung illegaler Migration zunehmend an ihre Nachbarn. So werden Entwicklungshilfegelder, Wirtschaftsabkommen und Visumserleichterungen von Maßnahmen gegen Auswanderung und Migrationstransit abhängig gemacht. Alleine von 2007 bis 2013 erhielt Marokko 1,3 Milliarden Euro im Rahmen der *Europäischen Nachbarschaftspolitik*[21] (EC, 2014). So viel EU-Entwicklungshilfegelder erhielt sonst kein anderes Land der Welt. Die diplomatische Bedingung: Marokko muss die irreguläre Migration bekämpfen.

Seit der Gründung der euro-mediterranen Partnerschaft[22] 1995 in Barcelona kooperiert Marokko in Sachen Grenzschutz mit der EU. Wenn auch mit schwankendem Commitment. Doch nachdem die islamistische *Partei für Gerechtigkeit und Entwicklung* im Anschluss an den arabischen Frühling 2011 an die Macht kam, scheint die Zusammenarbeit immer reibungsloser zu werden. Im Jahr 2012 nahm die Staatsgewalt gegen subsaharische Flüchtlinge und

Migranten massiv zu; im Juni 2013 unterzeichnete Marokko mit der EU ein Mobilitätspartnerschaftsabkommen (siehe Seite 117); und nachdem die nachbarschaftlichen Beziehungen zwischen Spanien und Marokko jahrelang von Schikanen durchzogen wurden, preisen spanische Politiker reihenweise Marokkos *exzellente Kooperation im Kampf gegen illegale Migration* (Lemag, 2014).

Die von der EU verlangten Maßnahmen gegen Migrationstransit treffen aber längst nicht nur jene, welche nach Europa wollen. Sie treffen in Marokko potentiell jeden Menschen mit schwarzer Haut. In Casablancas Außenquartier Ain Saba besuche ich Massamba, einen kleinen, jungen Mann mit dichtem, kurzem Kraushaar, offenem Lächeln und strahlend weißem Hemd. Massamba ist Musiker. Kürzlich spielte er Gitarre für eine CD mit afrikanischen Wiegenliedern, die Clara aufgenommen hat. Und er erzählt mir seine Geschichte. Wie er mit dem Traum von einer Musikkarriere nach Marokko gekommen ist – und wie er sich auf einmal in der Illegalität wiederfand, im Gefängnis, im Niemandsland an der algerisch-marokkanischen Grenze.

Ich habe eine Wut in mir, sagt Massamba. *Ich will, dass die Welt mich hören kann. Ich habe derart viele Dinge erlebt auf diesem Weg, dass ich Lieder zu schreiben begann. Es sind Lieder, die wirklich berühren. Und ich wünsche mir, dass die Welt sie hören kann.* Aber das Demotape, das er einst in einem Studio in Benin aufgenommen hatte, ging irgendwo unterwegs verloren. Und seither fehlen ihm das Geld und das Interesse der Produzenten, um seine Lieder aufzunehmen. *Das tut irgendwie weh*, sagt Massamba, während wir auf seinem Bett sitzen und kongolesisch zubereiteten Fisch essen. *Manchmal kommt es mir vor wie: Du schlägst ein Kind, und dann hinderst du es daran, zu weinen.*

Massamba

Geboren 1985 in Kongo-Brazzaville[23]

Als ich noch zur Schule ging, wollte ich einmal in einem anderen
Land leben und eine andere Kultur kennenlernen. Da verliess ich
den Kongo, um nach Benin zu gehen, wo ich mein letztes Schuljahr
absolvierte und Abitur machte. Seit ich sechzehn bin, will ich Musiker werden. Damals hörte ich oft einen südafrikanischen Musiker
namens Lucky Dube. Kennen Sie ihn? Sie müssen ihn unbedingt
mal hören! Er blieb bis heute mein Idol. Ich verstand zwar kein einziges Wort Englisch. Aber seine Musik berührte mich sehr. Immer
wenn es mir schlecht ging, gab mir seine Musik Erleichterung. Es
war, als wäre er hier um mir zu sagen: *Mach dir nichts daraus!* Meine
Liebe zur Musik führte dazu, dass ich die Distanz zu meinen Eltern
suchte und ins Ausland ging. Denn meine Mutter liess mich nie
Musik machen. Manchmal gab sie mir zur Strafe nichts zu essen,
weil ich Singen üben ging. Erst in Benin konnte ich Musikunter-
richt besuchen und Gitarre spielen lernen. Nach dem Abitur suchte
ich dort Arbeit, aber die Arbeit kam nicht. Und da sagte ich mir:
*Warum versuche ich nicht, nach Marokko zu gehen? Marokko liegt
gleich neben Europa! Und mit meinem musikalischen Talent könnte
ich dort vielleicht weiterkommen.* Ich war auf der Suche nach meiner
Zukunft. Und jetzt bin ich schon fünf Jahre hier.

Mein Weg führte über Land. Ich nahm in Cotonou den Bus nach
Mali und von da weiter nach Mauretanien. Ich hatte meinen Pass
und all meine Papiere. So war die Reise leicht. Wenn ich an eine
Grenze kam, zeigte ich meinen Pass und sie ließen mich durchgehen. Nur für Mali und Mauretanien musste ich an der Grenze ein

Visum kaufen. Es war sehr leicht. Ich hatte eine gute Reise und war sehr glücklich. Ich beobachte die Landschaft – und ehrlich gesagt, mit dem Bus zu reisen ist schön! Wirklich schön. In Mauretanien erkundigte ich mich, ob ich mit einem Bus weiter nach Marokko fahren kann. Aber man sagte mir, die Reise würde etwa drei Tage dauern. Da fand ich, das sei zu viel. Ich nahm lieber das Flugzeug und so war ich in zwei Stunden hier. Als ich hier ankam war ich legal[24] und ließ mir einen Ausländerausweis ausstellen. Ich unterrichte Musiklehre und Gitarre an einer Musikschule, denn ich kam hierher auf der Suche nach einer Zukunft als Musiker. Aber im Jahr 2010 lief mein Ausländerausweis ab und seither ist mein Aufenthalt hier irregulär. Also muss ich mich ständig vor der Polizei in Acht nehmen. Das ist nicht leicht. Letztes Jahr wurde ich einmal verhaftet. Das geschah auf eine sehr banale Art. Ich verließ das Haus, um in der Metzgerei Fleisch zu kaufen. Und wie ich im Laden stand, bemerkte ich auf einmal, dass mich zwei Männer festhielten. Ich wusste nicht, dass sie Polizisten sind, denn sie waren in Zivil. Sie begannen mir Fragen zu stellen. *Wohin gehst du?* Ich sagte ihnen, *ich werde jetzt an der Kasse das Fleisch bezahlen. – Hast du Papiere?*

Bon, ich hatte keine Papiere, also brachten sie mich auf das Kommissariat, wo ich ein Gespräch mit dem Kommissar der Einwanderungsbehörde führte. Er stellte mir einen Haufen Fragen und ich gab ihm all die Gründe, welche dazu führten, dass ich den Ausweis nicht erneuern konnte: Erstens habe ich kein Geld, das ist der erste Grund. Denn man braucht mindestens 350 Euro, um den Ausweis zu erneuern. Und außerdem habe ich ein Problem mit meinem Pass. Denn um einen Ausländerausweis zu erneuern, brauche ich einen gültigen Pass. Mein Pass ist aber abgelaufen, und hier auf der Botschaft kann ich ihn nicht erneuern, weil unsere Pässe neuerdings biometrische Angaben enthalten. Ich müsste also nach Brazzaville reisen, um die Fingerabdrücke abzugeben und mir einen neuen Pass ausstellen zu lassen. Aber für jemanden wie mich, der schon Mühe hat, finanziell im Alltag über die Runden zu kommen, ist es nicht gerade leicht, ein Flugticket zu bezahlen, welches 1600 Euro kostet. Und das nur für meine Fingerabdrücke. *Bon*, aber der Herr Kommissar antwortete mir, das sei nicht sein Problem, ich müsse zurück in mein Land. Ich sagte ihm, *damit habe ich kein Problem. Wenn Sie mich in mein Land zurückbringen, wird mich das freuen, denn dort wäre ich bei mir zu Hause und fände mich nicht mehr in solch komplizierten Situationen wieder.*

Nun, ich habe Ihnen nicht gesagt, dass ich die ganze Zeit über mit Handschellen gefesselt war. Selbst als ich mit dem Kommissar sprach, war ich in Handschellen. Danach brachten sie mich in ein Gefängnis in einem Quartier namens *Roche Noire*. Dort nahmen sie mir die Handschellen ab und sperrten mich zwei Tage lang in eine Zelle. Sie nahmen mir auch die Fingerabdrücke ab. Allerdings weiß ich nicht, zu welchem Zweck das geschah. Nach zwei Tagen brachten sie mich auf die Polizeipräfektur hier in Ain Saba zu dem Staatsanwalt, der für meinen Fall verantwortlich war. Jedenfalls sagten mir die Polizisten, sie würden mich zu dem Staatsanwalt bringen, damit er meinen Fall untersuche. Also dachte ich, ich würde ihn treffen und er möge mir einige Fragen stellen. Aber als ich da war, bekam ich ihn gar nicht zu Gesicht. Ich betrat nicht einmal sein Büro. Sie brachten mich nur mit vielen anderen in ein Zimmer, wo wir vier Stunden lang warten mussten. Danach riefen mich die Polizisten auf und sagten, es sei vorbei, der Staatsanwalt habe entschieden, und ich würde nach Mâarif verlegt.

Mâarif ist ein Quartier in Casablanca, dort befindet sich das Polizeipräsidium. Das Gefängnis befindet sich im Keller. Sie sperrten mich zusammen mit etwa zwanzig anderen Blacks in eine Zelle, die so klein war wie dieses Zimmer. Dort verbrachte ich zwei Tage. Sie schlafen auf dem nackten Boden. Denn es liegen zwar Decken herum, aber die sind sehr, sehr schmutzig. Und es stinkt grässlich. Es stinkt dermaßen, dass Sie jeden Atemzug bereuen. Und ständig hören Sie die rassistischen Bemerkungen der Polizisten. Im Gefängnis gibt man Ihnen nichts. Nicht einmal etwas zu Essen. Vier Tage lang.

Nur wenn Sie Geld bei sich haben, können Sie einen Wächter bitten, Ihnen etwas zu essen zu holen. Ich hatte kein Geld. Denn was ich bei mir hatte, nahmen mir die Polizisten weg, als sie mich verhafteten. Zum Glück hatten zwei von uns etwas Geld bei sich, und wenn sie Essen bestellten, dann gaben sie allen davon. So konnten wir durchhalten.

Manche waren dort bereits vier oder fünf Tage lang eingesperrt. Also wurde uns bald klar, dass wir einen Aufstand lostreten müssen, damit sie eine Lösung für uns finden. Denn wenn wir einfach ruhig geblieben wären, ohne etwas zu unternehmen, hätten sie uns wochenlang so festhalten können. So begannen wir nach zwei Tagen Lärm zu machen. Wir sagten den Polizisten, sie sollen ihrem Chef diese Nachricht weiterleiten: *Wenn ihr uns bis morgen hier festhaltet, werden wir anfangen, euch zu schlagen.* Aber sie nahmen das auf die leichte Schulter. Und um Mitternacht begannen wir einen richtigen Aufstand. Wir stifteten ein Durcheinander, wir zerbrachen alles, was sich zerbrechen ließ. Und dann kam endlich der Kommissar hinunter. Er sagte uns, in einer Stunde werde ein Bus kommen und uns nach Oujda fahren. Dort würden sie uns an die Grenze zu Algerien in die Wüste werfen. Denn das ist so der Brauch, dass die Leute in die Wüste geworfen werden, wenn sie keine Papiere haben.

Nach einer Stunde kam also der Bus. Sie erfassten uns, gaben die Namen und Geburtsdaten durch, danach stiegen wir in den Bus, und dieser fuhr uns bis nach Oujda. Die Reise dauerte 10 Stunden. Dort brachten sie uns erneut in ein Gefängnis, wo wir 24 Stunden festgehalten wurden. Wir waren sehr viele Leute unterschiedlicher Nationalitäten. Es gab Guineer, Burkiner, Ivorer, Nigerianer, Kongolesen. Und sie warfen uns alle an der Grenze zu Algerien in die Wüste. Das geschah mitten in der Nacht, denn die marokkanischen Polizisten wollten nicht von den Algeriern gesehen werden.

Die Gegend dort ist sehr karg. Weit und breit gibt es keine Zivilisation. Es gibt ein paar vereinzelte kleine Bäumchen und auf der

Erde wachsen überall Pflanzen voller Stacheln. Wenn du keine guten Sohlen hast, kannst du dir leicht wehtun. Einige von uns ver-
letzten sich an den Stacheln, während wir zurückliefen. Das ist sehr
schmerzhaft. Nachdem sie uns rauswarfen, fuhren die Polizisten
zurück. Wir blieben eine gute Weile dort, dann machten wir uns
ebenfalls auf den Rückweg. Zu Fuß. Denn nach Algerien zu gehen
wäre noch schlimmer gewesen. Also liefen wir den ganzen Weg zu
Fuß zurück. Es war wirklich sehr weit. Wir gingen mindestens sieben Stunden, bis wir Oujda erreichten. Dort war ich in einer sehr
heiklen Situation, denn ich hatte weder einen Ausweis noch Geld.
Aber die Fahrt zurück nach Casablanca kostet etwa dreißig Euro,
und um als Schwarzer eine Fahrkarte zu kaufen, braucht man gül-
tige Papiere. Denn dort gibt es sehr viele Kontrollen. Und wenn Sie
von der Polizei erwischt werden, dann wird man Sie erneut dorthin
bringen, wo Sie eben waren.

Ich bat also jemanden um etwas Geld, damit ich meine Angehö-
rigen anrufen konnte und sie bitten, mir diese Summe zu schicken.
Aber wie soll ich das Geld abholen, wenn ich nicht einmal einen
Ausweis habe? Es war wirklich kompliziert. Glücklicherweise traf
ich jemanden, der seinen Pass bei sich hatte, und so ließ ich das
Geld auf dessen Namen schicken. Mein Bruder schickte mir das
Geld, dieser Freund ging es holen und übergab es mir. Ich bat au-
ßerdem einen anderen Freund aus Casablanca, mir eine legalisierte
Kopie seines Passes und seines Ausländerausweises zu schicken.
So konnte ich mir am Bahnhof ein Ticket kaufen und zurück nach
Casablanca fahren. So lief das ab. Und all das nur, um ein bisschen
Hackfleisch zu kaufen! So ist das.

Ja, manchmal, wenn ich meine Situation betrachte, dann bereue
ich es, hier zu sein. Aber es war ganz meine eigene Entscheidung
und ich verurteile niemanden dafür. Nicht mich selbst und nicht
meine Eltern. Denn es stimmt schon, ich habe vielleicht viel Zeit
verloren. Aber ich sammelte auch viel Lebenserfahrung. Und das
ist, was für mich zählt. Aber was meine Zukunft angeht, so steht
fest, dass ich nicht hier bleiben kann. Das ist kein offenes Land. Sie

mögen keine Fremden, um genau zu sein, keine Schwarzen. Ich bin nur hier, weil ich keine Möglichkeit habe, weiterzukommen. Denn ich möchte nicht illegal nach Europa einreisen. Aber ich kann auch nicht zurück nach Hause, weil ich mit der politischen und wirtschaftlichen Situation dort keinen Platz habe. Und wenn ich hier bin, dann nur, weil ich eben hier bin.

Ich werde ankommen

Ein kalter Wind fegt vom Meer her durch die breiten Boulevards Casablancas und versetzt die Stadt in einen Müllsturm. Papierfetzen, Taschentücher, Plastiksäcke und Verpackungen aller Art fliegen durch die Luft und klappern über den Asphalt, während sich ein klebriger schwarzer Staub in den Schleimhäuten der Atemwege festsetzt. Ein Mann sitzt abwesend neben einem Hauseingang und streckt einen aufgedunsenen, unförmigen Wulst aus menschlichem Fleisch in die Straße hinaus. Sein verkrüppeltes Bein. Seine Einnahmequelle, ein paar Dirham die Stunde, begleitet von den mitleidigen Blicken der geekelten Passanten. Apathisch trottet ein kleiner Esel daran vorbei und zieht eine große Karre voll Cardon-Blätter mitsamt Gemüsehändler hinter sich her.

Ich gehe zu der reformierten Kirche an der Rue Azilal, um im Auftrag von Clara einer jungen Senegalesin ein bisschen Geld zu geben, da sie gerade aus ihrer Wohnung geworfen wurde. Während ich auf sie warte, setze ich mich auf eine Bank zu einem schwarzen Mann. Er heißt David und wartet darauf, den Pastor zu sprechen. Er sei gerade in Casablanca angekommen und suche Arbeit. Irgendeine Arbeit. Seine Hoffnung liegt in den unzähligen Callcentern der Stadt, welche für niedrige Löhne frankophone Agenten aus subsaharischen Ländern anheuern. Die Nacht verbrachte er ohne Decke auf einem Stück Karton unter freiem Himmel. Seine Lippen sind spröde, der Blick hungrig. Ich gehe zum nächsten *Hanout*, einem kleinen Lebensmittelladen um die Ecke, und kaufe vier Brote, zwei hartgekochte Eier, eine Sardinendose und einen Liter Milch. *Gott möge dich beschützen*, antwortet David mit einem scheuen Lächeln. Er hatte seit drei Tagen nichts gegessen.

Eine Woche später fahre ich nach Mohammedia, einen ruhigen Vorort von Casablanca. Die Häuser sind neu, wenn auch schlecht gebaut, die Straßen breit und leer. David fand hier Unterschlupf bei einem Kongolesen, der mit ihm vorübergehend seine Matratze teilt. Nebst dem Bett gibt es in dem kleinen Zimmer zwei gepackte Reisekoffer und ein Radio, das Shakira spielt. Als mir David seinen Jahrgang nennt, staune ich. Seine 53 Jahre sieht man ihm nicht an. Er wirkt wie ein Mensch ohne Alter. Glattrasierter Schädel, Bügelfalten in Hemd und Hose und polierte braune Schuhe, denen man ansieht, dass sie bereits manche Straße mit geschwächten Schritten entlanggelaufen sind. Erst jetzt entdecke ich die silbrigen Stoppeln, welche im Gegenlicht seinen schwarzen Kopf melieren.

David erzählt seine Geschichte mit spärlichen Sätzen, als fürchte er, jedes Wort könnte ihn verraten. Die Erinnerungen reduziert er auf einfache Fakten. Keine Bilder, keine Gefühle. Er schützt sich vor der Trauer und einer geheimen Vergangenheit, die ihn einholen könnte, wenn jemand seine Geschichte identifiziert.

DAVID

David

Geboren 1960 in Kongo-Kinshasa[23]

Ich weiß, wenn Sie mich so sehen, könnten Sie denken, ich wäre 18 Jahre alt. Denn in der letzten Zeit habe ich vieles durchgemacht. Aber wenn wir uns eines Tages wiedersehen, werden Sie mich nicht mehr erkennen. Ich werde anders sein. Ja, ich bin im Kongo aufgewachsen, in der RDC[25]. Aber ich verließ Kongo bereits in den frühen Neunzigerjahren, um nach Angola zu gehen. Denn mit der Diktatur, mit dem schlechten Willen der Herrschenden und ihrer fehlenden Liebe für das Vaterland – ich würde sagen, der Kongo hat wirklich die schlechtesten Führer von ganz Afrika. Das führt dazu, dass Sie auch hier in Marokko viele Kongolesen finden. Sie leben lieber im Ausland als im Kongo.

Ich werde Ihnen etwas sagen. Und selbst die Westler wissen das sehr gut. Der Kongo ist, von seinem Potential her gesehen, das reichste Land der Welt. Selbst wenn Sie einen Schweizer fragen, der sich in Sachen Bodenschätzen auskennt, wird er Ihnen bestätigen, dass der Kongo potentiell zu den reichsten Ländern der Welt gehört. Aber, hier der Kontrast: Wenn Sie heute in den Kongo gehen, werden sie nichts davon sehen. Nichts. Als die Belgier den Kongo kolonialisierten, nannten sie ihn einen geologischen Skandal. *Wir hätten uns nie vorstellen können*, das sagten die Belgier, *wir hätten uns nie vorstellen können, dass wir eines Tages ein Land finden könnten, welches potenziell so reich ist wie der Kongo.* Und die Amerikaner sagten immer: *Afrika hat die Form eines Revolvers – und sein Abzug liegt im Kongo.* Das heißt: Wenn man einem Revolver den Abzug entfernt, wird er ein einfaches Spielzeug. Selbst die kleinsten Kinder können sorglos damit scherzen.

Die Ungerechtigkeit ist wirklich frappierend. Wenn Sie heute in die RDC kommen, werden Sie Leute treffen, welche nicht einmal einen Franc am Tag haben, um sich ein Brot zu kaufen. Sie werden Leute treffen, welche seit drei Tagen nichts gegessen haben, obwohl der Kongo einen Wert an Bodenschätzen aufweist, den man sich gar nicht vorstellen kann. Wir haben alles im Kongo. Alles. Selbst Erdöl. Angola ist heute der zweitgrößte Erdölförderer in Afrika. Die Portugiesen verlassen jetzt ihr Land und kommen nach Angola, um Arbeit zu suchen. Aber das geförderte Erdöl gehört nicht Angola. Es ist Erdöl der RDC. Angola hat unter der Grenze durchgebohrt, um kongolesisches Erdöl zu fördern. Sie können das nachforschen und man wird Ihnen das bestätigen. Deswegen sage ich Ihnen, die Regierenden des Kongos sind von einem sehr schlechten Willen beseelt. Sie bereichern nur sich selbst und ihre Angehörigen. Fertig. Sie werden Milliardäre. Aber das Volk – ich habe dort einen Freund. Ich traf ihn, als ich durch die RDC reiste, um nach Marokko zu gelangen. Er sagte mir: *Ich bin Krankenpfleger. Ich arbeite seit fünf Jahren in einem Krankenhaus und habe noch keinen einzigen Lohn gekriegt.* Jemand arbeitet fünf Jahre lang in einer öffentlichen Einrichtung und wurde noch nie bezahlt. Ich frage ihn: *Warum arbeitest du noch weiter? Besser, du gibst auf, als dass du jeden Tag zur Arbeit gehst, ohne dass man dich bezahlt!* Aber er sagte, *nein, ich werde weiter arbeiten. Ich weiß, eines Tages wird man uns schon bezahlen.* Er lebt bei seiner Mutter. Fünf Jahre. Und man bezahlte ihm nicht einen einzigen Monat. Sie sehen, wie schlecht die kongolesischen Führer sind. Der einzige gute Führer war der erste Präsident, Joseph Kasavubu. Er kam, blieb fünf Jahre und stahl nicht einen einzigen Franc. Aber alle, die nach ihm kamen, sind Diebe. Sie plündern die Wirtschaft des Landes und schicken das Geld zu euch in die Schweiz, um genau zu sein. Denn dort bewahren sie ihre Vermögen auf.

Ich lebte über 18 Jahre lang in Angola. Ich arbeitete in unterschiedlichen Unternehmen, Institutionen und renommierten internationalen Organisationen, aber wenn ich hier die Namen erwähne, könnten mich gewisse Leute vielleicht erkennen. Und ich muss vorsichtig sein. Ich zog los, um meine Frau und meine Kinder zu suchen. Da Angola auch von Kriegen heimgesucht wurde, kam eines Tages der Moment, an dem ich, meine Frau und meine Kinder durch die Macht der Dinge voneinander getrennt wurden. Denn mit dem Krieg geht die Gewalt einher. Und die Gewalt kann auch dazu führen, dass jemand ein Land verlassen muss. Es herrschte eine weit verbreitete Gewalt. Man konnte Ihnen sagen: *Wir wollen Sie hier nicht mehr sehen! Wenn wir Sie hier noch einmal sehen, werden wir Sie töten!* Und so sind Sie gezwungen, fortzugehen. Denn wenn Sie bleiben, wird man Sie tatsächlich töten, genauso leichtfertig wie ein simples *Guten Tag* gesprochen ist.

Die Leute flohen und landeten hier und dort, in Sambia, Namibia, Kinshasa oder Brazzaville. Wir waren durch die Umstände verstreut, die Kinder zogen in andere Gegenden, meine Frau folgte ihnen und ich musste anderswohin fliehen. Und bis heute haben wir uns nicht wiedergefunden. Aber ich kann dir nicht mehr dazu sagen, das wäre eine Indiskretion. Eines Tages in Europa werde ich dir davon erzählen. Ich werde dir meine Geheimnisse erzählen. Aber erst, wenn ich in Sicherheit bin. Denn hier bin ich überhaupt nicht sicher. Hier ist noch immer Afrika.

Wir wurden Ende 2004 voneinander getrennt. Und danach wurde ich krank. Ich war zwei Jahre lang schwer krank. Ich konnte nicht mehr arbeiten und hatte überhaupt keine finanziellen Mittel. Ich konnte auch meine Miete nicht mehr bezahlen. Aber da mich die Vermieter gern mochten und ich viele Jahre in diesem Haus lebte, ließen sie mich gewähren. Und als ich wieder gesund wurde, arbeitete ich und zahlte, bis ich meine Schuld beglichen hatte. Danach arbeitete ich weiter, um ein bisschen Geld für die lange Reise zu sparen. Und 2010 konnte ich schließlich Angola verlassen und die Suche nach meiner Familie beginnen. Unterwegs sagte man mir, sie hätten die Grenzen überschritten. *Deine Familie ist nicht mehr in Afrika, sie ist jetzt auf der anderen Seite des Meeres.* Also zog ich nach Marokko, und Inschallah, so Gott will, werde ich das Meer überqueren, um sie dort zu suchen, wo sie sind. Ich weiß nicht, in welchem Land sie sich befinden, aber sobald ich auf der anderen Seite bin, werde ich sie finden, denn wir haben überall Leute. Nur hier in Marokko gibt es kaum Angolaner. Denn Angola ist heute ein El-Dorado in Afrika.[26] Aber ich weiß, dass sie noch am Leben sind. Kürzlich traf ich jemanden, der ihnen unterwegs begegnet ist. Er sagte mir, *deine Familie ist in Europa.* Wenn sie tot wären, wüsste ich davon. Denn wenn die Leute sterben, dann informiert man deren Familien. Man identifiziert die Menschen und ruft an. Man lässt nicht jemanden sterben wie einen Hund, ohne seine Familie zu informieren. Selbst wenn jemand im Meer stirbt. Die Leute wissen, wer los reist, und werden informiert, ob das Boot angekommen ist. Man stirbt nicht einfach wie ein Tier, ohne eine Spur zu hinterlassen.

Ich reiste über Kinshasa, Brazzaville, Kamerun, Nigeria, Benin, Mali und Algerien. *Ce voyage, c'est pénible,* es ist wirklich eine beschwerliche Reise. Oft müssen Sie unter freiem Himmel schlafen – wochenlang, im Winter, ohne Decken. Sie haben während drei, vier, fünf Tagen nichts zu Essen und können sich nicht waschen. Es ist nicht jedem gegeben, diese Reise zu überleben. Wir mussten unterwegs viele Menschen beerdigen. Es ist das Gesetz der natürlichen Selektion, wie man es in der Biologie nennt.

Um als Kongolese von der RDC bis hierher zu gelangen, muss man ein Soldat sein. Die Leute von Brazzaville können einfach mit ihrem Pass hierher fliegen. Aber wir von der RDC, wir müssen Kämpfer sein.[27] Es dauerte zwei Jahre, bis ich hier ankam. Immer wieder saß ich fest, weil ich kein Geld mehr hatte. So wie jetzt. Es ist Winter und ich schlafe draußen, ohne eine Decke, ohne warme Kleider. Das sind die Dinge, über die man nicht gerne spricht. Das ruft schlechte Erinnerungen hervor und tut weh im Herzen. Deswegen mögen viele nicht darüber sprechen.

Aber die Reise hat mir gezeigt, dass ich stark bin. Ich kann vier, fünf Tage auskommen ohne etwas zu essen. Wenn es Wasser gibt, trinke ich, wenn es kein Wasser gibt, trinke ich nicht. Und ebenso wie ich hier beendete, was ich in der Vergangenheit erlebte, werde ich das hier beenden, sobald ich auf der anderen Seite bin. Eines

Tages werde ich nach Europa kommen, und wenn du mir deine Adresse gibst, kann ich dich in der Schweiz besuchen: *Siehst du mich? Ich bin am Ziel angekommen.* Ich werde ankommen. Ich weiß, wovon ich spreche. Ich werde dich besuchen und du wirst mich sehen: *Eh, du bist angekommen? – Ja, ich bin angekommen.* Wie ich reisen werde? *Bon,* es wird Wege geben. Wir Kongolesen sind Spezialisten in Reiseangelegenheiten. Aber ich werde nicht mit diesen kleinen Dingern über das Meer reisen, welche umkippen. Denn damit riskiere ich, meine Frau und meine Kinder nicht mehr wiederzusehen. Das geht nicht. Als ich in Rabat war, sind 64 Personen losgezogen, und fast alle sind gestorben. Denn die Dinge, die man für die Überquerung verwendet, sind nicht geeignet für das Meer. Aber da die Leute unbedingt rübermüssen und die anderen, welche diese Reisen organisieren, Geld brauchen, nehmen sie das Geld und lassen die Leute einsteigen: *Steigt ein und fahrt los! Wenn ihr ankommt, Gott sei Dank, wenn nicht – tant pis! Da kann man nichts tun.* Und weil die Leute vor der Misere fliehen, sagten sie sich *bon, das ist es wert. On en a marre. Die Herrscher, das Leiden, die soziale Ungerechtigkeit, all diese Dinge – wir haben sie satt.* Sie befinden sich zwischen Leben und Tod. Aber der Tod ist wesentlich näher. So ist das.

Manche verbrachten hier vier oder fünf Jahre und schafften es nicht rüber. Es gibt auch solche, die bereits in Spanien ankamen, aber von der Polizei verhaftet und abgeschoben wurden. Die Leute werden in die Wüste abgeschoben. Aber wenn ihr die Leute dorthin schickt, als wären sie Tiere, dann ist das, um sie zu töten! Ich sagte oft, wenn wir reisen, dann ist das, weil die Westler dafür sorgen, dass die Situation in der RDC unstabil ist. Warum sage ich das? Bei den Wahlen, welche eben stattgefunden haben, stimmte das Volk für Tshisekedi, den Opponenten, mit 56 Prozent. Der sogenannte Präsident, der an der Macht ist, hatte nur 26 Prozent[28]. Diese wirklichen Ergebnisse liegen sowohl der US-Regierung als auch der Europäischen Union vor. Aber weil die Westler wissen, dass sie nicht mehr von der Ausbeutung des Kongos profitieren können, wenn Tshisekedi an die Macht kommt, sagen sie sich: Man muss den Kleinen[29] da lassen, auch wenn ihn die Bevölkerung nicht mag, denn wir können ihn manipulieren. Man lässt ihn, denn wenn man ihm sagt, *mach es so*, dann macht er es. Und wenn man Tshisekedi sagen würde, *mache es so*, dann würde er sagen *nein, das mache ich nicht. Voilà.* Das ist der Grund für das Leiden unserer Völker: Wir haben Präsidenten, die es nicht verdienen, Präsident zu sein. Wenn es Wahlen gibt, werden die Resultate gefälscht. Und wenn wir nach Europa ins Exil gehen wollen, heißt es *Nein, geht zurück*, und wir werden abgeschoben. Das sind die Probleme.

In den Händen der Folterer

Auf dem Salontisch stapeln sich Zollpapiere vom Handelshafen *Tanger Med*. Die Wohnung ist riesig und nach mitteleuropäischem Standard eingerichtet. Es riecht nach abgestandenem Rauch. Nur die Heizung fehlt. Jetzt im Winter sind die Zimmer kalt und feucht, sodass ich mich bereits in der ersten Nacht erkälte. Ich teile die Wohnung mit einem Spanier, der hier für ein Logistikunternehmen arbeitet. Mitten in Mâarif, gleich hinter den *Twin Towers*, den einzigen Wolkenkratzern Casablancas. Ein Quartier aus spiegelndem Glas und Marmorplatten. Ich erwache mit Halsschmerzen und fühle mich fiebrig.

Gegen Mittag kommt Felix zu Besuch und wir steigen auf die Dachterrasse, um der Kälte zu entfliehen, die in den Mauern der Wohnung festsitzt. Die Sonne scheint auf uns herab. Ich wickle mich in zwei Pullover und ein langes Halstuch, um meine Erkältung zu bekämpfen, und Felix erzählt mir seine Geschichte. Ich traf ihn zum ersten Mal zwei Wochen zuvor bei der evangelischen Kirche, die er aufsuchte, um ein Essenspaket des CEI abzuholen. Scheu stellte er sich mir vor, reichte mir seine kraftlose Hand und begrüßte mich lächelnd aber wortlos. Ein schlanker, sehr zurückhaltender junger Mann. Tage später spazierten wir wortkarg durch die lebendigen Straßen von Hay Hassani und aßen Hähnchen mit Reis. Meine Fragen beantwortete er knapp, am liebsten mit ja oder nein. Oder langem Schweigen.

Als Felix mich einmal fragte, was ich hier mache, erzählte ich ihm von meinem Vorhaben. Ich wusste von Clara, dass er eine sehr traumatische Geschichte hinter sich hat, und erwartete nicht, dass er mir davon berichten würde. Aber gestern sagte er mir auf einmal, *ich werde dir meine Reise erzählen*. Und wie wir uns jetzt auf der Terrasse in die Sonne setzen, sprudeln die Worte plötzlich aus ihm heraus wie eine lange zurückgehaltene Flut. Er redet schnell und fällt immer wieder in ein nigerianisches Englisch, von dem ich nichts mehr verstehe. Kein Detail lässt er weg. Er erzählt von jedem Mal, als er in der Wüste den Pick-up anstoßen musste, beschreibt alle Räume, in denen ihn das Grauen heimsuchte, nennt die Namen der Leute, denen er begegnete, und die Wochentage, die sein Leiden verlängerten.

Gebannt folge ich seiner Erzählung und realisiere sehr bald: Ich hätte nicht überlebt. Wäre ich an seiner Stelle gewesen, könnte ich niemandem meine Geschichte erzählen. Ich wäre einer der ungezählten Namenlosen, die irgendwo zwischen Afrika und Europa ihr Leben verlieren. Ich wäre zu schwach. Ich werde krank nach einer einzigen kalten Nacht. Ich hätte weder die Wüste überlebt noch die Schläge der Folterer noch die langen Fußmärsche noch die Nächte auf den Straßen in Marokko. Und dabei halte ich mich für einen harten Reisenden.

Felix redet pausenlos. Die Muezzins rufen zum Asr, zum Magrhib, zum Isha'a. Die Sonne ist verschwunden und es wird kalt, so dass ich eine Decke hole. Felix lässt die Bilder aus sich heraus, mit zitternden Händen und lächelndem Mund, als wäre es nicht seine Geschichte. Nur der fehlende Zahn in seinem Mund knüpft bei jedem Wort hartnäckig die Verbindung zwischen ihm und dem, was geschehen ist. Erst bei der Ankunft in Casablanca schweigt er. Das war Karfreitag 2012. *Hier bin ich*, sagt er lächelnd und streckt die zittrigen Beine von sich. Er lebte den Sommer über draußen auf einer Dachterrasse, später zu dritt in einem kleinen Zimmerchen in Assasfa, einem armen Außenquartier im Südwesten Casablancas. Er spaziert durch die Straßen, geht zur Kirche. Manchmal arbeitet er auf Baustellen. Er schlägt sich durch, wie so viele hier, und hangelt sich von Hoffnung zu Hoffnung.

felix

Felix

Geboren 1992 in Nigeria

Ich bin Felix Lambad, 20 Jahre alt, ich komme aus dem Bezirk Ika North East, Delta State, Nigeria. Meine Eltern? Das ist eine lange Geschichte. Mein Vater verließ uns in den frühen Neunzigern und lebte fortan sein eigenes Leben. Ich habe zwei Schwestern. Die eine ging nach der Scheidung mit meinem Vater und wir hatten seither keinen Kontakt mehr. Mit der anderen Schwester bin ich bei meiner Mutter aufgewachsen. Meine Mutter wurde bald geisteskrank, und so waren wir auf uns alleine gestellt. Ich besuchte das Gymnasium, und danach versuchte ich verschiedene Dinge, aber nichts hat geklappt. Ich verließ Nigeria Anfang Februar 2012. Weil ich mich nicht wohl fühlte. Ich mochte die Leute nicht und sah, dass es politisch und wirtschaftlich nicht gut läuft. Ich kann nicht sagen, dass es eine entscheidende Situation gab, die mich dazu brachte, zu gehen. Ich fühlte mich unwohl und ruhelos. Es war einfach zu viel für meinen Kopf. Und so habe ich mich entschieden, loszuziehen, um anderswo ein neues Leben zu finden. Ich arbeitete ein bisschen als Wächter und auf Baustellen, bis ich etwas Geld hatte. Und dann ging ich. Als ich losgezogen bin, dachte ich, nach Deutschland zu gehen. Aber ich wusste nicht, dass das schwierig sein würde. Ich sagte mir, ich gehe nach Marokko und dann nach Spanien, aber ich hatte keine Ahnung, was das für eine Reise ist. Ich wusste nichts von der Wüste. Ich dachte, ich würde einfach viele Grenzen überqueren und dann wäre ich dort.

Ich zog alleine los und sagte niemandem etwas davon. Die meiste Zeit war ich ohnehin alleine. Meine Mutter hat vor langer Zeit das Bewusstsein über die Dinge verloren. Meine Schwester lebt alleine. Jeder hat sein eigenes Leben. Das letzte Mal, als ich Freunde hatte, war ich noch ganz klein. Als ich älter wurde, bevorzugte ich es, alleine zu sein.

Ich ging nach Cotonou in Benin und kaufte dort ein Busticket nach Mali. An der Grenze zu Burkina Faso musste eine Frau den Bus verlassen, weil sie kein Visum hatte, und ich sah zum ersten Mal wilde Elefanten. Wir reisten über Ouagadougou bis nach Bamako, und von dort nahm ich einen Bus nach Gao. Als wir dort ankamen, war der Busbahnhof voller Leute, welche mich gefragt haben, wo ich hin wolle. Ich sagte, *ich gehe nach Marokko*, und ein paar Leute sagten mir, sie hätten einen Bus, der direkt nach Marokko an die spanische Grenze führe. Heute muss ich darüber lachen. Der Ort war voller Malier, die hier auf ein gutes Geschäft warteten. Ich folgte einem von ihnen, und er brachte mich zu sich nach Hause. Es war ein ummauertes privates Grundstück, von dem aus ein kleiner Pick-up in die Wüste fahren sollte. Ich dachte *mein Gott, wo bin ich da gelandet?* Ich wollte zurück zu dem Busbahnhof. Und also bin ich einfach wieder weggelaufen. Aber in Gao gibt es keine Taxis, also musste ich den ganzen Weg zu Fuß gehen. Diese Stadt ist ziemlich heruntergekommen und schien damals halb verlassen. Die Häuser sind alle aus Lehm gebaut. Nachdem ich lange gelaufen bin, traf ich vor einem Haus eine Gruppe Afrikaner. Sie sagten mir, die Fahrzeuge nach Algerien würden nur von solchen Innenhöfen abfahren und nicht vom legalen Busbahnhof. Sie führten mich in den Hof, der voller Afrikaner war, und sagten, *all diese Leute gehen nach Algerien*. Ich dachte, *mein Gott, was ist das für ein seltsamer Ort!* Alle hatten große Wasserkanister bei sich, welche sie in Kleider und Tücher eingewickelt hatten. Ich sah, wie die Leute sich auf die Reise vorbereiteten und sich Tücher um den Kopf banden. Ich dachte, *dies ist nicht der Ort, den ich gesucht habe, ich muss zu einem normalen Busbahnhof.* Ich betrachtete all die Leute und sagte mir, *okay, ich muss einen Nigerianer finden, mit dem ich reden kann.* Ich stieß auf einen Typen mit langen Rastalocken und roten Augen, der die ganze Zeit rauchte. Ich habe Angst gekriegt, aber er meinte, *wir gehen alle zusammen durch die Wüste.* Er erklärte mir auch, dass mich die Leute nicht nach Marokko bringen würden, sondern dass alle Fahrzeuge von hier nur bis Khalil führen. Denn viele hatten bereits Geld bezahlt, um bis nach Tunis, Algier oder Marokko zu fahren. Die Fahrer hatten den Leuten einfach ihr ganzes Geld abgeknöpft. Wenn du sagst, du gehst nach Algier oder Italien, werden sie dir sagen: *Okay, dieses Fahrzeug bringt dich gleich dorthin! Direkt!* Sie verkaufen direkte Reisen zu guten Preisen. Fahrkarten gibt es nicht und die Leute wissen nicht, dass diese Pick-ups alle nur bis Khalil fahren.

Die Fahrer sagten, die Abreise würde sich verzögern, weil die Rebellen das Gebiet kontrollierten. Während dieser Zeit gab es Kämpfe mit Islamisten und von überall hörte man Schüsse. Die Rebellen kontrollierten einen Großteil der Wüste und es gab heftige Kämpfe. Also versuchten die Fahrer Informationen über die Stellungen der Rebellen zu kriegen, um zu erfahren, ob der Weg nach Algerien frei ist. Irgendwann eines Nachmittags sagten sie, wir könnten losfahren, die Rebellen seien weg. Sie nahmen unsere Pässe und brachten sie auf den Polizeiposten. Alles lief unter der Hand ab. Sie bezahlten den Polizisten Geld, und jeder Pass wurde abgestempelt, denn in Gao war die letzte Polizeistation vor der algerischen Grenze. Als es losging, waren wir auf einmal 25 Leute, welche auf einem kleinen Pick-up Platz finden mussten. Unsere Führer waren vier jugendliche *Buzu[30]*, so nennen wir die Leute, welche hier in der Wüste leben. Sie sehen aus wie Araber, aber sie sprechen *Buzu*-Sprache. Sie stapelten das ganze Gepäck und die Wasserkanister auf die Ladefläche, und wir mussten uns darauf setzen. Es war nur ein kleiner Pick-up, und wir saßen komplett aneinandergedrängt. Auf allen Seiten drückte jemandes Körper gegen mich. Ich konnte keine Bewegung machen, ohne jemanden zu stoßen. Meine Beine litten am meisten.

Der Pick-up verließ den Hof und fuhr auf einmal sehr schnell. Ich dachte, *mein Gott, hoffentlich werde ich diese Fahrt überleben!* Wir fuhren an der Polizeistation vorbei, welche eigentlich die Grenze war, aber die Polizisten haben uns nur gewinkt und *bye-bye!* zugerufen. Es gibt keine Straße in der Wüste und keine Richtungen, nur überall Spuren von Fahrzeugen. Der Fahrer fuhr irrsinnig schnell. Er holte einfach das Maximum aus dem Motor heraus. Als wir in den Sand hineinfuhren, machte der Wagen einen heftigen Ruck und schüttelte die Leute durcheinander. Ein Kameruner, der neben mir saß, ist dabei heruntergefallen. Ich hielt ihn an der Hand fest, während er neben dem Wagen herrannte. Der Pick-up fuhr erst einmal mit vollem Tempo weiter und die Leute schrien, bis der Fahrer irgendwann verlangsamte und der Kameruner aufspringen konnte. Er hatte Glück. Dann hat der Motor wieder beschleunigt. In der Wüste gibt es weder Verkehr noch Hindernisse, und wir brausten mit vollem Karacho durch die Gegend. Wir fuhren eine Weile, bis das eine Vorderrad auf einmal in ein Loch sackte. Dabei wurden alle Leute vom Wagen geschleudert. Ich landete im Sand, und andere fielen auf mich drauf. Nachdem ich mich befreit hatte und aufgestanden war, hatte ich Schmerzen am ganzen Körper. Und als wir weiterfahren wollten, sprang der Motor nicht mehr an. Wir waren mitten im Nirgendwo. Die Chancen standen fünfzig zu fünfzig, und ich dachte, *wenn der Motor hier aufgibt, ist das die Hölle, dann werden wir nicht überleben.* Um uns herum war nur Wüste. Das Essen, welches wir bei uns hatten, reichte gerade für zwei Tage. Und in dieser Zeit wären wir in der Kälte längst erfroren. Also begannen wir alle den Wagen anzuschieben. Wir schoben den Pick-up mindestens vierzig Minuten lang durch die Wüste, bevor der Motor endlich ansprang. Die Fahrer riefen, *yalla! yalla! yalla! montez! montez!,* wir kletterten auf und fuhren mit voller Geschwindigkeit weiter. Die Leute schrien auf den Fahrer ein, er solle langsamer fahren, weil sie dachten, sie könnten jeden Moment sterben. Aber die fuhren einfach in vollem Tempo weiter bis der Motor irgendwann zusammenbrach.

Dort waren mitten in der Wüste zwei Häuser, in denen *Buzu*-Leute mit Familien und Kindern lebten. Sie lebten einfach dort mitten im Nichts. Ich sah Ziegen und Hunde, aber der Boden war völlig ausgetrocknet, denn es war sehr heiß und sehr windig. Ich fragte mich, was diese Leute hier alleine tun. Denn es gab keinen Strom, keine Schule, nichts. Das einzige, was es gab, war Wasser, denn sie hatten einen Brunnen. Unsere Fahrer gingen dort hin und holten Werkzeuge, um den Motor zu reparieren. Wir hatten viel Glück, dass diese Leute dort waren. Nachdem die Fahrer den Motor repariert hatten, schoben wir den Pick-up wieder an und die Reise ging weiter. Es war eine sehr lange Reise.

Einmal kreuzten wir einen großen Lastwagen und die Fahrer fragten, welchen Weg er gekommen sei, und ob es Rebellen auf der Strecke gebe. Du siehst, sie waren sich selber nicht sicher, wo sie langfahren müssen, denn es gab überall Spuren im Sand. Und wenn sie sich in der Wüste verirren, dann ist es vorbei. Die haben kein GPS. Wir fuhren mit vollem Tempo weiter bis zu einem kleinen Dorf mitten im Nichts der Wüste. Wir gingen hin und holten Wasser aus einem Brunnen. Das Wasser war schmutzig, aber in so einer Situation ist jedes Wasser trinkbar. Wir versuchten uns auch ein bisschen zu waschen, denn unsere Gesichter und Kleider waren dick mit Sand und Staub bedeckt, mein Gott, wir sahen aus wie Statuen aus Lehm. Der Chef des Dorfes hatte ein Motorola, ein großes Satellitentelefon, und unsere Fahrer zahlten Geld, damit sie telefonieren konnten, weil der Motor große Schwierigkeiten machte. Sie fragten um Hilfe, damit wir nicht in der Wüste steckenblieben, aber die Leute, die sie angerufen hatten, verweigerten jede Hilfe, und so schrien sie einander durch das Telefon an. Ich war nur noch müde und hoffte, irgendwo hinter diesem Dorf würde hoffentlich bald Land auftauchen. Aber die Reise hatte gerade erst begonnen und die Wüste ist riesig. Wir fuhren wieder mit vollem Tempo weiter und ich hatte das Gefühl, wir seien verrückte Rebellen, die mit irgendeiner großen Mission durch die Wüste hetzten.

Immer wieder stoppte der Motor, weil wir in Sandhaufen oder gegen Steine fuhren, und wir mussten den Pick-up schieben, bis er ansprang. Und jedes Mal hatten wir Angst, dass der Motor nicht mehr anspringt und wir hier sterben. Es war bereits Nacht und sehr kalt, und wir brausten ununterbrochen durch die Wüste. Wir kamen in eine Steinwüste und die Fahrt war sehr holprig. Dort gibt es nichts, alles ist flach, es ist, als wäre man mitten auf dem Ozean. Überall wo du hinschaust: nur Steine. Niemand konnte sich ausruhen oder die Augen schließen. Denn man musste ständig wach bleiben, sich festhalten und aufpassen, damit man ja nicht herunterfällt.

Gegen Mitternacht baten die Leute die Fahrer anzuhalten, um zu schlafen. Wir wussten nicht, dass Schlafen das Schlimmste ist. Ich war sehr müde und hoffte auf den erlösenden Schlaf, aber die Fahrer weigerten sich anzuhalten. Erst Stunden später hielten sie endlich den Pick-up an und jeder suchte sich einen Ort zum Schlafen. Wir waren wieder in einer Sandgegend. Die Fahrer waren gut ausgerüstet. Sie legten eine sehr schwere Decke auf den Boden, um sich darauf zu legen, und dann eine weitere große Decke darüber, um ihre Körper zuzudecken. Ich legte mich auf den Boden, um zu schlafen, aber bald hielt ich es nicht mehr aus. Am Tag war es sehr heiß wegen der Sonne, aber jetzt war es unvorstellbar kalt. Der Boden fühlte sich an wie eine Eisschicht und darüber fegte ein ganz kalter Wind. Niemand konnte schlafen, niemand konnte diese irrsinnige Kälte aushalten. Wenn ich meine Hand auf den Boden legte, wurde sie sogleich ganz steif. Es war wirklich sehr, sehr kalt. Das ist kein Ort, an dem man leben kann. Alle regten sich auf und fragten, was wir tun sollen, denn wir mussten irgendetwas unternehmen, sonst wäre es unmöglich gewesen, bis zum nächsten Morgen zu überleben. Da fingen ein paar Leute an, ein Feuer zu machen. Denn es gab überall dürre Stiele von holzigen Pflanzen, welche wie Nadeln gerade aus dem Boden wuchsen. Ich habe keine Ahnung, wie die dorthin kamen. Etwa alle zwanzig Meter stand so ein kleiner dürrer Stiel und wir gingen weit herum um sie einzusammeln. Also setzten sich alle um das Feuer und abwechslungsweise ging immer jemand neues Holz sammeln. So dauerte das die ganze Nacht. Niemand von uns hatte geschlafen. Etwa um vier Uhr morgens hörten wir die Fahrer schreien. *Yalla! yalla! yalla! montez! montez!* Also stießen wir wieder das Fahrzeug an, doch der Motor wollte nicht anspringen. Wir mussten stoßen, stoßen und stoßen. Ich hatte dabei einen Schuh verloren und ging zurück, um ihn zu suchen. Aber in dem Moment, als ich meinen Schuh gefunden hatte, sprang der Motor an. Alle schrien und sprangen auf den Pick-up. Ich war etwa fünfzig Meter hinter dem Auto und rannte mit aller Kraft los. Es war noch dunkel und man konnte mich aus der Distanz nicht sehen. Also schrie ich wie wild, aber die Leute kümmerten sich nur um sich selbst. Ich wäre wirklich um ein Haar zurückgeblieben. Ich rannte und schrie und schrie, bis der eine Nigerianer zum Glück den Fahrer dazu brachte zu verlangsamen, so dass ich sie einholen konnte. Ich hielt mich rennend an dem Auto fest, und irgendwann gelang es mir aufzuspringen.

Wir fuhren eine weite Strecke mit voller Geschwindigkeit. Der Sand hörte auf, wir kamen wieder in eine Gegend voller Steine und irgendwo platzte auf einmal ein Reifen. Der Pick-up geriet außer Kontrolle, der Fahrer konnte nicht mehr steuern, und wir schlitterten haarscharf an einem großen Felsen vorbei. Wenn wir ihn gerammt hätten, wäre das für uns alle das Ende gewesen. Nachdem wir an dem Felsen vorbei waren, sprangen alle panisch vom Fahrzeug, welches weiter vorne in eine Düne geriet und sich überschlug. Wir hatten großes Glück, dass sich niemand verletzte. Die Fahrer wechselten die Reifen und wir mussten erneut den Wagen anschieben – die gleiche Szene wie immer. Aber diesmal machte der Motor keinen Mucks.

In jener Gegend gab es überhaupt nichts. Und nach einer Weile saßen alle frustriert herum. Wir hatten kein Essen mehr und nur noch wenig Wasser. Wir hatten den Verdacht, dass die Fahrer vom Weg abgekommen waren, und manche stritten sich mit ihnen. Die Leute fingen an zu kämpfen, aber das führte auch zu keiner Lösung. Wir steckten mehrere Stunden hoffnungslos fest, bis wir in der Ferne einen riesigen Lastwagen auf uns zukommen sahen. Er hatte keine Ladung und tauchte einfach aus dem Nichts auf. Er hielt an, und wir baten ihn, uns zu helfen. Der Fahrer stieg aus und band den Pick-up mit einem Seil am Lastwagen fest. Nachdem er ihn eine Weile gezogen hatte, startete der Motor, und wir eilten auf den Pick-up.

So ging die Reise weiter. Es war eine sehr, sehr weite Reise. Und am Ende des Tages erreichten wir mit viel Mühe Khalil. Aus der Ferne sahen wir Häuser und die Fahrer schreien *Khalil, Khalil, Khalil!* Die Leute hatten keine Ahnung und fragten, *was ist dieses Khalil,* und der Nigerianer sagte, *hier endet unsere Reise.* Was? Ich konnte das nicht glauben. Hier soll ich aussteigen? Ich dachte, wir würden wenigstens bis ans Ende der Wüste fahren, aber wir waren noch mittendrin. Als wir ankamen, schaute ich nur so auf dieses seltsame Dorf aus Lehmhäusern. Der Ort war halb verlassen, weil es viele Kämpfe gegeben hatte. Das Gebiet wurde seit einem Monat von den Rebellen kontrolliert und die Polizei wurde vertrieben. Ich konnte nur hin und wieder zwischen den Häusern eine Person erkennen. Ich war verwirrt. Was soll ich in diesem Ort? Es gab hier überhaupt nichts. Kein Strom, kein Wasser, keine Straßen, keine Läden. Nur ausgestorbene Lehmhäuser. Und überall, wo ich hinschaute, war Wüste. Ich dachte, ich sei im Höllenfeuer gelandet.

Die Fahrer ließen uns absteigen und fuhren einfach davon. Später sammelten uns andere Malier ein und sagten, sie würden uns nach Bordj fahren. Bordj ist die algerische Grenzstadt zu Mali. Aber wir mussten erneut Geld bezahlen. Bordj war bereits besser entwickelt als Khalil. Es gab richtige Häuser, Elektrizität, Straßen, Straßenlaternen, Wasser, Polizeibaracken und Toiletten. Viele von uns hatten ihr ganzes Geld bereits den Fahrern aus Gao gegeben, weil sie dachten, die würden sie direkt bis nach Marokko, Spanien oder Italien bringen. Also mussten sie hier arbeiten, bis sie genug Geld für die Weiterreise hatten.

Alle Leute kauften sich dort einen malischen *Ressemblance-Pass*[31], um weiterreisen zu können. Denn in Algerien musst du unbedingt einen Pass haben, selbst wenn es nicht dein Gesicht auf dem Foto ist. Die kriegt man dort überall. Du musst nur die Leute fragen und sie bringen dich in einen Raum, wo sie stapelweise malische

Pässe haben. Sie schauen auf dein Alter und dein Gesicht und suchen nach einem, der aussieht wie du. Du bezahlst dafür fünftausend Dinar (fünfzig Euro) und kaufst dir bei anderen Leuten einen malischen Ausreise- und einen algerischen Einreisestempel für je eintausend Dinar (zehn Euro). Die sind richtig professionalisiert in diesen Sachen. Und schließlich ging die Reise weiter durch die Wüste nach Tamanrasset.

Diesmal war ich auf einem Pick-up mit nur sechs Passagieren. Die Algerier sind nicht so verrückt, die Autos zu überladen. Sie ließen uns wieder in einem kleinen Dorf, in Abalessa, etwa eine Stunde vor Tamanrasset, und sagten, von hier müssten wir alleine weiterreisen. Es gab dort Busse, aber die Fahrer ließen uns einfach nicht einsteigen. Wir warteten mehrere Stunden, aber niemand wollte uns mitnehmen. Ich verstand nicht, was das Problem war, denn die Leute sprachen Französisch mit uns, und ich verstand kein Französisch. So ging das den ganzen Morgen. Die Leute zeigten auf uns, sagten etwas und weigerten sich, uns mitzunehmen. Bis endlich ein Passagier kam, der ein bisschen Englisch sprach und uns erklärte, dass wir uns waschen müssten. Okay! *Das* war das Problem! Wir waren schmutzig! Unsere Gesichter und Kleider waren von der Reise durch die Wüste voller Staub. Also gingen wir uns waschen, wechselten die Kleider und der nächste Bus nahm uns mit. Beim Checkpoint kontrollierte uns die Polizei, aber es gab keine Probleme, und man brachte uns bis zum Busbahnhof. Von dort nahm ich einen Bus nach Ain Salah.

Auf dieser Strecke gab es beim jedem Dorf einen Checkpoint. Jedes Mal kamen sie in den Bus, suchten nach Schwarzen, ließen mich aussteigen und kontrollierten meinen Pass. Es ist eine sehr weite Reise und es gibt sehr viele Checkpoints. Von Ain Salah ging ich über Ghardaïa nach Oran. Auf diesem Weg gab es nur noch wenige Checkpoints. Bei einer Kreuzung vor Oran kontrollierte mich die Polizei nur flüchtig und der Busschaffner muss daher angenommen haben, dass ich einen originalen Pass und viel Geld habe. Er begann mit mir zu reden und sagte, er könne mir helfen. Er werde einen

Freund anrufen, der mich nach Maghnia bringt, und von dort könne ich nach Marokko gehen. Also wartete ich am Busbahnhof zusammen mit ihm, bis er mich einem Araber vorstellte, der mir versprach, mich noch heute Nacht nach Marokko zu bringen. Er sagte, wir gingen zuerst zu ihm nach Hause und dort würde mich später jemand abholen, der mich über die Grenze bringt. Also gingen wir zu Fuß, und er wollte mein Gepäck tragen. Ich sagte, das sei nicht nötig, aber er beharrte darauf, und am Ende ließ ich ihn die große Tasche tragen. Nach einer Weile ging er damit in ein Haus hinein, also folgte ich ihm. Sobald ich drin war, verschloss er die Türe.

Es war eine Art Keller. Gleich beim Eingang auf der rechten Seite gab es eine Toilette und die linke Seite führte in einen Raum. Als erstes sah ich eine sehr dicke Frau, einen Fernseher und überall Stapel mit Schaumstoffmatratzen. Der Araber führte mich in ein zweites Zimmer, welches ebenfalls voll war mit Schaumstoffmatratzen und Kopfkissen. Er sagte nur die ganze Zeit, *no Problem, no problem* und allmählich fühlte ich mich wohl. Er rief seinen Freund an, damit er vorbeikomme. *No problem, no problem, no problem.* Es war früher Nachmittag. Er fragte mich, was ich habe und wohin ich gehe. Ich sagte, ich gehe nach Marokko und er meinte, *kein Problem, wir gehen nach Spanien.* Er sagte, wir würden noch diese Nacht über die Grenze gehen, und wegen dem Pass gebe es kein Problem. *No problem, no problem.* Später kam sein Freund, ein großer, freundlicher Mann. Sie redeten mit mir, fragten, was ich dabei habe, und ich zeigte ihnen, was ich hatte. Dann sagten sie, *bring alles raus, was du dabei hast.* Ich dachte, sie würden mit mir scherzen, und zeigte ihnen 2000 Dinar und mein Telefon. Das war alles, was ich hatte. Doch dann schlossen sie die Türe zu dem Zimmer und der eine begann zu schreien: *Bring alles raus, jetzt sofort!* Sie hatten sich auf einmal komplett verändert. Sie durchsuchten meine Taschen, rissen mir die Kleider vom Leib, trennten mein Hemd auf und untersuchten meine Boxershorts. Sie durchsuchten alles! Oh mein Gott, hatte ich Angst! Ich war nackt und sie haben überall gesucht. Was sie fanden, legten sie auf den Tisch. Sie checkten alles durch. Ich starrte sie nur so an. Am Anfang dachte ich noch, sie würden mich nur durchsuchen, um sicherzugehen, dass ich keine Drogen oder illegale Sachen dabei hatte, damit es an der Grenze keine Probleme mit der Polizei gibt. Das dachte ich zuerst. Denn sie sagten noch, sie würden gleich einen Freund von der Polizei anrufen, der mich mitnehmen sollte. Dann sagten sie: *Hey, also hast du nichts?* Der eine Typ war sehr wütend. Er hatte sich komplett verändert. Er sprang zu einer Matratze, hob sie auf und zog ein Messer heraus. Ein langes Messer. Ich schaute das Ding an und dachte: Oh mein Gott! Es hatte Zacken. Ich war noch immer nackt. Er rannte mit dem Messer auf mich zu, fluchte und bedrohte mich. Ich war in Panik. Aber der andere Typ hielt ihn zurück. Er hielt seine Hand sehr fest und ich rannte, um mich hinter dessen Rücken zu verstecken. Dann kam die Frau aus dem anderen Zimmer und schrie herum. Sie sagte dem Typen mit dem Messer, dass er mich in Ruhe lassen solle. Ich versuchte ihn zu beruhigen, indem ich sagte, *schau, diese Hose ist sehr schön! dieses Hemd ist sehr wertvoll!* Ich breitete all meine Kleider vor ihm aus und dann legte er das Messer weg. Später setzten sie sich wieder hin, der Typ hatte sich etwas beruhigt, und ich konnte mich anziehen. Der andere konnte ein bisschen Englisch und erklärte mir das Problem: Sie hatten dem Busschaffner 2000 Dinar bezahlt dafür, dass er mich ihnen übergab. Das war das Geschäft. Denn der Schaffner gab ihnen die Info, dass ich Geld hätte. Aber da ich nur 2000 Dinar hatte, war die Sache für nichts.

Ich war voller Angst und in Panik. Die beiden Männer wechselten ständig ihre Laune. Mal waren sie freundlich, dann wieder böse. Sie wollten, dass ich jemanden anrufe, um mir Geld zu schicken, aber ich sagte ihnen, ich hätte niemanden. Also sagten sie, ich müsse hier bleiben. Aber die dicke Frau hielt sie davon ab, mich zu bedrohen. Sie schien ihre Anführerin zu sein, denn sie sagte, das seien alles ihre Söhne. Später brachte sie viel zu essen, und wir schauten fern. Sie sagte mir, das Auto komme um Mitternacht. Es war gerade vier Uhr nachmittags. Ich dachte: *Was? Bis Mitternacht soll ich hier warten?* Ich war in Panik. Einmal kam jemand ganz schnell zur Türe rein, stellte ein Motorrad ab und rannte wieder hinaus. So kamen mehrmals Leute sehr schnell rein, ließen etwas dort, gingen wieder raus und ich dachte, *wow, das ist irgendein Terroristenkeller.* Die Frau sagte immerfort, ich solle keine Angst haben, sie gab mir Kaffee und Kekse und so weiter. Ich hatte seit langem nicht mehr so viel gegessen, und sie brachte immer mehr. So musste ich den ganzen Abend dort warten. Nach einer Weile gingen die beiden Typen weg und ich blieb mit der Frau alleine. Sie dachte wohl, sie würde mir helfen, aber alles, was sie sagte, machte mir noch mehr Angst. Sie sagte zum Beispiel, sobald ich im Fahrzeug sei, solle ich drei Mal *Allah rabbi*[32] sagen. Und ich sagte mir, diese Typen werden mich umbringen, und wenn ich *Allah rabbi* sage, soll mich das wohl in den Himmel bringen. Schließlich habe ich gesehen, wo das Haus liegt, und hätte die Polizei holen und hinbringen können, sobald ich frei gewesen wäre, weshalb sie mich zu ihrer Sicherheit töten mussten. Ich dachte also, hier endet mein Leben. Die Frau wiederholte einfach weiter *Allah rabbi, Allah rabbi, Allah rabbi,* und ich geriet in Panik. Ich war mir sicher, dass mich die Typen unterwegs umbringen würden.

Später kamen die beiden wieder zurück und sagten mir, wenn ich ihnen Geld geben könne, würden sie mich mit dem Auto direkt nach Spanien fahren. Da ich weiterhin kein Geld hatte, wollten sie mich also nur nach Maghnia bringen. Dann gingen sie raus und ich war wieder mit der Frau alleine, welche mir immerfort dieses *Allah rabbi* einprägte, oh mein Gott! Als es soweit war, dachte ich, sie würden mich direkt vor der Türe in ein Auto verfrachten. Und als wir rausgingen, war ich erstaunt, dass niemand da war. Wir gingen zu Fuß, und ich fragte mich, was hat dieser Typ im Kopf? Ich hatte nur noch eine leichte Tasche mit einigen Kleidern, die sie mir wieder zurückgegeben hatten. Wir gingen zurück zu demselben Busbahnhof, an dem ich angekommen bin, und er setzte mich einfach in einen Bus nach Maghnia.

Als ich ankam war es früher Morgen und sehr kalt. Ich stand dort und wusste nicht wohin. Da kamen zwei Frauen vorbei und drückten mir 250 Dinar (2.50 Euro) in die Hand. Einfach so. Ich sprach dann mit einem Taxifahrer, ob er mich zum Camp der Kameruner bringen könne, und er fuhr mich durch die ganze Stadt hindurch bis zu einem Ort, von dem aus ich zu Fuß weitergehen solle. Der Taxifahrer zeigte auf ein Wäldchen und ich fragte, *was? Dort leben die Kameruner?* Da war ein großes Tal, und auf der anderen Seite standen zwei Leute, welche mir zuwinkten. Ich wollte dort nicht hin, aber die beiden kamen auf meine Seite und brachten mich zu den Kamerunern. Ich fragte, wo sie schlafen würden, und sie zeigten auf die Zelte, draußen im Wald. Ich fragte, warum sie nicht in einem Haus schlafen, und sie sagten, hier gäbe es kein Haus. Sie zeigten mir auch die Richtung der Ghettos der Ghanaer und Nigerianer. Aber ich sagte, *ich gehe in kein Ghetto*, und fragte nach dem Weg nach Marokko. Sie sagten, ich müsse 15 Kilometer in diese Richtung gehen, aber die Polizei werde mich verhaften, weil ich keinen Pass hätte. Ich war in diesem Moment ziemlich verwirrt und entschied, alleine weiterzugehen. Aber da hielten sie mich zurück und riefen ihren Boss. Ich redete mit ihm und er sagte, er werde mich zu den Nigerianern bringen. Ich sagte, ich wolle nicht dorthin, aber er meinte, wenn er mich hier ließe, und die Nigerianer davon erführen, müsse er ihnen 1200 Euro *Fuckup*[33] bezahlen. Er könne mir nicht helfen, weil die Typen aus Oran bereits den nigerianischen Chairman[34] angerufen hatten, und dieser seine Leute losgeschickt hatte, um mich zu holen.

Es kamen zwei Nigerianer und sagten, ich solle ihnen folgen. Ich fragte, wo wir hingingen, aber sie sagten nur, ich müsse ihnen folgen. Ich kam mir vor, wie in einem sehr seltsamen Film. Einer ging vorne und der andere hinter mir. Wir gingen sehr weit. Sie sagten mir, ich müsse 250 Euro bezahlen und ich sagte: *Was? Wofür denn 250 Euro?* Wir gingen durch das Tal und kamen zu einem Zelt, wo die Typen sagten, *okay, geh rein!* Da war ein Mann. Was für ein Gesicht! Was für Augen der hatte! Zwei andere standen neben ihm und er sagte: *Durchsuchen!* Sie nahmen mein Gepäck und durchsuchten alles. Sie durchsuchten meinen Körper, meine

Hose, genauso wie die Algerier zuvor, sie durchsuchten meine Boxershorts, weil sie dachten, ich hätte dort Geld versteckt, sie durchsuchten alles, alles und dann schlugen sie mich ins Gesicht. Pow! Sie nahmen mir den Pass ab und ich musste mich zu einer Gruppe von Leuten setzen, die sie Passagiere[35] nannten.

Ich redete mit ihnen und sie sagten, sie müssten der Fedra[36] dienen. Ich war einfach da und verstand überhaupt nicht, was hier abging. Sie sagten, sie dienten der Fedra, alle Nigerianer seien eine Einheit, das sei die Fedra, sie nannten das Fedra. Ich fragte, *was ist das hier? Warum dient ihr dieser Fedra?* Sie sagten, sie seien der Fedra Geld schuldig, und weil sie kein Geld hätten, müssten sie hier ein Jahr lang dienen. Sie müssen die ganze Zeit an diesem Ort bleiben, arbeiten gehen, für die anderen kochen, das Geschirr waschen, Wasser holen oder Wache halten. Sie sind dort wie Sklaven. Die meisten wurden von einem *Bogga* von Nigeria hergebracht. Ein *Bogga* ist jemand, der die Leute von Nigeria nach Europa bringt. Er sagt ihnen, er würde sie direkt nach Spanien bringen und setzt sie dann in Maghnia ab.

Ich sprach mit einigen von ihnen. Aber ich wusste nicht, dass diese Leute herausfinden mussten, ob ich in der Lage war, hier zu bleiben und zu dienen. Ich wusste nicht, dass sie über jede Unterhaltung ihrem Chef berichten mussten, auch wenn sie nur so mit mir plauderten. Sie redeten dann unter sich in ihrer Sprache, die ich kaum verstand, und befanden, dass ich nicht bleiben konnte. Ich verstand nur wie einer von ihnen über mich sagte: *Dieser Typ ist so ruhig, der wird sterben, wenn ihn die Fedrapo[37] auch nur zwei Mal schlagen.* Also wollten sie mich zu ihrem Haus in Marokko bringen. Das war ihre Idee. Dieser Typ war okay, er sprach meine Sprache und sagte mir, dass an diesem Abend eine Gruppe von Leuten über die Grenze gebracht würde, und dass ich mit ihnen gehen könne. Er sagte, *kein Problem, kein Problem,* er werde mich in sein Haus in Oujda bringen und dann würden wir alles regeln.

Um acht Uhr brachten sie auf einmal von verschiedenen Stellen Mädchen raus.[38] Ich wusste nicht, dass dort auch Mädchen waren.

Sie brachten sie an einen bestimmten Platz, denn an diesem Ort wurde jedes Mädchen gezwungen, mit einem der Jungs Liebe zu machen[39], bevor sie gehen konnte. Danach brachten sie sie zu uns hinunter. Wir mussten über anderthalb Stunden warten. Da war ein Typ, der brachte rotes Öl[40], welches wir nach Oujda schmuggeln sollten. Er brachte auch Yamswurzeln, die sie in große Säcke füllten, welche die Leute tragen mussten. Einer dieser Kriminellen gab mir einen Kanister mit Öl und ein T-Shirt als Polster, damit ich ihn auf dem Kopf tragen konnte, denn sie hatten mir ja alles Gepäck mit meinen Kleidern weggenommen. Ich stellte den Kanister auf meinen Kopf und wir gingen los. Wir liefen geradeaus. Ein Führer lief zuvorderst und einer hinten. Ich war in der Mitte. Wir liefen sehr lange, das Öl war sehr schwer und es war sehr kalt.

An einem gewissen Punkt stießen wir auf algerische Gendarmen[41] und die sagten, *ihr müsst uns ein Mädchen geben.* Also fingen die Führer an, mit den Mädchen zu reden. Sie sprachen auf eine ganz sanfte Art: *Kein Problem, ihr müsst nur ein paar Minuten zu den Gendarmen gehen, es geht sehr schnell, denn sonst werden sie uns alle erschießen, bitte, ihr müsst gehen, das ist nicht schlimm.* Eines der Mädchen hatte ein Kind. Sie gab das Baby jemandem und ging mit den Gendarmen hinter einen Busch. Nachdem die beiden sich an ihr vergangen hatten, kamen sie zurück. Die Gendarmen sagten, wenn wir diesen Weg gingen, würden uns die marokkanischen Grenzwächter sehen, also zeigten sie uns einen anderen Weg. So gingen wir unerkannt über die Grenze. Wir liefen viele Stunden. Meine Hände waren gefroren. Das Öl im Kanister war eiskalt und sehr schwer. Ein Typ ging immer hinter mir her, weil er dachte, ich wolle davonlaufen. Aber das ging mir nicht einmal durch den Kopf.

Gegen Morgen kamen wir zu einem Ort, von dem die Nigerianer sagten, das sei das Fedra-Ghetto. Es gab ein Haus ohne Dach und daneben ein Wäldchen mit behelfsmäßigen Zelten. Aber der Boss sagte, alles sei voll, und so entschieden sie, uns zur Universität zu bringen. Ich fragte mich, was hier wohl abging. Um zwölf Uhr gingen wir zu einer Bushaltestelle und nahmen den Bus zur Universität, die sie *La Fac*[42] nennen. Wir betraten das Universitätsgelände durch einen kleinen Eingang in der Mauer. Ich war der Letzte, denn die anderen gingen vor mir, und da kam ein Kameruner auf mich zu und sagte, *schau, hier sind die Kameruner, dort sind die Guineer, da drüben die Senegalesen...* aber als ich ihm sagte, ich sei aus Nigeria, sagte er nur, *oh nein! Okay, geh weiter, geh!* Wir blieben dort eine Weile und später kam der Boss von dem Haus ohne Dach und sagte mir, *das Geld, das du bezahlen musst, ist fünftausend Dirham.* Ich wusste nicht einmal was Dirham ist. Ich fragte: *Wie? Und was, wenn ich nicht bezahlen will?* Da sagte er, *dann kriegst du Ärger.*

Ich dachte, fünftausend Dirham sei das gleiche wie fünftausend algerische Dinar (fünfzig Euro). Ich wusste nicht, dass die marokkanische Währung so viel höher ist. Später brachten sie mich an einem anderen Ort in ein Zelt, wo ich mich ein bisschen ausruhen konnte. Dann kamen zwei Leute um mich abzuholen. Sie sagten, *folge uns* und führten mich in ein großes Zelt. Dort gab es drei Bänke, auf denen Leute saßen. Der Chef saß in der Mitte und auf beiden Seiten des Eingangs standen zwei Wachen. Sie sagten, *geh rein!* Dann befragten sie mich und sagten, *du musst fünftausend Dirham bezahlen, und zwar jetzt!* Ich fragte, *was ist fünftausend Dirham?* Und sie sagten, *fünfhundert Euro! – Wofür? – Du musst dieses Geld bezahlen! Siehst du diese Straße? Dort hinten ist Spanien. Denkst du, du kommst umsonst nach Spanien? Was stimmt nicht mit dir, Junge?* Ich sagte, *ich habe kein Geld und ich habe niemanden außer meiner Schwester. – Okay, dann gib uns ihre Telefonnummer!* Ich gab ihnen die Telefonnummer meiner Schwester, sie riefen an, und meine Schwester fragte, *wie geht es dir?* Ich sage, *gut.* Pam! Da schlugen sie mir in den Rücken. *Gut? Dir geht es gut?* Und sie schlugen mich weiter. *Geht es dir noch immer gut?* Dann ohrfeigten sie mich von beiden Seiten. Meine Schwester schrie am Telefon: *Was geht hier ab? Was ist los?* Sie sagten, *wir halten deinen Bruder fest, wir sind die Fedrapo, du musst für ihn fünfhundert Euro bezahlen. Du musst in fünf Tagen bezahlen. Wenn du nicht bezahlst, ist dein Bruder tot.* Dann brachten sie mich in das Zelt zurück.

Später kam dieser Typ wieder, der mich von Maghnia hierher gebracht hatte, und sagte: *Schau, wir werden unterschreiben, dass wir dein Geld auftreiben, und ich rufe Coordinator, um dich in sein Haus zu bringen, wo du schlafen kannst. Denn wenn wir dich jetzt hier lassen, werden die Fedrapo dich umbringen.* Ich sagte, ich gehe nirgendwo hin, um das Geld zu kriegen. Da rief er aus: *Du bringst dich in Schwierigkeiten! Willst du etwa in den Händen der Fedrapo sterben? Die haben schon viele Leute umgebracht!* Er redete und redete, und dann sagte ich, *okay.* Also gingen wir zu diesem Haus. Wir nahmen ein Taxi, welches uns wieder zurück an die algerische Grenze brachte, dort liefen wir zu Fuß weiter und kamen in einen Wald. Als wir zu dem Ort kamen, sagte der Typ, ich solle jetzt das Geld auftreiben. Ich sagte, *ich verstehe nicht, wie sollte ich das Geld auftreiben?* Da schrie er plötzlich: *Du treibst heute das Geld auf! Von deinem Vater, deiner Mutter, heute, heute! Ich habe dich nach Marokko gebracht, mach mir keinen Ärger, ich habe für dich unterschrieben, damit du von der Fedra wegkommst!* So redete er und brachte mich in das Haus. Das war eigentlich eine Art Stall. Da war ein großer Platz in der Mitte, den sie *Küche* nannten, umgeben von vier Räumen. Den ersten Raum nannten sie *Palast,* den Raum gegenüber nannten sie *Verteidigung,* links war ein kleines Zimmer, das sie *Algerien* nannten und den Raum gegenüber *Gästezelt.*

Etwa um acht Uhr abends brachten sie mich in den Verteidigungs-Raum. Sie sagten: *Setz dich auf den Boden!* Also setzte ich mich auf den Boden. *Zieh dein Hemd aus!* Ich zog mein Hemd aus. *Zieh deine Hose aus!* Es war sehr kalt. Ich trug nur noch meine Boxershorts. Sie sagten: *Das ist alles nur deinetwegen! Diese Nacht wirst du uns die Nummer deines Vaters geben, und er soll Land verkaufen! Noch diese Nacht!* Ich sagte ihnen, dass ich seit den Neunzigern keinen Kontakt mehr zu meinem Vater hatte, wie sollte ich also seine Nummer haben? Sie sagten: *Gib uns seine Nummer! Wir wollen das Geld diese Nacht, sonst bringen wir dich um, diese Nacht ist das Ende!* Dann brachte jemand einen langen Rohrstock in den Raum, sie schickten alle anderen nach draußen und begannen, mich zu prügeln. Sie begannen mit dem Rohrstock auf mich einzuschlagen. Sie schlugen, schlugen, schlugen, schlugen. Bis der Stock in Stücke zerbrach. Dann fesselten sie meine Hände auf den Rücken und banden meine Beine zusammen. So prügelten sie auf mich ein, während ich gefesselt am Boden lag. Sie schlugen jeden Teil meines Körpers. Sie schlugen mich auf den Kopf. Bam! Auf die Beine. Bam! Sie schlugen die Stöcke in Stücke. Sie schlugen und schlugen, und wenn ein Stock fertig war, brachten sie ein weiteres Bündel mit Rohrstöcken und machten weiter. Dann brachten sie einen Wasserkanister und leerten eiskaltes Wasser über meinen Körper. Vom Kopf bis zu den Zehen. *Wirst du uns also die Nummer geben?* Sie schlugen mich, und ich sagte, ich hätte keine Nummer. *Okay, und wer wird das Geld bezahlen? Wer soll bezahlen? Gib uns eine Nummer! Kennst du jemanden in Europa?* Von da an riefen sie ständig meine Schwester an, wenn sie mich folterten. Ich weiß nicht mehr, wie oft sie mir sagten: *Heute wirst du sterben!*

An diesem Ort gab es drei Leute, welche die Macht hatten: Father, Coordinator und Dizzy. Father und Coordinator waren in dem Raum, den sie Palast nannten, und auf einmal begannen sie herumzuschreien. Coordinator rief, sie sollen aufhören mich zu schlagen, denn sie hatten ein Treffen in dieser Nacht. Sie hatten ein großes Durcheinander unter sich. Aber sie fuhren fort mich zu peitschen. Ich lag auf dem Boden und schrie. Ich versuchte meinen Körper zu krümmen und drehte mich im Kreis. Ich schrie. Sie holten einen weiteren Wasserkanister und leerten ihn über meinen Körper. Später begann Coordinator wieder auszurufen, und sie fingen an, mit ihm zu streiten. Er sagte: *Warum wollt ihr in diesem Haus heute Nacht jemanden umbringen? – Der hat nicht bezahlt, deshalb werden wir ihn umbringen. – Aber der Junge hat ja nicht einmal geredet!* Sie stritten sich, und dann ließen sie endlich von mir ab. Sie schlugen mich nicht mehr. Ich schlief ein und die meisten Leute glaubten, dass ich nicht mehr aufwachen werde.

Ich weiß selber nicht, wie ich es schaffte, das zu überleben. Alle waren überrascht, als ich am nächsten Morgen wieder aufwachte.

Als ich aufstand, fühlte ich, dass ich ein bisschen Stärke zurückgewonnen hatte. Die Mädchen, welche in diesem Haus lebten, schauten mich nur an und fragten: *Dieser Junge steht noch? Dieser Junge lebt noch?* Ich stand noch. Bevor alle das Haus verließen, kam Dizzy und sagte, er werde mit mir rausgehen. Er hatte einen Plan, wie ich abhauen könnte. Aber dann kam der Typ, der mich hierher gebracht hatte, und sagte, sie müssten mich hier behalten. Ich realisierte, dass Dizzy den Anweisungen dieses Typen gehorchte, obwohl er in diesem Haus mächtiger war. Es war, als hätte er ein altes Geschäft mit ihm, weshalb er seinen Befehlen folgte. Sie ließen also einen Wächter mit mir zurück. Ich setzte mich hin, und als der Wächter kam, sagte er: *Ich werde deine Schwester ficken!* Ich schaute ihn nur an, und nach einiger Zeit realisierte ich: Okay, das ist meine einzige Chance. Ich muss jetzt rasch handeln.

Ich schaute diesen Typen an. Er war sehr schlank und hochgewachsen. Ich dachte, dieser Typ kann mich nicht fangen, wenn ich davonrenne. Aber ich vergaß, dass ich kaum noch Kraft hatte aufgrund der vielen Schläge und weil ich lange nichts gegessen hatte. Ich dachte nur: Wenn ich renne, werde ich irgendwann auf Araber treffen, und sobald die mich sehen, werden sie mir helfen, denn mein Gesicht war schwer verwundet, meine Augen, meine Zähne, mein ganzer Körper war voller Wunden. Ich dachte, die Marokkaner werden mit mir Erbarmen haben. Also rannte ich los.

Der Typ folgte mir. Ich rannte, rannte, rannte und er verfolgte mich. Ich kam bis zum Hof einer marokkanischen Familie und bat um Zuflucht, aber sie schrien nur, *geh, geh, geh weg!* Trotz all der Wunden in meinem Gesicht. Blut rann aus meinem Auge. Aber die Marokkaner sagten zu dem Wächter: *Camarade, bring ihn nach Hause!* Ich versuchte ihnen die Situation zu erklären, aber niemand hörte mir zu. Der Wächter hielt mich fest, und so musste ich ihm folgen. Rechts von dem Hof der Familie befand sich ein weiteres Haus und davor stand ein Mercedes-Benz. Als wir an dem Haus vorbeikamen, begann ich zu rufen und schreien, bis ein Mann herauskam. Ich sagte ihm: *Die werden mich umbringen!* Der Mann wollte erst die Polizei rufen, aber dann kam seine Frau und schimpfte, er solle sich nicht in die Angelegenheiten dieser Leute einmischen.

Also brachte mich der Wächter zurück zu dem Haus der Nigerianer. Später fesselten sie mich so wie am Tag zuvor und begannen mich wieder zu schlagen. Als Dizzy nach Hause kam, bat er sie, damit aufzuhören, denn er wusste, das war zu viel für mich. Aber Coordinator und Father fuhren fort. Sie schlugen, schlugen und schlugen auf mich ein, dann peitschten sie mich mit Rohrstöcken. Irgendwann sagte auch Coordinator, sie sollen aufhören, aber Father sagte, *ich lasse ihn erst, wenn das Geld bezahlt ist.* Sie riefen jeden Moment meine Schwester an. Jede Minute, jede Stunde. Sie ließen mich mit Lautsprechern mit ihr reden und sagten ihr: *Wenn du nicht in zwei Tagen das Geld schickst, ist dein Bruder tot!* Father band meine gefesselten Hände mit den Füssen zusammen, so dass nur noch meine Brust auf dem Boden auflag.

Irgendwann ließen sie mich so liegen und legten eine Decke über mich, damit ich schlafe. Meine Hände und Füße waren auf den Rücken gefesselt und ich schrie nur noch. Ich flehte die Passagiere an, sie sollen mir die Fesseln lockern, aber sie weigerten sich. Also musste ich meinen Kopf gegen die Wand abstützen. In meine Hände floss kein Blut mehr, weil sie mich so fest gefesselt hatten. Ich schrie die ganze Nacht durch. Erst am Morgen lösten sie die Fesseln, weil sie dachten, dass die Polizei kommen würde. Ich sagte mir, wenn die Polizei kommt, werde ich einfach die Hände hochhalten und ihnen entgegengehen. Aber die Polizei kam nicht.

An diesem Morgen rührten sie mich nicht mehr an. Alle verließen den Ort und Dizzy sagte, er werde bei mir bleiben, damit mir die anderen nichts antun. Aber später kam dieser Typ aus Maghnia wieder und begann mich zu schlagen. Er schlug mich und schlug mich. Ich musste mich an die Wand stellen, und er schlug meinen Kopf gegen die Wand. Er sagte, ich hätte versucht abzuhauen. Jedes Mal wenn er mich sah, kam er und schlug auf mich ein. Manchmal griff er einfach nach meinem Penis und zerquetschte ihn in seiner Faust. Ich schrie auf, und dann ließ er mich wieder los. Jede Nacht fesselten sie mich so, dass nur meine Brust auf dem Boden lag. Sie schnürten die Seile sehr stark zu und schlugen immer wieder auf mich ein. Ich schrie die ganze Zeit. Einer von denen, die mich schlugen, nannten sie Friday Ologba. Das war der reine Teufel.

Dizzy sagte, wenn ich 250 Euro auftreiben könnte, werde er schauen, was er für mich tun kann. Er werde mit Father sprechen, damit dieser die Fedra bitte, nur 250 Euro zu verlangen. Er werde versuchen, etwas zu arrangieren. Aber sobald jemand kam und uns zusammen sitzen sah, begann er mich plötzlich zu schlagen. Er wollte nicht mit mir gesehen werden. Er war nicht ganz auf meiner Seite und nicht ganz gegen mich. Er war irgendwie in der Mitte.

Jeden Tag blieben zwei Wächter mit mir zurück, um mich zu bewachen. Nach etwa einer Woche saß ich einmal mit den Wächtern in der Küche, als plötzlich die Polizei kam. Aus dem Nichts heraus. Einer der Wächter schrie: *Lauf weg!* Was soll ich tun? Okay, ich rannte los. Ich rannte, rannte und rannte. Die Polizisten verfolgten mich und ich sah, dass sie die beiden anderen bereits erwischt hatten. Ich dachte nur: Ich muss diesen Ort verlassen. Ich rannte so schnell, wie ich konnte, obwohl ich nur Slippers trug, und wechselte die Richtung, damit die Polizisten meine Spur verlieren. Ich überquerte die Bahnschienen und lief der Stadt entgegen. Ich lief einfach weiter die Straße entlang. Vor einem Lebensmittelladen stand ein Typ, der mich zu sich rief, als er mein Gesicht sah. Damals war ich bereits fünf oder sechs Tage in den Händen dieser Leute. Der Typ sah, wie Blut aus meinen Augen rann. Ich ging hin und fragte, wo ich ein Krankenhaus finden könne. Er sagte, ich solle auf seinen Boss warten, aber ich wollte nicht warten. Ich entschied einfach, einen Busbahnhof zu suchen um diese Stadt zu verlassen.

Ich wusste nicht, dass dort ganz in der Nähe MSF[43] ist. Und als ich da vorbeiging, sah ich diesen Friday Ologba und einen anderen Typen, den sie Tempo nannten, vor dem Gebäude sitzen. Sie waren dort hingekommen, um Medikamente abzuholen. Und als sie mich erblickten, sagten sie, *hey, ist das nicht der Fedra-Passagier?* Ich rannte, rannte, rannte, rannte. Denn ich hatte keine Ahnung, was MSF ist. Ich war bereits in der Stadt und dachte, die Marokkaner würden mir bestimmt helfen, um hier wegzukommen. Die beiden anderen verfolgten mich, aber ich rannte sehr schnell und so konnten sie mich nicht erwischen. Ich kam auf eine Hauptstraße und hielt alle Taxis an, aber niemand wollte mich mitnehmen. Dann kam ich an eine Bushaltestelle und entschied, auf den Bus zu warten. Ich merkte nicht, dass mich meine Verfolger bereits erspäht hatten. Und gerade als ich in den Bus einsteigen wollte, kamen sie angerannt und erwischten mich. Sie zerrten mich aus dem Bus, und ich schrie, *diese Leute werden mich umbringen, bitte helft mir!* Aber niemand kümmerte sich um mich. Nicht einmal mit all den Wunden im Gesicht. Sie sagten nur, *geh weg!* und schickten mich aus dem Bus. Das war mitten in Oujda. Der Bus fuhr davon und die beiden wollten mich wegzerren. Ich schrie, *lasst mich! Lasst mich!* Aber die Leute um uns herum sagten: *Geh! Folge ihnen!* Und als ich nicht gehen wollte, kam ein Marokkaner mit einem großen Stock und wollte auf mich einschlagen: *Geh mit ihnen! Camarade! Geh!* Also ging ich ein Stück mit ihnen. Dann stürzte ich in ein Restaurant und begann alle Leute anzuflehen, dass sie mir bitte helfen sollen. Aber die anderen sagten, *der ist krank, hört nicht auf ihn,* und zerrten mich raus. Ich flehte die Männer an, welche draußen Kaffee tranken, aber sie riefen nur, *geh! geh! geh!*

Also brachten mich die beiden zurück zu dem Gebäude von MSF. Sie sagten, *warum bist du abgehauen?* Und ich sagte, *ich bin nicht abgehauen, die Polizei ist gekommen.* Sie sagten, *okay, okay, kein Problem, kein Problem, niemand wird dir etwas antun.* Als wir dort ankamen, wollten sie gleich weitergehen. Aber zum Glück war dort ein Yoruba-Mann[44], ein sehr alter Mann, der vor dem Haus stand und uns gesehen hatte. Dieser begann mit Mister Richards von MSF zu reden und Mister Richards fragte Ologba, *was wollt ihr mit diesem Jungen tun?* Ologba sagte, sie würden mit mir nach Hause gehen und mich nächsten Dienstag wiederbringen, um Medikamente zu holen. Denn in diesem Moment war kein Arzt dort. Also sagte Mister Richards, sie müssten ihm versprechen, mich am

Dienstag wiederzubringen, und sie sagten, *kein Problem, niemand wird ihm etwas antun.*

So gingen wir. Doch als wir in die Nähe des Hauses kamen, veränderten sie sich auf einmal komplett. Ologba sagte: *Hey, du rennst nicht noch einmal davon!* Und schlug mich gegen den Kopf. *Geh schneller! Ich werde dich schon noch bestrafen!* Bevor wir zum Haus kamen, rannte uns Dizzy entgegen. Er sagte, ich solle meiner Schwester sagen, dass sie heute das Geld überweist. Und ich versuchte mir einzureden, dass sie mir heute nichts antun werden, dass ich keine Angst haben musste, dass sie mich heute nicht foltern würden. Aber als wir zum Haus kamen, sagte Ologba, ich könne nicht einmal erträumen, was heute passieren werde.

Sie banden meine Hände zwischen die Beine und zogen sehr eng zu. Sie ließen mich stundenlang so gefesselt liegen, bis am frühen Morgen Father kam und sagte: *Dizzy, wo ist der Junge?* Dann begann er mich auszupeitschen. Sie brachten einen Kanister mit Wasser und peitschten mich. Ich war noch immer gefesselt. Sie schlugen, schlugen, schlugen und leerten Wasser über mich. Sogar die Leute, welche mich schlagen mussten, fielen fast in Ohnmacht.

Dizzy begann, mit ihnen zu streiten. In dieser Nacht gab es einen großen Streit unter ihnen, und sie schrien einander an. Aber Dizzy konnte sie nicht aufhalten. Sie verjagten ihn aus dem Raum, dann schlugen sie weiter auf mich ein. Father befahl einigen Passagieren, sie sollen ein Leintuch bringen. Also brachten sie ein Leintuch und legten es auf den Boden. Dann sagte Father, sie sollen mich peitschen bis ich sterbe. Er ging mit Coordinator in den Palast und die Passagiere fuhren fort, mich zu schlagen.

Diesmal war ich komplett nackt. Sie leerten immer wieder Wasser über meinen Körper und schlugen auf mich ein bis ihre Stecken zerbrachen. Dann suchten sie Holz, um mich weiter zu schlagen. Es war nur noch die Hölle. Sie prügelten zwei oder drei Stunden lang auf mich ein. Dann sah ich, wie vier marokkanische Jungs vorbeikamen, welche oft um das Haus herumhingen. Diese Jungs tauchten einfach aus dem Nichts auf – ich weiß nicht, ob Dizzy sie gerufen hatte. Und als sie sahen, wie ich nackt und gefesselt dalag und geschlagen wurde, fragten sie, was hier los war. Die Passagiere sagten, *dieser Typ wollte davonlaufen.* Die Marokkaner meinten, sie sollten aufhören mich zu schlagen. Aber die Passagiere sagten, sie hätten den Befehl, mich zu Tode zu prügeln, die Jungs sollten sich an Coordinator wenden. Also gingen zwei von ihnen in den Palast und kamen mit Coordinator zurück. Der sagte, ich habe davonrennen wollen, womit sie fünhundert Euro verloren hätten, und deshalb müsse ich sterben. Aber die marokkanischen Jungs beharrten darauf. Sie sagten, *macht ihn los, es ist genug, macht ihn los,* bis Coordinator endlich befahl, sie sollten aufhören.

Irgendwann bin ich wieder aufgewacht. Sobald ich ein wenig zu Kräften kam, schickten sie mich gleich Wasser holen. Sie gaben mir sechs Kanister, drei links, drei rechts. Meine Hände waren noch total geschwollen. Und ich musste sehr weit gehen, um Wasser zu kriegen. Denn vorher gaben ihnen jeweils die Marokkaner in der Nähe Wasser von ihren Brunnen. Aber seit die Jungs in dieser Nacht alles gesehen hatten, weigerten sie sich. Sie begannen allmählich zu verstehen, was hier passierte.

Jede Nacht verlangte Father nun, dass sie mich fesselten. Doch nachdem ich zwei Mal versuchte zu fliehen und mir nicht einmal die Leute in der Stadt geholfen hatten, sagte ich mir, es hat keinen Sinn abzuhauen. Mister Richards aber meldete den Fall MSF, und die fingen nun an, Ologba anzurufen. Sie sagten, *ihr müsst den Jungen am Dienstag vorbeibringen.* Und weil sie keine Schwierigkeiten mit MSF wollten, kamen Dizzy und Ologba am Dienstag zu mir und sagten, sie würden mich dorthinbringen. Ich müsse aber sagen, die Fedrapo habe mich geschlagen, und sie hätten mich vor ihnen gerettet. Wenn ich etwas anderes sagte, würden sie mich umbringen. So kam ich zu MSF. Ich ging hinein und Catrin pflegte mich. Einer meiner Zähne wackelte und sie gab mir ein Papier, um ihn im Krankenhaus ziehen zu lassen. Sie gab mir Medikamente und sagte, ich solle auf jemanden warten, der mich ins Krankenhaus brächte. Aber dann kam Friday Ologba und sagte: *Wir müssen los!* Wir könnten nicht hier warten wegen der Fedrapo und er werde mich am Donnerstag wiederbringen.

Als wir zurückkamen, hatten die Fedra-Leute bereits eine Nachricht geschickt: *Wenn der Junge das Geld nicht bezahlen kann, müsst ihr ihm ein Bein abschneiden und es uns bringen.* Aber sie mussten mich noch einmal zu MSF bringen, also lehnten sie den Plan ab, mir ein Bein abzuschneiden. Und damit MSF nicht merken würde, dass ich erneut gefoltert wurde, wechselten sie nun die Methode. Sie befahlen mir, mich auszuziehen und die Wand zu ficken. Zwei Stunden lang ohne Unterbrechung. Jemand stand hinter mir und sobald ich aufhörte, schlug er mir auf den Rücken. Dann musste ich einen Finger auf den Boden halten, ein Bein anheben und stundenlang so stehen bleiben. Sie wollten mich auf eine Art foltern, bei der keine zusätzlichen Wunden entstehen. Das ging so weiter bis um ein Uhr in die Nacht. Danach entschieden sie, mich wieder festzubinden. Aber diesmal fesselten sie nur meine Hände und Füße, ohne sie auf den Rücken zu binden. So schlief ich dann ein.

Am nächsten Tag war Mittwoch und meine Schwester schickte ihnen 250 Euro. Sie konnte ihre Wohnung weitervermieten und erhielt so das Geld.[45] Trotzdem ließen sie mich am nächsten Tag nicht zu MSF, sondern schickten mich mit zwei Passagieren los, um einen Hund zu töten, den sie essen wollten. Doch als der Hund an mir vorbeikam, blieb ich einfach stehen und schaute ihn an. Ich tat überhaupt nichts. Die Passagiere berichteten, dass ich mich weigerte, den Hund zu fangen, und so schlugen sie mich wieder. Später ließen sie mich doch noch zu MSF gehen, aber als ich dort ankam, war es bereits zu spät. Sie gaben mir einen Termin für Montag, um ins Krankenhaus zu gehen und den Zahn ziehen zu lassen. Sie gaben mir auch einen Termin mit Hannah, einer Psychologin, aber ich weiß nicht mehr, an welchem Tag das war.

Als ich diesen Termin bei Hannah hatte, fragte sie mich am Ende, ob ich zurück zum Haus oder woanders hin gehen wollte. Ich war mit meinem Kopf anderswo und sagte, *ich will zurück zu dem Haus.* Ich hatte diese Option nicht richtig bedacht. Ich dachte, meine Schwester hat ja das Geld bezahlt und deshalb wird es jetzt besser. Ich war auch schon betteln gegangen und hatte bereits die fünfzig Dirham für das Haus bezahlt. Denn jede Woche mussten wir fünfzig Dirham bezahlen. Ich hatte bereits zwei Mal versucht zu fliehen und wollte das kein drittes Mal durchmachen.

Von da an musste ich jeden Tag mit den anderen in der Stadt betteln gehen. Dann kam dieser Montag und MSF brachte mich ins Krankenhaus, um den Zahn herauszunehmen. Anschließend redete ich wieder mit Hannah und sie gab mir dieselbe Option. Ich glaubte langsam zu verstehen, dass mich die anderen nur frei laufen ließen, bis MSF mit mir durch war. Ich ahnte bereits ihren Plan, mich wieder zu quälen. Hannah gab mir die Option, nach Casablanca zu gehen. Sie sagte, sie werde einen Pfarrer fragen, ob er mir helfen könnte, die Fahrt zu bezahlen. Und ich sagte, *okay, wir werden sehen.* Sie fragte, ob ich immer noch zurück zu dem Haus will und ich sagte, *ja.* Dann sagte sie, ich solle am Mittwoch wiederkommen.

Tags darauf schickten sie mich noch einmal los um einen Hund zu töten. Es wiederholte sich dasselbe, und als wir zurückkamen, schlugen sie mich sehr fest. An diesem Abend brachten sie ein Mädchen vorbei. Sie wurde in viele Männerhäuser geschickt und war völlig am Ende. Sie sagten, sie hätten sie gefangen als sie versuchte abzuhauen. Danach sei sie unterwegs in Ohnmacht gefallen und sie schleppten sie zu dem Haus. Dizzy war freundlich mit ihr, aber dann kamen Coordinator und Father. Sie brachten sie in den Verteidigungs-Raum und begannen sie zu schlagen. Sie peitschten auf sie ein und leerten Wasser über ihren Körper. Weil ich mich weigerte, diesen Hund zu töten, stellten sie mich als ersten in die Reihe, um das Mädchen zu schlagen. Es war neun Uhr abends. Das Mädchen tauchte einfach aus dem Nirgendwo auf und sie leerten ihr sehr kaltes Wasser über den Körper. Dann befahlen sie mir, ihr auf den Rücken zu schlagen. Ich weigerte mich. Also schlugen sie mich, aber ich weigerte mich weiter. Sie droschen auf mich ein, und nach einer Weile tat ich mit der Hand so, als würde ich sie schlagen. Da peitschten sie mich auf den Rücken. Bam! *Schlag sie richtig!* Da tat ich gar nichts mehr. Sie schlugen auf mich ein, aber ich weigerte mich, die Schläge weiterzugeben. Später konnte ich rausgehen. Da war ein alter *Father*, und ich bat ihn dafür zu sorgen, dass sie das Mädchen nicht mehr schlagen. Doch in diesem Moment kam Ologba zurück aus Oujda, er ging in das Haus, er wusste nicht einmal, was passiert war, und begann auf das Mädchen einzudreschen, paw, paw, paw, paw! Nach zehn Minuten hörten sie endlich auf. Das Mädchen war bereits bewusstlos. Sie leerten noch einmal Wasser über sie und dann ließen sie sie einfach liegen.

An diesem Abend entschied ich, nach dem Termin bei Hannah nicht mehr zurückzukehren, egal was passiert. Der nächste Tag war Mittwoch, und ich wartete auf der Toilette, bis alle weg waren. Denn niemand wusste von meinem Termin mit Hannah. Als ich auf der Straße in Richtung Stadt lief, sah ich auf einmal Coordinator und Tempo. Aber sie sprachen mich nicht einmal an. Sie dachten, ich würde einfach betteln gehen, und gingen vorbei ohne mich zu beachten. Ich ging zu MSF und wartete dort. Dann kam Catrin und brachte mich in das Hauptbüro. Sie gaben mir etwas zu essen und Hannah sagte, der Pfarrer habe ihr noch keine Antwort gegeben. Später fragte sie mich dasselbe: *Willst zu zurück zu dem Haus gehen oder woanders hin?* Und ich sagte, *ich will woanders hin.* Sie sagte, *okay, lass uns schauen, wo du hin kannst.* Aber sie konnte keine Lösung finden, denn wenn sie mich zu den Kamerunern oder Senegalesen gebracht hätte, hätten mich diese vielleicht aus Angst den Nigerianern ausgeliefert. Also sagte sie, ich sollte diese Nacht draußen schlafen. Sie gab mir Decken und Handschuhe und so schlief ich unter einem Busch zwischen zwei Hausmauern. Am Morgen ging ich zurück zu MSF und blieb den ganzen Tag dort. An diesem Tag fanden sie noch immer keine Lösung und so schlief ich die zweite Nacht an demselben Ort.

Später erzählte mir jemand, Father und Coordinator hätten sämtliche Passagiere ausgeschickt, um überall nach mir zu suchen. Aber sie konnten mich nicht finden. Am Freitagnachmittag brachte mich Catrin in die katholische Kirche, dort redete ich mit drei

Typen, und sie brachten mich zum Zug nach Casablanca. Das war Karfreitag letzten Jahres. Ich weiß nicht mehr welches Datum, aber ich weiß noch, dass es Karfreitag war, denn am Sonntag darauf war Ostern. Das ist die Situation. Ich glaube, das war's. So kam ich nach Casablanca. Hier bin ich.[46]

Es ist schwer, hier zu kämpfen

Der Regen wäscht die Abgase aus der Luft, welche sich in schmierigen Pfützen auf den löchrigen Straßen sammeln. Wenn der erste Tropfen auf die Haut fällt, beißt er. Wie eine Säure, die von den Wolken tropft. Danach der Duft frischer Luft, den ich seit langem vermisst habe. Es ist Sonntag. Im Quartier Derb Sultane wurde auf Facebook eine Demonstration zum Jahrestag der *Bewegung 20. Februar* angekündigt.

Ich bin mit Karim verabredet, einem Freund von Amin und Aktivist der Bewegung, welche am 20. Februar 2011, dem *Tag der Würde*, den arabischen Frühling nach Marokko brachte. Tausende Menschen gingen für mehr Demokratie, Menschenrechte und soziale Gerechtigkeit auf die Straßen. Doch der Frühling währte kurz. Drei Wochen nach der ersten Demonstration stellte der König geschickt eine neue Verfassung vor. Es gelang ihm damit, eine Massenbewegung abzuwenden. Und bei den frühzeitigen Wahlen im November 2011 zog die islamistische *Partei für Gerechtigkeit und Entwicklung* (PJD) als stärkste Macht ins Parlament ein. Ihr Generalsekretär Abdelillah Benkirane wurde Chef der Regierung. Die Aktivisten des 20. Februars wurden alsbald zu Volksfeinden erklärt und viele von ihnen zu langen Gefängnisstrafen verurteilt. Gelegentliche Demonstrationen wurden gewaltsam niedergeschlagen. Die Begründung des neuen Regierungschefs: *Wenn wir gegen gewisse Demonstranten auf der Straße Gewalt anwenden, ist das, um zu vermeiden, sie vor Gericht zu ziehen* (Telquel, 2012).

Die PJD ist ein großer Verrat an diesem arabischen Frühling, sagt Karim, während wir uns in die Galerie eines kleinen Quartiercafés setzen. Die gelbe Decke hängt knapp über unseren Köpfen. Auf dem schwarz-weiß karierten Fliesenboden liegt Sägemehl, um die Nässe aufzusaugen. *Die Islamisten sind nichts als Marionetten des*

Königs. Sie sprachen zwar davon, gegen den Despotismus vorzugehen, aber das waren leere Worte. Denn diese Leute haben kein Problem mit der Privatwirtschaft. Sie haben kein Problem mit dem miserablen Bildungssystem. Sie haben kein Problem mit dem Imperialismus. Für sie liegt das Problem der Gesellschaft alleine in der Ethik. Sie stellen für das System keine Gefahr dar. Also gibt man ihnen die Macht, damit das Land weiterhin jenen gehört, die es ausbeuten wollen. Der Kapitalismus war sehr schlau, als er die Islamisten darauf vorbereitet hat, die Macht zu übernehmen.

Die euro-marokkanische Diplomatie hingegen erhielt seit der Machtübernahme der PJD erst einmal beträchtlich Aufwind. Spanische Politiker werden nicht müde, die *exzellente Kooperation in Sicherheitsfragen* zu preisen. Und vor den Medien lobt der damalige EU-Kommissionspräsident José Manuel Barroso ausgiebig die angestrebten Reformen. Obwohl seit der Machtübernahme der Islamisten die Gewalt gegen Demonstranten zugenommen hat. Obwohl Marokkos neuer Justizminister erklärte, er würde ohne weiteres eine Hinrichtung genehmigen, nachdem zwanzig Jahre lang kein Todesurteil mehr vollstreckt wurde (Telquel, 2013). Obwohl sich die Situation von Flüchtlingen massiv verschlechterte und erstmals seit 2005 wieder Menschen zwischen Marokko und Mauretanien wortwörtlich in die Wüste abgeschoben wurden – auch Frauen und Minderjährige (Chaudier, 2012). Oder vielleicht gerade deswegen.

Karim ist ein schlanker, großgewachsener junger Mann mit gepflegtem Auftreten. Er spricht stockend in akademischem Französisch, lebt in demselben armen Quartier wie Amin und studiert Philosophie. Wir trinken N'ss-n'ss: halb Milch, halb starker Kaffee. Dann machen wir uns auf zu der Demonstration. Karim trägt drei Pullover übereinander, um die Schläge der Polizisten abzufangen. Ein warmer Wind trocknet die Gegend. Die Stimmung ist flattrig. Ein Mann am Straßenrand hält sich mit glänzenden Augen einen Lappen voll Lösungsmittel vor die Nase. Marktschreier rufen ihre Preise durch die Gegend. Und ein Metzger stellt ein kreischendes Hühnchen auf die Waage, bevor er ihm den Kopf abschlägt.

Der Treffpunkt für die Demonstration ist eine Tankstelle. Kurz bevor wir ankommen, erhält Karim einen Anruf: Die Polizei habe den Ort bereits abgeriegelt. Am Ende der Straße warten ein Dutzend weiße Kastenwagen mit Soldaten und eine vergitterte Ambulanz. Außer schaulustigen Passanten ist niemand hier. Karim hält sich zurück. Nervös schaut er sich nach Spitzeln um. Wir hetzen durch das Quartier zum nächsten Versammlungsort, durchqueren einen Kleidermarkt und drängen uns zwischen den vielen Menschen hindurch. Doch auch dort treffen wir nur noch auf eine Gruppe Polizisten, die sich lachend mit zwei Pressefotografen unterhalten. Karim gibt auf.

Der Wind hat die Regenwolken weggeblasen. Dutzende Möwen kreisen hoch oben im blauen Himmel, strahlend weiß im Licht der Abendsonne, die sich bereits hinter die Häuserfassaden zurückgezogen hat. Wir gehen zurück in das kleine Café – jetzt voller Männer und Rauch. Es riecht nach Hasch. Karims Freunde ziehen die Bilanz des Tages. Nachdem die Polizei die Tankstelle abgeriegelt hatte, versuchten sie in kleinen Gruppen in den umliegenden Sträßchen zu demonstrieren. Sobald die Polizei kam, flohen sie. Vier Aktivisten wurden verhaftet, verprügelt und am Abend wieder freigelassen. Einer wurde in einem Kastenwagen bewusstlos geschlagen und danach auf die Straße geworfen. Er wurde später von der Ambulanz ins Krankenhaus gebracht.

Es ist zu schwer, hier zu kämpfen, sagt Karim auf dem Weg nach Hause. *Wir haben eine Familie, wir haben Eltern, welche auf uns angewiesen sind, und das Ende eines solchen Kampfes ist entweder das Gefängnis oder der Tod. Dieses Land ist voll von politischen Gefangenen und Märtyrern.* Auch er versuchte schon mehrmals über den Hafen fortzukommen, um in Europa politisches Asyl zu ersuchen. Denn für seine Generation gäbe es hier keinen Horizont, meint Karim: *Es ist die Dunkelheit. In anderen Worten: Der Imperialismus hat seine Pläne wirklich gut gemacht, um Länder wie das unsere der Ausbeutung vorzubehalten.*

*

Zwei Tage später treffe ich ihn wieder zusammen mit Amin und Maruan. Maruan ist ein dünner Junge mit langen, lockigen Haaren, hervorstehenden Augen und schwachem Händedruck. Er trägt weite Skater-Jeans, eine Strickmütze, kleine Kopfhörer und hört Heavy Metal. Wir gehen zu viert in die Medina, wo Maruan mich seinen Kameraden vorstellen will, welche diese Nacht versuchen werden, über die Phosphatzüge in den Hafen zu gelangen. Die Medina ist das historische Herz der Stadt, welches vor sich hin vegetiert und langsam zerfällt. Kleine Gässchen voller Läden und Marktständen. Alle paar Meter ändert sich der Geruch: Fisch, Abfall, Holzkohle, Parfum, Stoff, Leder, Chlorwasser, Weihrauch, Fleisch, Fäkalien. Wir biegen in eine Seitengasse. Zwischen den weißen Hauswänden hängt Wäsche zum Trocknen im gelben Licht der Straßenlaternen. Maruan stellt sich gegen die Wand und ruft nach Jamal. *Sie sind gegangen*, ruft dessen Mutter aus dem Fenster. An der Hauswand steht in großen arabischen Lettern: *Jamal + Hamsa = Al Ghorba.*[47] Al Ghorba: Die große weite Welt, das neue gute Leben, Reichtum und Wohlstand, Friede und Freiheit, das andere Ufer des Meeres, Europa.

Wir gehen in einen Park, wo mir Maruan auf Arabisch bis spät in die Nacht seine Geschichte erzählt. Er hat Majoune gegessen, ein süßes Konfekt aus Datteln, Rosinen, Nüssen, Honig und Hanfblüten – *um diese Realität zu vergessen.*

MARUAN

Maruan

Geboren 1988 in Marokko

Seit dem ersten Mal hat es mich gepackt. Damals ging ich mit Abdelali und Hicham auf ein Schiff. Als wir hinkamen, öffneten wir die Luke, aber niemand wollte springen. Abdelali, weil er dick ist, safi[48], hast du verstanden? Er wollte nicht springen. Hicham wollte nicht springen. Und ich, safi, ich sagte ihnen, *ich werde springen.* Sie hielten mich bei der Hand, ich sprang, und es ging weit nach unten. Das war das erste Schiff, das wir machten. Danach ging ich oft mit Abdelali in die Medina. Dieses Schiff? Das sollte nach Holland gehen. Ich war unten mit Abdelali. Aber Hicham wollte nicht. Er warf uns das *Gaschté*[49] zu und wir sagten, *mach die Luke zu und geh!* Aber da fing er an, laut zu reden, damit uns die Mannschaft hörte. Er wollte nicht, dass wir gehen. Verstehst du? Also kam die Mannschaft raus. Safi, später ging ich dann alleine.

Abdelali verkaufte Zigaretten en détail. Das erste Mal, als ich ihn getroffen hatte, stritten wir uns. Wir waren noch Kinder. Er hatte einen Stein nach mir geworfen und sich davongemacht, das weiß ich noch. Abdelali verkaufte Zigaretten im Fußballstadion. Er hatte ein Scheißleben. Er ging oft zum Hafen und schnüffelte Klebstoff.[50] Safi. Er war dreizehn Jahre alt, als er es das erste Mal versuchte. Er kletterte unter einen Lastwagen und klammerte sich fest. So kam er bis nach Marseille, wo sie ihn in ein Waisenheim brachten. Er blieb dort drei Monate, ungefähr, dann ging er weg und fing an zu reisen. Er verbrachte seine ganze Jugend in Holland, Belgien und Frankreich. Er verkaufte Koks und solche Sachen. Dann ging er rauf nach Finnland. Dort traf er sein Mädchen, verstehst du? Er traf und heiratete sie, aber ohne Papiere, ohne nichts. Und als er seine Papiere machen wollte, hatte er ein Problem. Sie sagten ihm, *du hast keine Papiere, du musst erst in Marokko deine Papiere machen.* Also brachten sie ihn zurück. Das war 2009. Er war 24 Jahre alt.

Er machte seinen Pass und seine ID, denn er dachte, er könnte einfach zurück nach Finnland gehen. Doch dann saß er hier fest. Sie sagten ihm, *du musst erst zwei Jahre hier bleiben.* Aber er hatte keine Geduld. Also riskierte er es immer wieder. Einmal machte er ein Schiff zusammen mit dem Schwarzen und Azziz. Sie kamen rein und das Schiff fuhr los. Sie dachten, sie gingen nach Spanien oder nach Italien, aber das war Schrott, das Schiff ging in die Türkei. Die Fahrt dauerte 16 Tage plus vier Tage im Hafen. Bald ging ihnen das Essen aus, das bisschen, was sie hatten. Also blieben sie mit dem Hunger. Es war nass und sehr kalt, und wenn sie schlafen wollten, hielt Abdelali die anderen fest, um sie zu wärmen, weil er ein bisschen dick war. Erst als sie ankamen, gingen sie raus. Nach 21 Tagen. Sie gingen die Leiter hoch und waren völlig geschwächt. Aber da waren sie in Izmir.

Die Idee, in die Fremde zu gehen, die hatte ich schon, als ich am Gymnasium war. Damals fing ich an mit Skateboarden und Surfen. Verstehst du, ich öffnete mich für diese Sachen und sah viele Videos davon. Dort fand ich Leute, welche ein ganz anderes Leben hatten als wir hier. Du schaust die Filme und siehst die Leute, die es gut haben, die in gute Schulen gehen, die überall hinreisen können, die erreichen, was sie erreichen wollen, die richtig leben, verstehst du? Und du beginnst diese Situation hier zu hassen. Denn du hast keine Mittel. Die Leute beschimpfen dich nur, wegen der Art, wie du bist. Und da wurde mir bewusst: Das einzige Mittel, das du hast, ist, ins Ausland zu gehen.

Gut, ich machte weiter mit der Schule. Ich lernte und lernte, ich kam bis zum Abitur, aber ich ging nicht einmal zur Prüfung, safi. Ich ging da nicht hin. Denn erstens, um die Schule fertig zu machen, verstehst du, weil ich in der Scheiße lebe, und das Schulsystem sowieso – es ist schlecht. In der Schule haben wir nie etwas gelernt. Wir haben alles von der Straße gelernt. Nur die Straße hat uns gelehrt, in diesem Leben hier zu überleben, verstehst du? Denn als Erstes lehren sie dich in der Schule, das Lernen zu hassen. Von klein auf, vom ersten Jahr an. Und dann passierte es, dass ich an Händen und Füssen gefesselt in ein Zimmer gesperrt wurde. Vier Tage lang. Warum? Weil ich einen Nachmittag schwänzte. Und warum habe ich geschwänzt? Weil dir die Schule überhaupt keine Lust gibt zu lernen. Du fühlst nur die Angst.

Mein Vater starb, als ich noch klein war. Also brachte uns meine Mutter mit ihrer Witwenrente durch. Eintausend Dirham (einhundert Euro) im Monat. Ich habe zwei Brüder und eine Schwester. Mein ältester Bruder und mein Onkel sind in England. Und nachdem ich mit der Schule fertig war, verstehst du, da sagte ich mir, sie werden mich dorthinbringen. Sie schickten mir eine Einladung. Aber erst, nachdem meine Großmutter zu ihnen ging und darauf beharrte, dass sie mich holten. Sie schickten mir die Einladung nur widerwillig, verstehst du. Und ich kriegte das Visum nicht, weil ich keine Mittel hatte. Ich hatte kein Bankkonto, ich hatte vieles nicht. Safi. Und seitdem wollen sie mir nicht mehr helfen.

Also fing ich an zu tun, was ich im Kopf hatte. Denn du willst arbeiten, aber du findest keine Arbeit, weil du lange Haare hast. Also sagen sie dir: *Nein*. Sie zwingen dich, die Haare zu schneiden. Dabei wissen sie selber gar nicht, warum sie das von dir verlangen. Dann traf ich Abedlali wieder. Verstehst du, Abdelali wollte seine Dreads[51] erneuern und ich dachte, das kann hier nur Abderrahim machen. Also brachte Omar Abdelali zu mir, und der fing an, mir von Europa zu erzählen. Er weckte meine Begeisterung noch mehr. Er sagte mir, dass mich dort niemand wegen meinen langen Haaren belästigen würde, dass ich ein schönes Leben hätte und bei McDonalds arbeiten könnte. Safi, Abdelali schlug mir vor, mit ihm an den Hafen zu kommen. Wir gingen mit einem Phosphatzug, gegen halb zwei in der Nacht. Abdelali hat mir das gezeigt. Er zeigte es mir und sagte, *pass einfach auf die Drähte auf*. Wir gingen also rein, und ich habe seither immer ein Auge auf die Drähte gehalten.

Von da an versuchte ich es sehr oft. Einmal fuhr sogar ein Schiff los, während wir drauf waren. Aber mitten auf dem Meer entdeckten sie uns und brachten uns zurück. Sie haben das ganze Ding zurückgefahren, nur um uns von Bord zu bringen. Danach wollte ich nach Südkorea. Denn für Südkorea brauchen wir kein Visum. Ich hatte ein Ticket, aber am Flughafen verweigerten sie mir die Reise, weil ich nicht genug Taschengeld vorweisen konnte. Safi. Also kam der Moment, in dem ich in die Türkei ging. Das schien mir eine Lösung zu sein.

Ich traf dort einen Algerier und wir gingen zusammen durch den Wald. Wir überquerten den ersten Fluss, das ging gut. Aber dann musst du den zweiten Fluss überqueren, und der ist richtig groß.⁵² Da waren andere *Harraga*, welche ein Schlauchboot hatten. Wir wollten mitgehen, aber sie verlangten von uns zweihundert Euro. Wir hatten nichts, verstehst du? Wir hatten nichts, das wir ihnen geben konnten. Safi. Ich fragte den Algerier, *was sollen wir tun?* Und er sagte, *lassen wir's, gehen wir zurück.* Die anderen gingen in dem Zodiac über den Fluss. Aber kurz bevor sie am anderen Ufer ankamen, kippte das Boot um. Am Ende kamen nur drei rüber. Alle anderen sind gestorben. Sie sind im kalten Fluss ertrunken. Ich habe diese Szene gehasst.

Safi. So kam ich zurück nach Marokko. Und später schlug mir Abdelali die Sache mit Russland vor. Er meinte, die würden uns ein Visum geben, und von dort kämen wir leicht weiter nach Finnland. Also ging ich zu einem Freund, und der hat mir ein Hotel reserviert, damit wir den Antrag machen konnten. Aber mit der Reservierung akzeptierten sie es nicht. Sie sagten, wir bräuchten eine Einladung. Dann ging Abdelali nach Nador. Er hatte vierhundert Dirham und sagte, *du kommst mit mir,* aber ich sagte, *das Geld reicht ja kaum für dich allein!* Also ging er und nach 15 Tagen kam er nach Spanien. Er machte es in einem Lastwagenanhänger. Es war ein Lastwagen mit Motorrädern, der von einem Wettbewerb zurückfuhr. Er wartete, bis sie den Anhänger durchsucht hatten, und dann ging er rein, verstehst du? Ein kleiner Junge ging mit ihm mit. Drüben in

Almería hatten sie nur kurz mit der Taschenlampe rein geleuchtet. Das war's, safi. Und als der Lastwagen später an einer Tankstelle hielt, gingen sie raus. Er brachte den Jungen nach Marseille in ein Waisenheim und ging nach Finnland, um seinen Sohn zu sehen. Denn als er dort wegging, war seine Frau schwanger gewesen. Verstehst du? Später ging ich auch nach Nador, mit Frettchen, Raschid. Aber wir hatten kein Glück. Einmal stieg ich auf das Dach eines Reisebusses und als er reinfahren wollte, sah mich ein Polizist und sagte, *er ist dort, nehmt ihn runter!* Frettchen schaffte es einmal nach Melilla, aber dann brachten sie ihn wieder zurück. Von da an kümmerte ich mich nochmals um die Sache mit Russland. Ich fand heraus, wo ich eine Einladung kaufen konnte. Das Ding kostete 1200 Dirham und ich kämpfte, um den Betrag zusammenzukriegen. Ich belud Lastwagen in einer Fabrik für 100 Dirham am Tag. Das Flugticket war nochmals eine andere Geschichte. Ein Freund von mir ist Hacker und hat mir das Ticket mit einer gehackten Mastercard im Internet gekauft.

Ich ging mit dem Vorhaben, eine Zwischenlandung in Riga zu machen. Dort würde ich meinen Pass wegwerfen und Asyl beantragen. Dann wäre ich nach Estland und weiter nach Finnland gegangen. Aber ich fand nur einen Flug mit 19 Stunden Aufenthalt in Riga. Und dafür hätte ich ein Transitvisum benötigt. Safi. Also ging ich erst mal in die Türkei. In Istanbul fragte ich nach einem Hacker, und man sagte mir, es gäbe nur einen, aber der wolle siebzig Prozent vom Preis. Als ich ihn traf, sah ich, dass es ein Freund von mir war! Ja, Moha! Safi, Moha aus der Medina, das Phantom. Also traf ich das Phantom dort drüben und er reservierte mir umsonst ein Ticket nach Russland mit Zwischenhalt in Israel. Aber dann ließen sie mich nicht ins Flugzeug steigen. Obwohl ich das Recht gehabt hätte. Sie ließen mich nicht rein, weil sie nicht sicher waren, ob ich ein Transitvisum für Israel benötigte. Also sagten sie: *You cannot fly.* Safi. Dann ging ich wieder zurück. Das war vor zwei Monaten.

Ich werde es immer wieder versuchen. Meine Lösung ist jetzt, die nötigen Papiere für einen Visumsantrag zu fälschen: Bankauszug,

Lohnbescheinigung und so weiter. Alles, was sie wollen für ein Touristenvisum. Und schauen, ob das klappt. Wenn es nicht klappt, werde ich weitermachen für Südkorea. Ich werde es mein ganzes Leben lang versuchen. Ich werde kämpfen, bis ich es schaffe. Mein Traum bleibt *Al Ghorba*. Das ist etwas, das du willst, seit du klein bist, safi. Und dann siehst du hier überhaupt nichts mehr. Du siehst nur das Leiden. Wenn ich in Europa ankäme, dann würde ich zuerst daran denken zu studieren. Verstehst du? Ich würde in ein skandinavisches Land gehen und einen Beruf lernen. Ich würde heiraten, um meine Papiere zu haben. Und dann würde ich arbeiten und skateboarden, so oft wie ich will. Aber wenn du hier bleibst, wirst du verrückt. Du siehst, dass du bald dreißig wirst, dass du heiraten solltest, Kinder haben, verstehst du, ein würdiges Leben. Aber mit dem, was wir machen, mit dem Skateboarden, da findest du hier kein Mädchen, das dich ein bisschen versteht. Safi. Du findest es nicht. Und wenn du heiratest, dann kommt die große Katastrophe. Dann wirst du hier bleiben und erst richtig ertrinken, verstehst du? Und die Kinder, die du haben wirst, safi, du kannst sicher sein, dass sie auch keine Zukunft haben. Ich will meine Kinder nicht in einer solchen Gesellschaft großziehen müssen. Ich will nicht, dass sie sich hier verlieren.

Den Europäern? Ich möchte ihnen einfach sagen, gut, ich würde ihnen sagen, bitte helft mir wegzugehen! Ich will nur einfach diese Erde sehen. Und der Tag, an dem ich dort ankommen werde, wird der schönste Tag meines Lebens. Denn ich, ich will dort drüben sterben. Dort sind die Länder, in denen ich meine Zukunft sehe. Ihr seid die Leute, die mich verstehen. Ich will mit euch leben. Ich möchte eine Freundin haben, wie alle. Diese Art von Mädchen, die ich liebe, verstehst du. Die Mädchen, die surfen und so. Safi. Ich will einfach gehen. Und sie sollen mich nicht daran hindern. Denn sie waren doch einverstanden mit dem Artikel 13 des internationalen Rechts, dass jede Person das Recht hat zu landen, wo immer sie will.[53] Verstehst du? Sie haben es unterschrieben.

Im Paradies sind Plätze frei

Jamal war an jenem Abend in einem Bahnwagen voll Phosphat in den Hafen gefahren und auf ein Schiff geklettert. Aber da er kein gutes Versteck fand, ging er wieder runter und verließ den Hafen zusammen mit den Arbeitern. Wir treffen ihn am Abend darauf in der Medina. Ein schlanker Junge mit dünnem Pullover und Plastiksandalen, die Arme eng an den Körper gepresst, die Hände in den Taschen der Trainerhose. Plaudernd spazieren wir durch das Durcheinander der Gässchen zum Meer hinunter. Jeder junge Mann, den Jamal grüßt, hat seine Geschichte voll Fluchtversuchen. Ein 14-jähriger Junge mit zu großen Gummistiefeln karrt einen Haufen Sardinen um die Ecke. Er habe es kürzlich bis nach Portugal geschafft, wo er von der Polizei verhaftet wurde. Da habe er Seife gegessen, damit man ihn ins Krankenhaus brachte, von wo er hoffte, fliehen zu können. Aber stattdessen habe man ihn ans Bett gefesselt und nach Marokko zurückgeschafft. Ein dreißigjähriger Mann steht angelehnt an einer spröden Mauer und wartet auf die Nacht. Er habe vier Jahre lang in Spanien gelebt und schwarz gearbeitet, bis er erwischt und abgeschoben wurde. Seither versucht er wieder, am Hafen auf die Schiffe zu gelangen.

Wir setzen uns auf eine Mauer am Meer neben der riesigen Moschee Hassan II und Jamal beginnt zu erzählen. Vor vier Monaten habe er es bis in die Schweiz geschafft. Er sei eines Nachts um die Hafenmauer geschwommen und auf ein Containerschiff geklettert, welches ihn nach Cadiz brachte. Eine Familie bot ihm eine Dusche, zu essen und etwas Geld. Einen Monat lang suchte er in Spanien nach Arbeit. Dann ging er nach Paris. Und schließlich nach Genf, in die Schweiz. Aber Arbeit fand er auch dort nicht. Und nach drei Wochen wurde er erwischt, als er versuchte, ein Auto zu stehlen. *Ich wusste nicht, was ich sonst hätte tun sollen.* Er habe jetzt alle Fotos von seiner Reise gelöscht, um nicht mehr daran erinnert zu werden.

Wir blicken auf die Lichter der Frachtschiffe, die draußen im Wasser vor dem Hafen ankern. Jamal erzählt, während ein Dutzend junge Männer um uns herumstehen. Sie sind alle *Harraga*. Sie haben alle die gleichen Geschichten erlebt. Sie haben alle den gleichen Traum: Ein normales Leben in Europa, wie sie es sich vorstellen, eine Arbeit, ein Haus, eine Familie, Glück, Freiheit, ein bisschen Geld und im *Bled*, im Heimatland, den Status eines Auswanderers, der es geschafft hat. Tagsüber schlagen sie sich mit Gelegenheitsjobs durch. Die Nächte verbringen sie damit, im kalten Meer um den Hafen herumzuschwimmen, sich in Phosphatwagen zu verstecken oder unter Lastwagen festzuklammern. Auf dass sie es irgendwann schaffen. Inschallah. So Gott will.

Es ist Mitternacht, als ich die breite Treppe hochgehe, in meine große, saubere Wohnung trete, die Schuhe auszuziehe und tief einatme. Und während ich die Erlebnisse des Tages aufschreibe, spielt mein Computer ein Lied von Herbert Grönemeyer: *Weg mit dem fixen Problem, ich will mehr Schiffsverkehr, endlich auf hohe See. Dreh mein Herz, dann schlägt es leicht, im Paradies sind Plätze frei, gib mir ewigen Schnee...* Die universale Sehnsucht nach der Freiheit, loszuziehen, die Welt zu entdecken, das alte Leben hinter sich zu lassen und das große Glück zu finden. All die Träume, die sich um den Wind in den Haaren drehen. Wie selbstverständlich war es für mich, als Zwanzigjähriger auf Reisen zu gehen. Wie leicht und frei fühlte ich mich hier in Marokko, in der Fremde, im Land der Sterne und Strände, im Land der Gastfreundschaft und der sehnsüchtig weinenden arabischen Melodien.

*

Am nächsten Tag steige ich bei Sonnenaufgang in einen übervollen Zug und fahre durch die morgentrunkene Landschaft nach Rabat. In den zu weichen Polstern des alten französischen Bahnwagens sitzen gut gekleidete junge Menschen mit Laptops und Smartphones auf dem Weg zur Arbeit. Der Bahnhof der Hauptstadt thront elegant über den Geleisen. Die breite Straße davor ist am frühen Morgen noch leer. Ladenbesitzer schütten Seifenwasser auf die polierten Steinplatten des Gehsteigs und schieben mit Gummischabern den Schmutz auf die Straße. Daneben sitzt eine junge schwarze Frau mit kleinem Kind auf einem Stück Karton, angelehnt an eine Marmorsäule, eingewickelt in ein buntes Tuch. Sie heißt *Hoppy*, wie sie mir später in mein Notizbuch schreibt, gefolgt von *Victor*, dem Kind. Ihr Gesicht ist angeschwollen, die Augen glasig, die Hände von weißen Striemen gezeichnet. Hoppy kommt aus Ghana und will nach Europa. In gebrochenem Englisch erzählt sie mir, sie sei Waise und seit zwei Monaten in Rabat am betteln, weil sie kein Geld mehr habe. Sie ist auf der Suche nach einem besseren Leben. Victor spielt mit einem kleinen Plastiklastwagen, den ihm ein Spielzeughändler zugeschoben hat. *Willst du mich heiraten?*

Rabat ist Zufluchtsort vieler Gestrandeter. Hier ist das UNO-Hochkommissariat für Flüchtlinge, hier sind die Botschaften, hier sind die Hilfsorganisationen. Hier ist auch die Hoffnung ein bisschen größer, irgendeine kleine Arbeit zu finden. Und damit die Hoffnung, sich irgendwie aus der Blockade zu retten. Bestenfalls irgendwie nach Norden. Denn wo so viele an die Überfahrt und das gute Glück glauben, wo unzählige halb wahre Erfolgsgeschichten hochgehalten werden, da nährt sich die Hoffnung auf das nahe Europa wie ein Feuer in einem ausgetrockneten Wald.

Hier, in Marokkos Hauptstadt, halten am 1. März 2013 der neue marokkanische Regierungschef, Abelilla Benkirane (PJD), und der damalige EU-Kommissionspräsident, José Manuel Barroso, ihre erste gemeinsame Pressekonferenz. *Meine Damen und Herren, der Regierungschef hat mich gebeten, dieses Treffen mit der Presse zu eröffnen, und ich tue dies in der Hoffnung, dass er anschließend sagen wird, dass er vollständig unterstützt, was ich Ihnen eben gesagt habe* (EC, 2013). Barroso eröffnet mit symbolschwerem Humor. Er erklärt die Wiederaufnahme der Verhandlungen über eine *Mobilitätspartnerschaft*, welche die EU bereits im Jahre 2000 seinem südwestlichen Nachbarn vorgeschlagen hat. Der Kern der Partnerschaft: Marokko soll sämtliche Reisende zurücknehmen, welche irregulär von Marokko aus europäisches Territorium betreten. Bisher hatte Marokko offiziell nur eigene Staatsbürger zurückgenommen. Im Gegenzug würde die EU Visaerleichterungen für marokkanische Geschäftsleute und Studierende bieten. Marokkos neuer Regierungschef ist einverstanden. Die beiden Parteien unterzeichnen die Mobilitätspartnerschaft am 7. Juni 2013 in Luxemburg und verhandeln seither um das Rückübernahmeabkommen. Europas Plan in beschönigter Sprache: *Es sollen Initiativen umgesetzt werden, die einen gut organisierten Personenverkehr gewährleisten* (EK, 2013). Und während die europäischen Staaten im Inneren an allen Ecken und Enden das Recht auf Asyl abbauen[54], wollen sie Marokko dabei helfen, ein *Asylsystem* aufzubauen, um in Zukunft jede Verantwortung für Flüchtlinge nach Süden abschieben zu können.

Mitten in Rabat liegt ein grüner Park. Der Jardin Nouzhat Hassan. Ein Gärtner wischt mit einem großen Palmwedel Laub von den Kieswegen. Er arbeitet für den französischen Infrastrukturdienstleister *Veolia*. Öffentliche Arbeiten werden hier häufig an ausländische Konzerne vergeben. Manche sagen wegen der Korruption. Am Zaun des Parks sitzen an die 50 junge Senegalesen. Sie verkaufen gebrauchte Handys und gefälschte Smartphones. Vor ihnen die Schienen der Straßenbahn, Baujahr 2011, bestückt mit 22 Fahrzeugen von *Alstom France*, betrieben von *Veolia*. Dahinter hupender Stadtverkehr. Die Senegalesen sind hier gut organisiert. Sie sind Muslime, sprechen Französisch und sind in der Regel legal in Marokko, da sie zur Einreise kein Visum benötigen. Einer der jungen Smartphone-Verkäufer ruft mich zu sich. Wir unterhalten uns. Er heißt N'diaye, trägt eine Baseballmütze mit flachem Schirm und einen kurzen, sauber geschnittenen Kinnbart. *Weißt du,* sagt N'diaye, *wir wollen alle nach dort drüben.* Zwei Tage später setzen wir uns zusammen in den Park und er erzählt mir seine Geschichte.

N'diaye

Geboren 1989 in Senegal

Weißt du, was wir hier tun, ist Risiko. Wir haben unsere Familien zurückgelassen und sind hergekommen, um in andere Länder zu reisen. Wir sind aufgebrochen und haben alles Geld ausgegeben, um zu versuchen, nach dort drüben zu gelangen. Also haben wir hier Arbeit gesucht, aber man hat uns abgelehnt. Hier verlangen alle Unternehmen einen Ausländerausweis. Aber um einen Ausländerausweis zu beantragen, brauchst du einen Arbeitsvertrag. Also geht das nicht auf. Dabei ist hier immer noch Afrika. Und in Afrika darf man überall arbeiten. Bei uns arbeiten viele Marokkaner und brauchen keinen Ausländerausweis. Wenn sich bei uns ein Marokkaner und ein Senegalese für die gleiche Stelle bewerben, wird der Marokkaner angestellt, weil er nicht schwarz ist wie wir. Das ist das Problem. Deswegen gehen wir lieber übers Meer, um nach Spanien zu kommen. Man sagt, dort ist es besser. Auch wenn dort die Krise ist, sagt man, dass es für uns besser ist. Dort behandelt man dich ein bisschen besser als hier. Schau, als wir auf dem Meer waren, hat man uns festgenommen und direkt ins Gefängnis geworfen. Einfach so. Wir blieben 24 Stunden dort. So. Wir sagten ihnen, *wir sind keine Diebe, wir sind Clandestins, gebt uns etwas zu essen*. Aber sie sagten: *Nein*. Sie behandeln uns irgendwie. Das tut uns weh.

Ich heiße N'diaye, ich bin ein Senegalese, der nach Marokko gekommen ist, um zu finden, was gut für ihn ist. Das ist mein Leben, *quoi*. Denn, gut, ich bin jetzt 24 Jahre alt. Und ich habe nichts. Aber ich muss arbeiten. Ich muss mein Leben verdienen. Darum bin ich hier. Ich habe es drei Mal versucht, und man hat mich erwischt. Ich glaube, beim vierten Mal werde ich es schaffen. Ja, das glaube ich. So Gott will.

Mein Vater hat eine Schreinerei, und ich bin das älteste von acht Kindern. Ich habe im ersten Jahr am Gymnasium mit der Schule aufgehört. Mein Vater arbeitete damals oft für Libanesen, die ein Malergeschäft hatten. Und in den Schulferien ging ich dort arbeiten, um ein bisschen Geld zu verdienen. Ich sah, dass ich mit dem Studieren nichts verdiene und es viel zu lange dauert, bis ich arbeiten kann. Also sagte ich meinem Vater, dass ich mit der Schule aufhören werde, um bei den Libanesen zu arbeiten. Er sagte, *wie du willst,* und also habe ich zwei Jahre dort gearbeitet. Ich habe die Buchhaltung gemacht. So. Ich verdiente 250 Euro jeden Monat und damit unterstützte ich meine Familie. Aber dann wurde das Geschäft geschlossen und ich war ein Jahr lang arbeitslos. Alles Geld, welches ich gespart hatte, habe ich in dieser Zeit verbraucht. Ich habe einen Teil meiner Mutter gegeben und meiner Schwester die Schule bezahlt. Denn die Schreinerei lief nicht gut und mein Vater hatte es schwer.

Nach einem Jahr blieb mir gerade noch genug Geld, um hierher zu reisen. Ich sagte meinem Vater: *Gut, ich werde nach Marokko gehen und versuchen, nach Spanien zu kommen.* Er fragte mich, ob ich dafür ins Wasser gehen muss, und ich sagte: *Ja.* Er sagte mir: *Es gibt viele, die im Wasser sterben. Was ist, wenn du stirbst?* Und ich sagte: *Das ist das Leben.* So ist das für mich. Man muss im Leben etwas riskieren, um zu gewinnen – oder verlieren. Denn wie kann ich zu Hause bleiben, wenn ich keine Arbeit habe und mein Vater mir jeden Morgen ein bisschen Geld gibt, damit ich durchkomme?

Vor zwei Monaten bin ich also losgezogen, habe meine Familie verlassen, meine Mutter, meinen Vater, meine Brüder und Schwestern. Es war der 22. November 2012. Das hat mich erschüttert, denn es war das erste Mal, dass ich von zu Hause wegging. Ich war bis dahin mein ganzes Leben immer bei meiner Familie. Aber jetzt habe ich meine Mutter zwei Monate lang nicht gesehen. Das tut mir weh. Sie fehlt mir sehr, *quoi.* Doch es tat mir auch weh, zu sehen, dass sie leidet. Und deswegen bin ich lieber losgegangen. Denn jeden Morgen fragte sie mich, *gib mir ein bisschen Geld, damit ich Sachen für die Kinder kaufen kann, denn dein Vater hat kein Geld mehr.* Also gab ich ihr Geld. Aber was ist, wenn ich ihr kein Geld mehr geben kann? Als ich ihr gesagt habe, dass ich gehen werde, sagte sie, *gehe nicht, gehe nicht!* Aber ich sagte, *ich muss etwas riskieren, um mein Leben zu verdienen.* Als ich ging, hat sie geweint, und alle sagten mir, *auf dass Gott dich beschütze!*

Bon. Ich habe Dakar verlassen und nahm ein Taxi bis an die Grenze zu Mauretanien. Von dort nahm ich einen Bus nach Nouakchot und einen weiteren an die marokkanische Grenze.[55] Dann ging ich nach Dakhla, von dort nach Marrakesch und mit dem Zug bis nach Rabat. Als ich hier ankam, kannte ich niemanden. Ich traf zwei Senegalesen, die jemanden suchten, um die Wohnung mit ihnen zu teilen. Die Wohnung kostet 3000 Dirham (300 Euro), und wir teilen sie zu dritt. Also ging ich zu ihnen und fragte sie, was ich tun muss, um nach dort drüben zu kommen. Sie sagten mir, dass die Leute nach Tanger gehen, und jeder 1000 Dirham für ein Schlauchboot beisteuert. Sie sagen, *wenn du reinkommst ist gut, dann ist fertig, und sonst kommst du zurück.* Sie zeigten mir auch, wie ich ein bisschen Business machen kann. Es gibt einen Senegalesen, der gefälschte Smartphones aus China importiert. Für 1000 Dirham kannst du etwa drei Geräte kaufen und auf der Straße weiterverkaufen. Das große Galaxy kostet zum Beispiel 380 Dirham, und ich kann es vielleicht für 1000 oder 1500 verkaufen. Ich kaufte also drei Smartphones und verkaufte sie, damit verdiente ich 2000 Dirham und ging mit dem Bus nach Tanger.

In Tanger ging ich in die Medina, weil man mir gesagt hat, dass sich die Senegalesen dort treffen, um Geld für ein Boot zusammenzulegen. Wir waren sechs Personen in einem Zodiac für 250 Kilo. Ich gab ihnen 1000 Dirham, und sie gaben mir eine Schwimmweste. Es ist ein Mann von der marokkanischen Marine, der die Boote verkauft. Wir rufen ihn an, und er kommt gegen ein Uhr morgens mit seinem Auto, wir pumpen das Boot auf, um es zu testen, und wenn es gut ist, geben wir ihm das Geld. Er arbeitet bei der Marine, siehst du? Wir bezahlen ihm 2500 Dirham. Danach gehen wir in eine Schreinerei, welche Ruder aus Holz fertigt. Denn Ruder aus Metall oder Motoren können von den Radaren gesehen werden. All das machen wir in der Nacht, denn wenn sie uns am Tag mit den Rudern oder Westen sehen, verhaften sie uns. In der ersten Nacht kaufen wir das Boot, die Westen, die Ruder, und verstecken alles. In der zweiten Nacht rufen wir einen marokkanischen Polizisten an, der mit einem Kastenwagen der Polizei kommt, um uns abzuholen. Denn vor dem Strand gibt es eine Straßensperre. Wenn du mit einem Taxi dort hinfährst, verhaften sie dich. Wir haben also die Nummer dieses Polizisten. Wir bezahlen ihm 1200 Dirham, er lädt uns hinten in das Auto, bringt uns bis zum Wald hinter der Polizeisperre und wünscht uns viel Glück. Nach dem Wald kommt der Strand. Dort gibt es einen Militärposten. Also verstecken wir uns, und jemand schleicht zum Posten, um zu sehen, ob die Soldaten schlafen. Wir warten bis zum frühen Morgen, dann gehen wir zum Strand, pumpen das Zodiac auf und stechen ins Meer.

Das erste Mal haben sie uns erwischt, als wir das Boot aufpumpen wollten. Sie verhafteten uns und brachten uns ins Gefängnis. Das war schrecklich für mich. Ich war zuvor noch nie in meinem Leben in einer Zelle. Das tut weh. Sie beschimpften uns und nannten uns Hurensöhne. Denn die Marokkaner mögen keine Schwarzen. Man sagt zwar, das sei ein muslimisches Land, aber sie behandeln uns wie Ungläubige. Wir sagten ihnen: *Ihr sagt, ihr seid Muslime, aber warum lasst ihr uns in diesem Gefängnis? Wir sind keine Diebe, wir sind Clandestins, lasst uns gehen!* Wir waren 24 Stunden in der Zelle und hatten nichts zu essen. Wir sagten: *Wir wollen essen, wir sind keine Hunde!* Aber sie beschimpften uns nur: *Verpisst euch, ihr seid Penner, ihr seid Verräter, ihr habt Afrika betrogen*, und so weiter. Sie sagten, *ihr geht in andere Länder arbeiten und lasst euer Land im Stich.* Das sagten sie uns. Wir sagten, *wir finden zu Hause keine Arbeit, sonst wären wir geblieben.* Denn wie kann es sein, dass ein Mann mit einem Diplom keine Arbeit findet und es bevorzugt, übers Meer zu gehen? Manchmal leben wir eine Woche lang im Wald, bevor es einen guten Moment gibt zum Gehen. Andere verbringen dort ganze Monate. Wir schlafen auf der nackten Erde. Es ist kalt. Wie kann es sein, dass einer all das auf sich nimmt, um zu gehen?

Im Gefängnis fotografieren sie uns, nehmen unsere Fingerabdrücke und schicken sie zusammen mit unseren Passnummern nach Europa. Dann warten sie, bis ihnen Europa das Geld schickt. Deshalb behalten sie uns 24 Stunden in der Zelle, weil es solange dauert, bis das Geld kommt. Erst wenn sie das Geld erhalten haben, lassen sie uns gehen. Und jene ohne gültigen Einreisestempel deportieren sie nach Oujda. Ja, sie haben mich drei Mal verhaftet und jedes Mal haben sie mich fotografiert, meine Fingerabdrücke genommen, nach Europa geschickt und auf das Geld gewartet.[56] Wer uns das gesagt hat? Wir haben das gesehen! Weißt du, hier in Marokko regiert das Geld. Wenn sie nicht von Europa bezahlt würden, um uns abzuhalten, würden sie uns selber dort rüberbringen! Es ist alles eine Frage des Geldes. Das dritte Mal, als uns die Marokkaner erwischten, fragten sie: *Wie viel habt ihr? Gebt uns eintausend Dirham und wir lassen euch gehen.* Aber wir sagten, *es tut uns leid, wir haben gerade kein Geld.* Also verhafteten sie uns und kriegten das Geld von Europa.

Zwei Wochen nach dem ersten Versuch ging ich wieder. Diesmal schafften wir es bis ins Wasser. Wenn du neunzig Minuten ruderst, bist du in spanischen Gewässern. Aber nach dreißig Minuten kreuzte uns die marokkanische Marine mit einem großen Schiff. Sie sagten, wir müssten auf das Schiff kommen, sonst würden sie das Boot zerstören. Also gingen wir auf das Schiff, und sie brachten uns nach Tanger. Dort behielten sie uns wieder 24 Stunden, dann konnten wir gehen. In diesem Moment hatte ich kein Geld mehr. Also hinterlegte ich bei dem einen Typen meinen Pass als Garantie und er gab mir zwei Telefone. So habe ich wieder angefangen. Ich verkaufte sie, gab ihm sein Geld und machte weiter, etwa zwanzig Tage lang, bis ich genug Geld zusammen hatte, um wieder zu gehen. Das dritte Mal hatten wir eine Nummer vom spanischen

Roten Kreuz dabei. Es war etwa vier Uhr morgens und nachdem wir eine Weile gerudert sind, riefen wir die Spanier an. Wir sagten, *wir sind im Wasser, wir haben ein Problem, wir sind müde* und so weiter, *kommt uns helfen.* Sie schickten einen Helikopter, um uns zu suchen, weil sie glaubten, dass einige ertrunken sind. Sie suchten uns etwa dreißig Minuten lang, wir haben sie gesehen. Der Helikopter hat uns angerufen und gefragt, wo wir sind. Wir sagten, *ganz in der Nähe, fast unter dir.* Dann sind die Spanier gegangen und haben die Marokkaner angerufen, weil wir nicht in ihrer Zone waren. Also kamen die Marokkaner mit einem Schiff und brachten uns nach Tanger zurück. Sie sagten: *Ihr kommt schon das dritte Mal!* Und wir sagten: *Das ist unser Leben. Wenn ihr uns erwischt, müssen wir wieder losgehen. Wenn ihr uns nach Oujda deportiert, müssen wir zurückkommen und wieder ins Meer gehen. Wir werden erst aufgeben, wenn wir in Europa sind oder tot.* Das war das dritte Mal, das war vor ein paar Tagen. Wir hatten kein Glück. Jetzt verkaufe ich wieder Telefone. Gerade läuft es nicht gut. Aber man sagt, es wird schon gehen.

So ist das. Es ist ein großes Risiko. Aber wir glauben, das Leben ist Risiko. Nein, ich habe keine Angst. Ein Kamerad ist kürzlich mit einem Zodiac ertrunken. Er hatte keine Schwimmweste, weil er nicht mehr genug Geld dafür hatte. Denn du musst achthundert Dirham für das Zodiac bezahlen, und zweihundert kostet die Schwimmweste. Sie waren zwölf in dem Boot. Die See war rau und das Boot kenterte. Die anderen konnten sich am Boot festhalten, aber er konnte nicht schwimmen und ging unter. Später rief mich seine Mutter an, und ich sagte ihr, *es tut mir leid, dein Sohn ist ins Wasser gegangen und man hat ihn seither nicht mehr gesehen. Ich glaube, er ist tot.* Sie ruft mich immer wieder an und fragt, ob es wahr ist, und ich sage, *Maman, ich glaube, es ist wahr.* So ist das Leben. Und sie fragt mich, *und du, wirst du ins Wasser gehen?* Ich sage ihr, *nein, ich arbeite hier* und so, *ich gehe nicht ins Wasser.* Sie sagt mir, *gehe nicht ins Wasser! Ich will nicht, dass dir dasselbe widerfährt wie meinem Sohn! Arbeite ein bisschen und komme dann zurück nach Senegal.* Ich sage ihr, *ja, gut.* Aber ich werde gehen.

Ich habe vieles versucht. Schau, ich werde dir etwas zeigen. Als ich im Senegal war, ging ich zur Botschaft und beantragte ein Visum für Spanien. Ich habe es vier Mal versucht. Das erste Mal versuchte ich es 2009, Frankreich, hier, siehst du? Das hier ist der Stempel der portugiesischen Botschaft. Und hier die Botschaft der Schweiz, siehst du, *demande de visa déposé le 6 novembre 2012.* Ich habe vieles unternommen. Ich habe die nötigen Papiere gefälscht, Bankkontoauszug, Arbeitsvertrag, Lohnbescheinigung und so weiter. Die Libanesen überwiesen mir 15 Millionen CFA (22.900 Euro), ich druckte den Kontoauszug und gab ihnen das Geld wieder zurück. Aber eine Woche später sagte mir die Botschaft, ich hätte die 15 Millionen nur deponiert. Ich sagte ihnen, *naja, ich wollte eben gehen* und so weiter. Und sie sagten, *nein.* Siehst du, so war das. Das war die Schweizer Botschaft. Das war mein letzter Versuch.

Kurz bevor ich von zu Hause wegging, ist ein Schiff untergegangen und 52 Menschen sind gestorben.[57] Mein Vater sagte, *schau, es sind 52 Menschen im Wasser gestorben. Und du willst gehen?* Ich sagte, *so ist das Leben eben, man überlebt oder man stirbt.* Er sagte, *bist du verrückt oder wie?* Aber ich glaube an Gott, *quoi.* Als ich das dritte Mal vor ein paar Tagen gerade aus dem Gefängnis kam, rief meine Mutter mich an. Sie fragte: *Wo bist du?* Ich sagte, *ich bin bei mir zu Hause. Ich bin müde und will ein bisschen schlafen.* Sie fragte nach meiner Arbeit und ich sagte, *ça va.* Es hat mir weh getan, meine Mutter anzulügen. Ich will gut zu ihr sein. Ich bin ein Kind für meine Mutter, *quoi.* Aber wenn ich ihr die Wahrheit sage, würde sie mir erwidern: *Morgen kommst du zurück nach Senegal, sonst bist du nicht mehr mein Sohn.* Also sage ich ihr nichts. Ich sage, *es geht mir gut, ich habe Geld, ich arbeite.* Obwohl ich nichts habe.

Wenn ich in Spanien ankomme, sage ich, ich komme aus Tschad, weil dort Krieg ist. Denn unser alter Präsident hat den Spaniern gesagt, *wenn ihr Senegalesen erwischt, dann schickt sie zurück!* Bevor wir gehen, wickeln wir also den Pass mit einem großen Stein zusammen. Und wenn wir von der spanischen Küstenwache aufgegriffen werden und sehen, jetzt ist Europa, fertig mit Afrika, werfen wir die

Pässe ins Wasser. Aber man muss sich gut vorbereiten. Wir gehen ins Internet und schauen nach: Wie heißt der Premierminister von Tschad, wie der Präsident, was sind die Städte, wie ist die Landesfahne und so weiter, siehst du. Ich kenne alles.

Ja, wir gehen viele Risiken ein, um nach dort drüben zu gehen. Und dort ist die Krise, weißt du das? Das ist verrückt. Aber wenn dort die Krise ist, was ist denn hier? Wenn Europa Krise hat, ist Afrika am Arsch. Denn das Geld kommt aus Europa. Und selbst wenn wir dort wegen der Krise auf der Straße schlafen müssen, ist das noch besser, als hier in einem Haus zu bleiben. Denn wenn du mit 24 Jahren keine Arbeit hast und zu Hause bist, nur aufstehst und zu Bett gehst, was ist das denn für ein Leben? Ein Mann muss losziehen und etwas suchen, um sein Leben zu verdienen. *C'est ça quoi,* so ist das eben.

Steine auf Schiffe

Die spanische Küstenwache scheint vor nichts zurückzuschrecken, um Bootsflüchtlinge von ihren Stränden fernzuhalten. Am Tag nach meiner Begegnung mit N'diaye veröffentlicht der größte Radiosender Spaniens, Cadena Ser, ein Video des Frontex-Überwachungssystems SIEVE. Es zeigt, wie am 13. Dezember 2012 ein spanisches Patrouillenschiff vor der Küste Lanzarotes bei glatter See ein Flüchtlingsboot überfährt. Sieben junge Männer aus der marokkanischen Küstenstadt Sidi Ifni verlieren dabei ihr Leben. Ein Überlebender erzählt später in einem Interview: *Das Patrouillenschiff hatte seine Scheinwerfer auf uns gerichtet und uns aufgefordert, anzuhalten. Das haben wir getan. Das Schiff ist um uns herumgefahren, dann hat es mit hoher Geschwindigkeit auf uns zugehalten. Wir sind alle untergegangen, fortgetragen von den Fluten und dem peitschenden Wind. Als ich wieder aufgetaucht bin, habe ich Schreie gehört und das Dröhnen der Motoren des Patrouillenschiffs, das sich von uns entfernt hatte; seine Besatzung blieb abwartend da und beobachtete uns ungefähr eine halbe Stunde lang, während ich mit dem Tode kämpfte, mit Angst und unter Schock, überzeugt, dass ich auf die eine oder andere Art sterben würde.* (Panoramaroc, 2013) Der Fall wurde bis heute nicht aufgeklärt. Die Überlebenden wurden nach Marokko abgeschoben, und in Sidi Ifni gingen die Jugendlichen auf die Straße, um für eine Untersuchung des Vorfalls zu demonstrieren. Doch die Polizei löste die Demonstration brutal auf, durchkämmte die Quartiere und verhaftete die *Unruhestifter.*

Die europäischen Länder[58] gründeten im Jahr 2005 die Grenzschutzagentur Frontex. *Freiheit, Sicherheit, Recht* lautet ihr Motto. Sie koordiniert Europas Kampf gegen unerwünschte Einwanderer und interveniert nach militärischem Vorbild in Operationen, die sie nach griechischen Göttern benennt. Als 2006 immer mehr

Pateras an den Badestränden der Kanarischen Inseln aufliefen, startete die frisch gegründete Agentur vier Hera-Operationen[59]. 13.660 Bootsflüchtlinge wurden in den beiden Folgejahren auf offener See zur Umkehr gezwungen (EC, 2008). Jede Hilfe wurde ihnen verweigert – selbst wenn sie kein Wasser mehr hatten oder Leichen an Bord. Die Frontex-Schiffe drohten stattdessen mit der Zerstörung der Boote, wenn sie nicht sofort umkehren würden (ARD, 2009). Allein im ersten Jahr der Frontex-Operation starben mindestens 1024 Menschen im Ozean vor den Kanarischen Inseln (Del Grande, 2008).

Mit Frontex haben die europäischen Länder die Flüchtlinge zum Feind erklärt. Und die Agentur macht keinen Hehl daraus. *Talos* heißt der Prototyp eines Grenzschutz-Roboters, den Frontex im April 2012 auf einer großen Wiese im polnischen Breslau vorstellte. Das unbemannte Raupenfahrzeug soll dereinst zusammen mit Drohnen die Schengener Landgrenzen dichthalten (Talos, 2012). Talos ist der Name eines bronzenen Riesen in der griechischen Mythologie. Der Göttervater Zeus schenkte ihn seiner Geliebten Europa, um sie auf der Insel Kreta vor Eindringlingen zu beschützen. Talos umkreiste darauf dreimal täglich die Insel und warf Steine auf alle Schiffe, die sich ihr näherten. Wenn ein Schiff dennoch an Land gelangte, heizte sich der bronzene Riese auf, bis er glühte, und umarmte den Eindringling, so dass dieser verbrannte.[60]

Mindestens 27.000 Menschen haben seit dem Jahr 2000 an den europäischen Außengrenzen ihr Leben verloren. Das sind die von der Presse dokumentierten Fälle, welche auf der Online-Datenbank *The Migrant Files* zusammengetragen wurden. Die tatsächliche Zahl ist vermutlich viel höher. Anstatt mit Fischerbooten auf die Kanarischen Inseln überzusetzen, ziehen viele junge Männer aus dem Senegal heute nach Marokko, um in Gummibooten über die Meeresenge von Gibraltar zu paddeln. Und anstatt sich in Lastwagen zu verstecken, versuchen Flüchtlinge aus Westafrika über die Stacheldrahtzäune der spanischen Enklaven Ceuta und Melilla zu klettern. Durch die Hightech-Überwachung der Grenzen nimmt der Strom der Reisenden nicht ab. Aber die Routen verschieben sich, die erbrachten Opfer werden größer und die Reisen gefährlicher.

Serge ist ein Reisegefährte von Amadou. Als ich ihn das erste Mal in Rabats Außenquartier Hai Nadha treffe, ist er gerade aus Fnideq[61] zurückgekehrt, wo er versuchte, die Grenzzäune von Ceuta zu überklettern. Es war sein siebenundzwanzigster Versuch, nach Europa zu kommen. Serge, *the killer*, wie ihn seine Freunde nennen, erzählt mir seine Geschichte, während im Fernseher eine afrikanische Seifenoper läuft. Er spricht mit dramatischer Stimme in theatralischen Sätzen. Und in den langen Pausen schaut er mir tief und ehrlich in die Augen. Er zeigt mir ein Foto von ihm aus der Zeit, bevor er losgereist ist: Ein mächtiger Kerl mit immensen Fußballeroberschenkeln, glattrasiertem Schädel, in einem braunen Anzug, der unübersehbar von einem wohl genährten muskulösen Körper gezeichnet ist. Jetzt sitzt er vor mir, abgemagert, mit Bart und struppigen Haaren, aber noch immer vier Mal kräftiger als ich. Am Ende der Geschichte sagt er, *wenn dir Gott eines Tages das Glück gibt, diese Geschichte niederzuschreiben, dann vergiss meinen Namen nicht. Schreibe meinen bürgerlichen Namen, Kassy Serge Bako, und in Klammern: Killer. Ja. Ich habe keine Angst.*

Es regnet, als wir später die Wohnung verlassen. *Weißt du, wenn es an der Grenze so regnet, dann stehst du im Nassen*, sagt mir Serge zum Abschied und sein Blick verrät, dass es mehr dazu zu sagen gäbe. Aber die Worte dafür, die gibt es nicht. Die Straßen sind leer und die Welt dunkel. Im Taxi auf dem Rückweg in die Medina läuft marokkanische Volksmusik. Ich lehne den Kopf weit nach hinten und starre an die spröde gewordene, vergilbte Schaumstoffdecke des Autodachs. Ich versuche, die Geschichten zu entlassen und mich zu entspannen. Ich erinnere mich an das Lachen. Das leichte Lachen, welches Serges Körper durchschüttelte. Trotz allem. Immer wieder. Jenes Lachen, von dem mir erst viel später bewusst werden sollte, wie überlebenswichtig es hier ist. So sehr, dass ich mich entscheiden werde, die Erzählenden in diesem Buch lachend abzubilden. Und ihr Lachen auf den Umschlag zu setzen: Das Lachen der

Hoffnung, der Lebendigkeit, des Glaubens an die Zukunft. Das Lachen der Zuversicht, die ihnen zu wünschen häufig das einzige ist, was mir übrig bleibt, wenn ich jenen gegenüberstehe, die mir diese Geschichten erzählen.

Serge

Geboren 1986 in Côte d'Ivoire

Um mich schnell ausfindig zu machen, fragst du am besten nach einem Ivorer, den man *Killer* nennt, dann wissen die Leute, wen du meinst. Woher dieser Name kommt? Nun, daher, dass ich ein großes Herz habe. Ich habe ein großes Herz. Das heißt, wenn ich etwas will, dann tue ich alles, um es zu erreichen. Selbst wenn ich es nicht haben kann, werde ich es versuchen. Wenn man mir zum Beispiel sagt, dass es unmöglich ist, hier reinzukommen, dann ist das, wie wenn du einem Kind sagst, *das hier ist Feuer, fass es nicht an* – aber das Kind will es um jeden Preis anfassen. Das ist in etwa meine Art. Ich will zwangsläufig dorthin gelangen, wo man sagt, dass man unmöglich hinkommt. Ich will auch meinen Teil der Erfahrung haben und sehen, wie das Leben weitergeht. Denn ich liebe die Freude, ich liebe die Musik, ich liebe die Bequemlichkeit, aber ich will trotzdem nicht am Leben verzweifeln. Ich weiß nicht, ob du mir folgen kannst. So ist das.

In Côte d'Ivoire war ich Student. Aber wegen der Krise[62] blieb ich nicht lange an der Uni. Wir konnten das Studium nicht mehr weiter führen, weil die finanziellen Mittel fehlten, und auch weil wir rasch unabhängig sein wollten. Denn als wir die Leute aus Europa zurückkehren sahen, mit der großen Trommel und viel Geld, da fragten wir uns, *bon*, was verschwenden wir hier unsere Zeit in der Schule, während das Land in der Krise steckt? Ich habe auch Fußball gespielt. Im Grunde bin ich Fußballer. Auch heute versuche ich von Zeit zu Zeit ein bisschen zu kicken, aber die Situation hier erlaubt es dir nicht, aufzublühen. Also bist du gezwungen, deine Lust bei Seite zu stellen und andere Dinge zu tun, die du nie getan hast, und von denen du nie dachtest, dass du sie tun wirst. Du siehst, ich rauche Zigaretten. Es sind die Sorgen, die mich zum Rauchen verleitet haben. Ich spielte in der zweiten Division und habe hart trainiert. Im Fußball nennt man mich Yaya Touré. Kennst du den ivorischen Fußballer Yaya Touré, der bei Manchester City spielt? Man nennt mich Yaya Touré. Das heißt, dass ich stark bin, dass ich mich durchschlage.

Als ich Côte d'Ivoire verließ, wollte ich nach Algerien gehen, einen Club finden und einen Vertrag unterschreiben, selbst in der zweiten oder dritten Division. Das wäre mir egal gewesen. Denn in Algerien ist die Meisterschaft professionell, und dein Vertrag ist ein professioneller Vertrag. Wir waren sechs Fußballer und verließen Côte d'Ivoire zusammen. Das war 2008, glaube ich. Wir nahmen einen Bus bis nach Bamako und von dort nach Gao, wo es nach Algerien geht. Aber ich hatte keine Ahnung, wie die Fahrt weiter geht. Ich ging davon aus, dass wir wie bis anhin einen Sitzplatz in einem Reisebus hätten und auf einer normalen, gut geteerten Straße fahren würden. Aber leider war das nicht der Fall. Als ich in Gao ankam, steckte man uns alle in einen Toyota Landcruiser. Wir waren dreiundvierzig. Sie laden zuerst das Gepäck auf, binden es mit Seilen fest und dann setzt du dich darauf. Jeder hat einen Kanister mit fünf Liter Wasser. Ich saß auf der Kante, mit den Beinen nach außen, und hielt mich hinten am Seil fest. So fuhren wir zwei Tage lang durch die Wüste.

Ich wusste nicht, dass es so ist. Ich wusste nicht einmal, dass wir eine derart große Wüste durchqueren mussten. Es gibt dort keine Wege, und der Fahrer orientiert sich nach dem Mond. Mitten in der Wüste wäre ich beinahe gestorben. Verstehst du, in der Wüste gibt es keinen Stau, keine Ampel, keine Rücksicht und keine Bremsen. Nein. Die Straße ist frei. Sie ist breit. Sie ist unermesslich. Sie ist unbegrenzt. Und selbst wenn der Fahrer eine Kurve fährt, behält er dieselbe Geschwindigkeit. So rast du durch die Wüste. In der Nacht. Mitten im Winter. Als wir gegen drei Uhr morgens anhielten, um etwas zu essen, brachte ich nichts herunter. Ich weinte Tränen. Ich hätte nie gedacht, dass mein Abenteuer so anfangen würde. Aber weil es keine andere Lösung gab, musste ich weiter gehen. So ist das. Und weil Gott die höchste Macht ist, hat er uns beschützt, so dass wir heil in Bordj angekommen sind. Aber viele Menschen haben dort ihr Leben verloren. Nur die Kämpfer kamen davon, nur die Härtesten, die Verbissensten.

Bordj ist die erste Stadt in der Wüste von Algerien. Wir ließen uns dort nieder, um zu arbeiten. Man brachte uns auf einen Platz, den man Tschad nennt, und um zehn Uhr hatte ich bereits meine erste Arbeit. Ein Algerier brauchte zwei Personen, um einen großen Lastwagen mit Backsteinen zu entladen. Und wie viel kriegten wir dafür? 150 Dinar, das sind ein Euro und fünfzig Cent. Jedenfalls habe ich gesehen, dass die Sklaverei, welche man abgeschafft hat, in einer anderen Form weiter besteht. Nicht wie früher, mit Ketten um den Hals und an den Füssen, nein. Aber man behandelte uns noch immer wie Sklaven. Die Arbeiten, die wir dort verrichteten, waren brutal. Doch wir hatten keine Wahl, denn wir hatten kein Geld mehr.

So machte ich weiter, bis mich eines Tages ein Algerier holen kam, um das große Gymnasium von Bordj zu bauen. Ich war es, der die 80 Zentimeter tiefen Löcher für den Zaun gegraben hat. Für jedes Loch erhielt ich 100 Dinar. Jeden Tag schaffte ich fünf oder sechs Löcher, weil ich unbedingt Geld brauchte. Man setzt seine Kraft aufs Spiel. In Bordj kannst du dich zerstören. Wenn du keinen guten Körper hast, kommst du nicht mehr weiter. Ich arbeitete dort acht Monate lang. Eines Tages kam die Polizei um vier Uhr morgens in unser Heim. Sie zertrümmerten die Türe und verhafteten alle, welche keine Papiere hatten. Meine Freunde konnten abhauen, aber ich nicht. Sie schickten uns während zwei Monaten von Gefängnis zu Gefängnis, von Bordj nach Reggane, nach Adrar, nach Ain Salah, nach Tamanrasset, nach Tin Zaouaten. Man isst dort nur einmal am Tag. Trockenes Brot am Morgen. Dann musst du bis zum nächsten Tag warten. Ein halbes Baguette pro Person.

Die Kälte in der Zelle kann dich umbringen. Decken gibt es keine. Ich habe fast die Hälfte der algerischen Gefängnisse durchlaufen. In jeder Stadt machen sie Fotos, nehmen dir die Fingerabdrücke, und du musst ein Protokoll unterschreiben, von dem du nichts verstehst. Danach bringen sie dich vor Gericht und der Richter verurteilt dich zu sechs Monaten Gefängnis auf Bewährung. Aber sie lassen dich nicht frei, sondern bringen dich bis nach Tamanrasset. Das Abschiebungslager von Tamanrasset ist wie Alcatraz[63]. Kennst du das Gefängnis von Alcatraz? Es ist ein großes Gefängnis mit Wachtürmen, auf denen Soldaten mit Gewehren stehen und auf uns niederschauen, als wären wir Kriminelle. So ist das. Siehst du? Wir waren alles Subsaharier. Nach einer Woche schlugen sie um vier Uhr morgens gegen die Türe. Sie schütteten Wasser in die Zelle, um uns aufzuwecken, und legten uns in Handschellen. Dann luden sie uns in einen Lastwagen, über den sie Stacheldraht gespannt hatten, damit wir nicht fliehen konnten. Sie brachten uns nach Tin Zaouaten, an die Grenze zu Mali, 600 Kilometer entfernt von der letzten algerischen Stadt.

Tin Zaouaten ist die Hölle auf Erden. Ich habe die Hölle da oben noch nie gesehen, aber die Hölle auf Erden. Oh ja. Wenn man dich nach Tin Zaouaten brächte, würdest du nicht durchhalten. Dort hilft dir niemand. Wenn du dort ankommst und kein Geld hast, dann siehst du, da kann dich sogar dein eigener Bruder im Stich lassen, weil das niemand aushält. Wenn du eine Zigarette fertig geraucht hast und den Stummel wegwirfst, dann kommt eine Ziege, nimmt ihn auf und frisst ihn. Vor deinen Augen. Und wenn du siehst, dass die Ziegen Zementsäcke fressen, dann merkst du, dass das Leben schwierig wird, dass hier das Abenteuer anfängt, dass alles, was du bisher erlebt hast, noch nichts ist im Vergleich zu dem, was jetzt kommt. Hier gibt es keine Nahrung. Es gibt einen einzigen Baum, unter dem alle Schatten suchen. Wir kamen um sechs Uhr morgens an, und die Sonne brannte bereits, als wäre es Mittag. Die Sonne versengt alles. Die Hitze. Der Staub. Der Wind. Sie kamen mit den Kalaschnikows und zwangen uns auszusteigen.

Überall sah ich zerrissene Kleider. Es gab einen kleinen Friedhof. Ein paar Lehmhütten. Mitten in der Wüste. Sonst nichts. Oh ja. Tin Zaouaten. Dort verbrachte ich einen Tag, weil ich ein bisschen Geld hatte. Denn das muss man den algerischen Polizisten lassen, selbst wenn du eine Million dabei hast, werden sie dir keinen Dinar wegnehmen. Sie durchsuchen dich von Kopf bis Fuß, sie zählen dein Geld und behalten es, aber wenn sie dich nach Tin Zaouaten bringen, geben sie dir alles wieder zurück. Und Gott sei dank, kam ich davon. Aber andere sind dort geblieben. Andere sind geisteskrank geworden. Und viele sind gestorben. Sehr viele. In Tin Zaouaten. Denn wenn du dort keine Kraft hast, dann stirbst du. Ich erfinde das nicht. Ich habe das erlebt. Und es ist mir, als wäre es gestern gewesen. Aber das kann man sich nicht vorstellen. Das muss man erlebt haben, um es zu verstehen.

Als ich nach Bordj zurückkam, legten wir alles Geld von acht Monaten Arbeit zusammen, kauften uns malische Pässe, und ich ging weiter über Reggane und Adrar nach Maghnia. Denn in Algerien war es zu schwierig. Der Rassismus, die Arbeit, das ging nicht. Also war ich gezwungen, nach Marokko zu kommen. In Maghnia gibt es ein Netzwerk von Blacks: Jede Gemeinschaft von jedem Land hat einen Chairman. Wenn du ankommst, bringen sie dich zu deinen Landsleuten, wo du eine Gebühr an den Chairman bezahlen musst, eine Kaution. Das ist eine kleine Mafia. Der Chairman ist wie ein Präsident, und jeder Chairman hat seine Regierung. Es gibt keine Wahlen, aber er hat ein Mandat, und nach einer gewissen Zeit tritt er ab, und der nächste kommt. Wenn ein Neuer Chef wird, gibt er dem Abtretenden 1450 Euro, damit er das Boot nach Europa bezahlen kann.

Maghnia ist nochmal ein anderer Film. Der Chairman der Ivorer hieß Ismou. Einmal in der Nacht befahl er mir, Wasser holen zu gehen. Der Ort, wo wir Wasser holten, war sehr weit weg. Ich ging dort hin, aber der Hahn war abgeschlossen. Also ging ich zurück und sagte, der Hahn sei abgeschlossen. Aber Ismou glaubte mir nicht und schickte zwei Leute los, um das zu überprüfen. Und nach drei Stunden kamen sie mit einem Glas Wasser zurück. Wahrscheinlich haben sie das bisschen Wasser irgendwo in einer Pfütze gesammelt. Ich schlief, und Ismou ließ mich aufwecken. Er sagte: *Steh auf! Schau das Wasser, welches sie gebracht haben.* Er rief die Malier an, und sie brachten mich in ihr Gefängnis. Das ist ein Ort, an dem sie dich überwachen, damit du nicht wegkannst. Am nächsten Tag verurteilten sie mich. Sie zogen mich bis auf die Boxershorts aus, und zehn Männer prügelten mit großen Knüppeln auf mich ein. Sie schlugen, schlugen, schlugen, bis ich Tränen weinte. Ich wäre fast gestorben. Und dann sagten sie: *Wir haben dich gewarnt. Der Chairman ist der Chairman. Egal was er dir befiehlt. Du musst es tun.* Danach verurteilten sie mich, 350 Euro zu bezahlen. Dort nennt man das *Fuckup.* Ich musste also drei Monate lang in Maghnia bleiben. Ich arbeitete hart in der Landwirtschaft, und jeden Abend nahmen sie mir alles Geld ab, bis ich die Schuld abbezahlt hatte und den Führer nach Marokko bezahlen konnte.

Das ist eine kleine Mafia, die keinen Spaß versteht. Egal, wie stark du bist: Wenn du dort ankommst, wirst du ganz klein. Dort kämpfst du nicht gegen einen. Dort kämpfst du gegen viele. Gegen sehr viele. Du kämpfst gegen mehrere Gemeinschaften. Also tust du alles, was sie von dir verlangen. Wenn sie dir befehlen, jemanden zu schlagen, wirst du ihn schlagen – oder sie schlagen dich. Und egal, wie viel *Fuckup* du bezahlen musst, du wirst es bezahlen. Du wirst deine Eltern und Brüder anrufen, damit sie dir Geld schicken. Diese Leute können alles mit dir tun. Denn sie haben keine Zukunft mehr. Sie haben keine Hoffnung. Sie haben keine Gefühle. Siehst du.

In Oujda schlief ich in der Uni, wo die Migranten sind. Und am nächsten Tag ging ich zu Fuß nach El Aïoun, wo ich mich in einem Güterzug versteckte. Dieser Zug brachte mich nach Taourirt. Dort hielt ich mich in der Nacht am hintersten Wagen eines Personenzuges fest. Bis nach Fès. Das sind über 300 Kilometer. Im eiskalten Wind. Ich klammere mich an der Türe fest. Bei jedem Bahnhof springe ich ab und nehme mich vor den Polizisten in Acht. Es ist ein

Versteckspiel. Ich entferne mich unauffällig vom Zug und verhalte mich wie ein gewöhnlicher Passagier. Und wenn der Zug losfährt, springe ich wieder auf. Wie ein Affe. Ja. So ist das. Als ich in Fès ankam, waren meine Füße Elefantenpranken und passten nicht mehr in die Schuhe. Dort bettelte ich, bis ich die Fahrt nach Rabat bezahlen konnte. Ich bettelte. Ich sehe einen Weißen und bitte ihn um Barmherzigkeit, *bitte hilf mir, ich will zurück nach Rabat.* Und er gibt mir einen Dirham (10 Cent). Einen halben Dirham. Zwei Dirham. Bis ich 50 Dirham beisammen habe, um den Bus nach Rabat zu bezahlen.

Ich kam 2009 nach Marokko. Diese letzte Strecke habe ich jetzt 27 Mal gemacht. Mehr als 27 Mal. Ich kann die Male nicht mehr zählen. Ich bin noch immer in Marokko. Trotz all den Versuchen habe ich es noch nicht nach Europa geschafft. Ich hatte noch kein Glück. Heute Morgen bin ich wieder hier angekommen. Ich war in Fnideq, an der Grenze zu Ceuta. Heute ist Donnerstag. Am Montagabend um 19 Uhr hat man mich am Gitterzaun verhaftet.

Entschuldige mich, ich werde dir die Geschichte zu Ende erzählen, aber du wirst mir ein bisschen Geld geben, damit ich heute Abend essen kann. Gut, kein Problem. Wir waren zu zweit und versuchten, über den Zaun zu klettern. Aber ein Bewohner erkannte uns wegen unserer Hautfarbe und verriet uns den Militärs. Und heute Morgen um sechs bin ich hier angekommen. *Voilà.* Ich habe mich gewaschen und einen Kaffee getrunken. Denn ich hatte kein Geld, um etwas zu essen. Jetzt bin ich bei meinem Bruder[64] und werde schauen, wie ich vorwärts komme. Du siehst, ich bin abgemagert, warte, ich werde dir ein Foto zeigen, damit du siehst, wie ich abgenommen habe. Hier, siehst du meine Form? Und heute, schau, ich habe keinen Körper mehr. Manchmal verbringe ich zwei Tage ohne zu essen. Manchmal esse ich während drei Tagen nur ein Stück Brot. Ich opfere meinen Körper, um reinzukommen.

Wir legen alles in Gottes Hand. Der einzige Reichtum, den wir haben, ist das Gebet, ist Gott. Wenn es klappt, ist es Gott. Wenn es nicht klappt, ist es Gott. *Donc voilà.* Denn nichts ist ewig auf dieser

Erde. Auch ihr Westler werdet alle sterben. Wir werden alle sterben. Das ist nur ein Film. Jeder kommt und spielt seine Rolle, seine Partitur, aber am Ende treten wir alle ab. Früher oder später werden wir beide sterben. Ihr fahrt damit fort, uns zu plündern, und wir leiden an eurer Stelle. Aber früher oder später werden wir uns dort oben treffen. Nichts wird dies verhindern. Nichts ist ewig.

Als ich in Marokko angekommen bin, versuchte ich beim UN-HCR[65] den Flüchtlingsstatus zu erhalten. Aber ich hatte kein Glück. Also konnte ich nicht hier bleiben. Mir blieb nichts anderes übrig, als mein Glück zu versuchen, klandestin nach Europa zu immigrieren. Ich ging nach Takadoum[66] und lernte die Schuhmacherei. Vier Monate lang reparierte ich Schuhe auf der Straße, bis ich genug Geld hatte für meinen ersten Zug. Wir waren acht. Wir kauften das Material und gingen nach Fnideq, an die Grenze zu Ceuta. Wir kamen gegen vier Uhr morgens an und versteckten uns im Wald in den Bergen. Wir leben im Wald. So wie Tarzan im Wald lebte. Wie die Affen. Mitten unter den Tieren. Oh ja. Wir arbeiten in der Nacht. Wenn die Leute schlafen. Damals warst du vielleicht in der Schweiz. Du hast geschlafen oder ferngeschaut. Wir haben gearbeitet, ab Mitternacht, ab ein Uhr morgens, ohne Licht. Wir provozierten die Militärs, die *Force Auxiliaires*, welche die Grenze bewachen. Denn Ceuta ist Spanien, es ist das kleine Spanien. Und von dort aus kommt man in das große Spanien.

Wir nähern uns den Posten, einen Kilometer, fünfhundert Meter. Siehst du, wie in den amerikanischen Filmen, wenn die Amerikaner in einen Ort einfallen wollen, zum Beispiel im Krieg in Nigeria, als Bruce Willis zu sechst mit seinen Freunden kam, um die amerikanische Frau aus den Händen der Rebellen zu befreien. Bei uns ist es dasselbe. Wir drehen einen Film. Wir sind die Diebe. Wir sind die Helden. Wir sind die Tapferen. Sie sind die Verhinderer, sie halten uns ab. Wir setzen unsere Intelligenz ein, um sie auszutricksen und in das andere Lager einzudringen. Wir nennen das andere Lager *le camp du bonheur,* das Lager des Glücks, Europa. Wir sagen uns, selbst wenn es in Europa nichts hat, ist es noch zehnmal besser als Afrika. Denn ihr Europäer habt bei uns alles geplündert. Also brechen wir auf, um zurückzuholen, was ihr geplündert habt. Wir gehen, um das Minimum zu holen, denn das Maximum können wir nicht erreichen. Selbst mit der Wut, die wir haben, können wir den Westlern die Dinge nicht entreißen. Das Beste ist also, zu euch nach Hause zu gehen, dort zu arbeiten, ein bisschen was zu nehmen und zu uns zurückzukehren. So ist das. Kurz, das nur in Klammern. Kommen wir zu unserem Thema zurück.

Wir beobachten also die Militärs. Sie sind dort, mit ihren Taschenlampen. Ich sehe sie, aber sie sehen mich nicht. Das ist mein Vorteil. Sie sehen nicht gut im Dunkeln. Denn ich bin Schwarz, von Natur aus. Und ich kleide mich in Schwarz. Also studiere ich ihren Rhythmus. Ich beobachte, wer um welche Zeit den Posten verlässt. Dann wird er durch einen anderen ersetzt, aber oft sind für einen Moment beide weg, oder sie unterhalten sich und sind ein bisschen abgelenkt. Eine Minute der Unaufmerksamkeit genügt, damit wir durchgehen können. *C'est comme ça.* Wenn es schwierig wird, nehmen wir einen Stein und werfen ihn auf die andere Seite. Der Wächter lenkt seine Aufmerksamkeit dorthin, weil er denkt, dass dort jemand ist. Also ruft er uns: *Eh, mon ami!* Und in der Zeit, in der er suchen geht, verlassen wir unser Versteck, laufen zum Strand und steigen ins Wasser. Wenn er uns entdeckt, sind wir bereits auf dem Meer und er kann uns nicht mehr erwischen. Also ist die Sache jetzt zwischen uns und der marokkanischen Marine. Und wenn die Marine nicht da ist, gelangen wir direkt ins Lager der Spanier, ins Lager des Glücks.

Dann ist es an den Spaniern zu entscheiden, ob sie uns ins Auffanglager schicken oder den Marokkanern übergeben. Das hängt vom Glück jedes einzelnen ab. Siehst du? Ich hatte kein Glück. Und ich versuchte es nicht nur mit den Zodiac, sondern auch am Gitterzaun. Ich kletterte über den Zaun. Ich war auf spanischem Boden. Aber die Spanier verhafteten mich und übergaben mich den Marokkanern, die mich verprügelten und wieder nach Oujda schickten. Ich wurde oft verprügelt. Grausam verprügelt. Sie prügeln dich wie – ich weiß nicht, wie ich dir das beschreiben kann. Einmal verbrachte ich zwei Wochen im Krankenhaus und konnte meine linke Körperhälfte nicht mehr bewegen. So pendle ich zwischen den Grenzen. Von der Grenze zu Europa an die Grenze zu Algerien. Dann flüchte ich vor den algerischen Soldaten, verstecke mich vor den marokkanischen Gendarmen, gehe etwa 50 Kilometer weit zu Fuß bis nach Oujda, dann noch einmal 53 Kilometer bis zu dem Güterbahnhof und versteckt im Zug bis nach Fès. Wenn du Geld hast, kannst du von dort den Bus nehmen. Wenn du kein Geld hast, musst du wieder betteln. Wenn du also meine Brüder auf der Straße betteln siehst, darfst du ihnen das nicht übel nehmen, denn sie tun das, weil es nicht anders geht. Weil es keinen anderen Weg gibt. Von dieser Realität wissen nicht einmal unsere eigenen Eltern etwas.

Ich erkläre dir meine Geschichte nicht, weil du ein Weißer bist. Nein. Es ist ein bisschen, um die Migration zu stoppen. Denn man glaubt, Europa sei das Paradies. Andere, die bei uns aufgebrochen sind, haben vieles zurückgelassen, haben vieles verloren und viel von ihrer Habe zerstört im Glauben, dass sie in Europa mehr haben könnten. Wir hätten zuhause unbesorgt leben können, mit dem, was wir hatten. Wie soll ich sagen, wir waren zu neidisch. Wir waren derart neidisch, dass wir uns sagten, zwangsläufig wartet in Europa das Glück auf uns. Aber heute, noch immer in Marokko – schau, warte, das hier, siehst du, das ist mein Sohn. Siehst du, wie er mir gleicht? Das ist mein Sohn. Und heute habe ich nicht einmal etwas, um mein Kind zu ernähren. Verstehst du?

Aber wir können unseren Eltern nicht die Wahrheit sagen. Auch nicht unseren Freunden und unseren Brüdern. Denn sie beneiden uns. Sie sagen sich, *die sind dort, denen geht es gut*. Aber es geht uns nicht gut. Versetze dich an meine Stelle: Meine Eltern sagen sich, *mein Sohn ist draußen und er wird uns eines Tages etwas zurückbringen*. Ich habe kleine Brüder, ich habe ein Kind, ich habe Leute, die auf mich zählen. Ich kann ihnen nicht sagen, dass ich hier nichts esse. Ich kann vor ihnen nicht enthüllen, wie ich hier lebe. Das ist unmöglich. Eines Tages vielleicht, wenn es mir gut gehen wird und ich diese Geschichte erzähle, werden die Leute sie für einen Witz halten. Siehst du? Denn wenn du die Wahrheit erzählst, hält man dich für einen Lügner. Aber wenn du lügst, glaubt man, es sei die Wahrheit. Nicht wahr? Man muss vor Ort sein, um die Realität zu sehen. Wir leben von einem Tag zum nächsten. Wenn wir etwas haben, essen wir, wenn wir nichts haben, essen wir nicht. Zuhause habe ich nie einen Tag verbracht, ohne etwas zu essen. Voilà.

Am Tag des Opferfestes sind wir zwei Mal eingedrungen. Das erste Mal um drei Uhr morgens. Wir hatten noch einen Kilometer bis zum Stadtzentrum, als uns die Guardia Civil[67] erwischte und hinter den Zaun stellte. Es gelang uns, den Militärs auszuweichen, und um sechs Uhr morgens drangen wir wieder ein. Diesmal haben sie uns beim Eingang der Stadt eingekesselt und den Marokkanern übergeben. Und die Soldaten verdroschen uns. Sie schlugen mit großen Prügeln auf uns ein, die so dick waren wie mein Arm. Und viele brachen zusammen. Als wir bei der Gendarmerie ankamen, war das Auto voller Blut und ich musste mich erbrechen. Als sie uns an der Grenze zu Oujda rauswarfen, konnten wir nicht mehr gehen. Ich humpelte zurück. Ich hatte meinen Körper. Aber jene, welche in etwa einen Körper wie deinen hatten, hielten nicht durch. Mein Gesicht war entstellt, mein Arm war geschwollen. Das ist Teil des Lebens. Aber heute habe ich es satt. Ich habe seit 2009 auf alle möglichen Wege versucht, nach Europa zu gelangen. Und ich höre nicht auf. Aber im Moment bin ich müde. Oh ja. Ich bin außer Atem. Ich habe keine Kraft mehr. Also werde ich mich ausruhen und schauen, wie ich ein bisschen was verdienen kann, um voranzukommen, siehst du.

Das ist das Leben. Niemand hat sich ausgesucht, schwarz oder weiß geboren zu sein, in einer armen oder reichen Familie. Es ist Gott alleine. Du könntest in meiner Haut stecken, so wie ich in deiner sein könnte. Dabei haben wir alles in Côte d'Ivoire. Wir sind von keinem Land abhängig. Wir versorgen uns selbst mit genug Nahrung und ernähren unsere Nachbarn. Wir haben eine fruchtbare Erde, wir haben viele Ressourcen, wir liefern Strom an alle unsere Nachbarstaaten und haben den größten Hafen Westafrikas. Wir sind der größte Produzent von Kakao. Aber wir produzieren keine Schokolade. Viele Ivorer können nicht einmal Schokolade essen, weil sie zu teuer ist. Wo geht das Geld hin? Frankreich wiegt, Frankreich legt den Preis fest. Und unsere Präsidenten haben ihre Bankkonten in der Schweiz. Sie bedienen sich und werden von den Westlern beherrscht. Der Krieg, den wir in Côte d'Ivoire hatten, was war das für ein Krieg? Es war ein politischer Krieg. Die Bevölkerung hat damit nichts zu tun. Die Politiker wollen um jeden Preis Präsident sein, um die Kassen zu plündern. Ihretwegen sind wir jetzt im Ausland. Und sie behalten ihr Geld auf den Konten in der Schweiz. Aber wir kommen dort nicht hin. Wir brauchen Papiere. *Wen hast du dort? Hast du Geld? Wie wirst du leben?* Sie testen uns auf AIDS. Dabei haben sie AIDS nach Afrika gebracht![68]

Wir schaffen es nicht zu euch, obwohl ihr zu uns kommt. Problemlos. Wenn du nach Côte d'Ivoire willst, kaufst du dir ein Ticket und fertig. Man fragt dich nichts. Du gehst dich amüsieren. Und wenn du ein Problem hast, gehst du zu deiner Botschaft und sie bringen dich nach Hause. Wenn sie dich als Westler in Mali kidnappen, ist das ein schwerwiegendes Problem. Aber die armen Leute, welche drunter kommen, die Afrikaner, werden wie Abfall liegengelassen. Ihr werdet wegen eurer Hautfarbe verherrlicht. Obwohl es nur Farbe ist. Und dabei ist die schwarze Haut die beste Haut. Michael Jackson hat einmal gesagt – Michael Jackson kommt ursprünglich aus Côte d'Ivoire, weißt du das? Ja, seine Vorfahren kommen aus meinem Dorf.[69] Michael Jackson hat gesagt, wir Schwarzen können weiß werden, aber ihr Weißen könnt nicht schwarz werden. Ihr habt alles erreicht, aber unsere Haut könnt ihr nicht haben. Es ist wahr, ihr habt die Intelligenz, oder besser, ihr habt die Intelligenz des Stehlens, nicht wahr, Bruder? Denn es ist wegen den Westlern, dass wir heute leiden. Unsere Führer werden von den Westlern gelenkt. Heute ist die Krise in Côte d'Ivoire zu Ende, und eine neue beginnt in Mali.[70] Sie schaffen die Krise an einem Ort, um ihn zu plündern, weil sie wissen, dass der Boden reich ist. So ist das. Und an dem Tag, an dem ich einem europäischen Präsidenten gegenüberstehe, werde ich ihm etwas sagen, ja, ich werde ihm all das sagen, was ich dir gesagt habe, und noch viel mehr. Auf dass sie abhauen. Wir haben sie satt. Sie kommen und bauen Fabriken, essen gut, gehen mit unseren Schwestern aus, machen Kinder, hier und da, sie führen ein bequemes Leben. Und von einem Tag auf den nächsten können sie verschwinden. Sie können sich einfach mit dem Flugzeug in ihre Länder zurückziehen. Aber uns bleibt nichts anderes übrig, als zu versuchen, klandestin nach Europa zu gehen. Und dabei sind wir nicht einmal sicher, dass wir finden werden, was wir suchen. Denn einmal dort, müssen wir wieder bei null anfangen. Am Ende jedes Abenteuers beginnt ein neues Abenteuer von vorne. So ist das. Das ist der Grund für die illegale Migration. Es ist nicht, weil wir es wollen. Jeder ist lieber zuhause, mit seinen Eltern, als an einem Ort, wo er leidet und nichts zu essen hat.

Also sage deinen europäischen Verwandten, jenen, die die Welt regieren, sag ihnen, dass es zu Ende gehen wird. Der Ring, den sie geschaffen haben, die Mafia, die sie geschaffen haben, wird ihr Ende nehmen. Und an dem Tag, an dem wir uns alle begegnen, vor dem letzten Gericht, denn so steht es in der Bibel und im Koran, wenn mir Gott an diesem Tag fünf Minuten gibt, werde ich immer einen Weißen wählen, um mit ihm zu kämpfen. Wenn Gott mir fünf Minuten freien Lauf gibt, um mich auszutoben, werde ich einen Weißen wählen. Wie viele Jahre habe ich hier verloren, um nach Europa zu gelangen? Ich habe nichts.

Aber bei uns sagt man, wenn du als Junge geboren wirst, musst du das Leiden auf dich nehmen. Denn wie ich gesagt habe: Nichts auf Erden ist ewig. Du kannst arm sein und reich sterben. Genauso wie du reich geboren werden und arm sterben kannst. Also sage ich, wenn wir leiden, ist das Teil unserer Fügung. Das ist ein bisschen meine Geschichte. Mein klandestines Leben. Meine Migration. Es gibt einen ivorischen Künstler, Tiken Yah, ich weiß nicht, ob du ihn kennst, ein Reggaeman, der hat gesungen: *Ihr kommt jedes*

Jahr, im Sommer wie im Winter, und wir, wir empfangen euch immer mit offenen Armen. Ihr seid hier zuhause, letztendlich ist das alles egal, wir wollen auch reisen, also öffnet uns die Tür. Öffnet die Grenzen, öffnet die Grenzen, lasst uns durch! [71]

Warum tun sie uns das an?

Am frühen Morgen gehe ich in strömendem Regen durch die leeren Sträßchen der Medina von Rabat. Die wenigen Menschen eilen unter den knappen Vordächern der Läden entlang und versuchen den Wasserfäden auszuweichen, welche sich von den Dächern zu dem unebenen, schmutzigen Boden hinabziehen. In einem Internetcafé versuche ich mir ein paar Bilder zu der gestrigen Geschichte von Serge zu verschaffen. Ich durchforste Google nach der Höllenstadt Tin Zaouaten und finde wenig. Berichte über klandestine Migrationsrouten erwähnen beiläufig die Hauptdestination algerischer Abschiebungstransporte. Doch für die Weltöffentlichkeit ist diese *Hölle auf Erden* ein verlorenes Kaff in der Mitte der Wüste, von dem niemand je etwas gehört hat und kaum einer je etwas hören wird. Tin Zaouaten entschwindet im Dunst des Ungenannten und Unbekannten, genauso wie die ungezählten Menschenleben, welche dieser Ort mitten im Nichts mit seinem bohrenden Hunger und beißenden Durst, seiner sengenden Sonne, peitschenden Kälte und verlorenen Hoffnung auslöschte und zum Verschwinden brachte. Tin Zaouaten.

Später gehe ich dem nassen Gemüsemarkt entlang dem Meer entgegen. Ich bin mit Jeanne verabredet, die ich an meinem ersten Abend in Rabat bei Clara kennenlernte. Eine schöne, schlanke junge Frau mit dezentem roten Lippenstift, fein geformten Gesichtszügen und liebevollen Augen. Ich erinnere mich an ihr ausgelassenes Lachen an dem Abend, an dem ich sie zusammen mit Clara das erste Mal traf. Spätabends schlenderten wir durch die heruntergekommenen Gässchen und aßen Sandwiches im Qualm des Kohlenfeuers eines Imbisstandes. Leicht schwebend ließ ich mich von ihrer Heiterkeit anstecken und in den Abend tragen. Damals hätte ich mir unmöglich vorstellen können, dass sie die Geschichte erlebt hat, die sie mir nun erzählt. Sie hat sich ihr Lachen bewahrt wie einen geheimnisvollen Schatz, der tiefer liegt als all die Schichten ihres geschundenen Körpers. Sieben ganze Jahre lang saß Jeanne in der Wüste fest. Das ergibt die Differenz der Jahreszahlen zwischen ihrer Abfahrt in Kamerun und der Ankunft in Marokko. Sie selbst hatte jedes Zeitgefühl für die verstrichenen Jahre verloren. Die Addition der Zeiten aus ihrer Erzählung ergaben gerade mal eine knapp dreijährige Reise. Die Wirklichkeit ist doppelt so lange.

Beim Erzählen ihrer Geschichte ist ihre Stimme schwach und leise, die Augen feucht und die Worte fliehen aus dem Mund, um sich ja nicht lange in den Details aufzuhalten. Immer wieder schwinden sie in ein tiefes Schweigen, welches die Schrecken umhüllt, die danach verlangen, nicht mehr in ihren Einzelheiten erinnert zu werden. Erst als sie verzweifelt nach dem *Wieso* fragt, nach dem *Warum tun sie uns das an*, erst dann wird ihre Stimme für einen kurzen Augenblick kräftig und wütend, erst dann kommen die Worte wie zornige Wellen und nicht nur wie flüchtige Spritzer, wiederholen sich und beißen sich in meinen Ohren fest.

Nach zwei Stunden breche ich ihr Schweigen nicht mehr mit Fragen und wir gehen aus dem Haus. Jeanne findet ihr Lächeln wieder und streckt einem Mädchen auf der Straße ein Karamellbonbon entgegen. Gerade bricht die Dunkelheit über die nasse Stadt und wir verabschieden uns. Ich stimme eine leise Melodie an, um die Gedanken fließen zu lassen, und gehe zum Meer hinunter. Ich klettere auf einen großen Haufen leergegessener Muscheln und schaue den Wellen zu, die in der Dämmerung gegen die Felsen klatschen. Es nieselt sanft auf mich und die Landschaft. Nach einer Weile gesellt sich ein junger schwarzer Mann zu mir und stellt sich mit einem scheuen Lächeln vor. *Alex*, sagt er, *du bist nicht Marokkaner.* – *Du auch nicht*, sage ich lächelnd. Alex kommt aus Kamerun und durchquerte die Wüste in zwei Tagen. Er trägt eine saubere braune Kunstlederjacke über einem weißen Kapuzenpulli und neue blaue Jeans. *Ich will nach Europa*, sagt er mit der Freude eines Kindes, das von dem großen Schatz erzählt, den es schon noch finden wird.

Jeanne

Geboren 1976 in Kamerun

Ich bin eine Kamerunerin, ich heiße Jeanne Ngidoule. Ich komme aus einer sehr armen Familie. Mein Vater starb, als ich noch sehr klein war. Ich kenne ihn nur von Fotos. Meine Mutter sagte mir, *schau, das ist dein Papa.* Er war Direktor einer Firma und hatte viele Frauen. Bei uns kann ein Mann sogar zehn Frauen haben. Er hatte sechs Frauen und kümmerte sich nicht mehr um uns. Das erzählte mir jedenfalls meine Mutter, dass er sich nicht um uns gekümmert habe, sondern nur um seine anderen Frauen. So fing meine Mutter an, geräucherten Fisch zu verkaufen, um meinem Bruder die Schule zu bezahlen. Und weil das Geld nicht reichte, um mich in die Schule zu schicken, sagte ich ihr, sie solle sich nicht abmühen, sie solle es lassen, ich ginge nicht zur Schule. Denn wir hatten kein Geld. Wir hatten nichts.

Es war nicht leicht. Als Fünfzehnjährige war ich gezwungen, einen Mann zu finden, und so ging ich mit dem Vater meiner Kinder. Er war gut zu mir. Er ging immer in sein Dorf auf die Jagd. Dort verbrachte er eine Woche, zwei Wochen, drei Wochen. Er tötete Wild, trocknete und räucherte es, verkaufte es in der Stadt und brachte mir das Geld. Mit achtzehn gebar ich mein erstes Kind, ein Junge. Ich lebte zehn Jahre lang mit dem Vater meiner Kinder zusammen. Dann ging er eines Tages auf die Jagd. Er war in einer Piroge, sie jagten in der Nacht. Und später kam man mir berichten, er sei tot, er sei ins Wasser gefallen.

So ist mein Leben gekippt. Ich konnte nichts mehr tun. Ich wusste nicht wohin. Ich hatte bereits einen Sohn und war im achten Monat schwanger mit meinem zweiten Kind. Und am Tag, an dem mein Mann starb, fing sein Vater an. Ich wusch mich in der Dusche und er kam. Er drang in die Dusche ein, er schlug mich und vergewaltigte mich. Er hatte viel getrunken und geraucht. Von da an kam er jeden Tag ins Haus, um mich zu schlagen und zu vergewaltigen. Ich rief meine Mutter an und sagte ihr, er werde mich noch töten. Aber meine Mutter ist gelähmt, sie sitzt im Rollstuhl. Sie konnte nichts für mich tun. Eines Tages kam sie mich besuchen und sagte ihm, *lass meine Tochter!* Da schlug er sogar meine Mutter. Ich konnte das nicht mehr aushalten. Ich sagte ihr: *Wenn er mich nicht tötet, werde ich ihn vielleicht töten!* Doch sie sagte, *mach das nicht, ich werde dir helfen.*

Wir brachten ihn zur Polizei. Aber dort sagte er, er habe mich nie angerührt. Die Polizisten glaubten ihm, denn er hatte Geld und ich hatte kein Geld. Er bezahlte sie, damit sie ihm glaubten. Und es wurde nur schlimmer. Am Ende schlug er mich einen ganzen Tag lang. An diesem Tag riefen die Nachbarn meine Mutter an und sagten ihr, *wenn du nicht bald kommst, wird deine Tochter tot sein.* Also kam sie und brachte mich weg. Einer meiner Nachbarn sagte mir, er werde mich nach Marokko begleiten. Er war bereits in Algerien und kannte den Weg. Er sagte, in Marokko könne ich Arbeit finden, dort sei es gut. Ich hatte Frisieren gelernt und dachte, ich werde einen Friseursalon finden, in dem ich arbeiten kann, und es würde mir besser gehen. Erst als ich hier ankam, sah ich, dass es das Gegenteil ist: Es gibt hier keine Arbeit. Meine Mutter gab mir 200.000 Franc (300 Euro), die sie von einem Onkel erhielt, der alle paar Monate bei ihr vorbeikam und ihr etwas Geld zum Essen gab. Der Nachbar sagte meiner Mutter, er werde sich um mich kümmern. Also gab sie ihm 50.000 Franc (75 Euro), den Rest des Geldes gab sie mir und sagte, *nimm das, gehe mit ihm und suche dein Glück.*

So ging ich raus ins Abenteuer. Das war 2003. Noch am selben Abend gingen wir von Douala nach Tiko. Dort nahmen wir das Schiff bis nach Calabar. Mein Nachbar sagte, er würde mich bis nach Algerien begleiten, aber er hatte mich angelogen. In Calabar sagte er mir, ich müsse aussteigen, weil ich keinen Pass hatte. Er fuhr mit dem Schiff weiter bis nach Bamako und nahm von dort das Flugzeug. Denn er hatte einen Pass. Er ließ mich im Stich. Jahre später traf ich ihn in Algerien und er sagte nur, *c'est ça l'aventure, so ist das Abenteuer eben.* Ich hatte viele Schwierigkeiten, aber zum Glück fand ich Brüder und Schwestern auf dem Weg, denen ich mich angeschlossen habe. Von Calabar reiste ich in Bussen über Kano und Maradi nach Konni. Dort ging mein Geld aus. Ich schlief zwei Wochen lang in dem Reisebüro und hatte nichts zum Essen. So traf ich eines Tages einen Nigerianer. Er fragte mich, was ich hier mache, und ich sagte ihm, mein Geld sei aufgebraucht. Denn die Reise von dort nach Agadez kostete 15.000 (22 Euro), aber ich hatte nur noch 10.000. Er gab mir 5.000 und sagte, ich solle mir keine Sorgen mehr machen, er werde für meine ganze Reise bis nach Tamanrasset bezahlen. Er sagte, er wolle mir helfen.

Als wir am Abend mit dem Bus in Agadez ankamen, sagte er, *ich kenne hier eine Schwester, bei der wir uns waschen und etwas essen können.* Denn der Bus fuhr erst am nächsten Morgen um fünf Uhr weiter nach Arlit. Also gingen wir etwa dreißig Minuten zu Fuß zu ihrem Haus. Ich ging mit ihm. Wir kamen um halb sieben an. Sie gaben uns zu essen und Wasser, damit wir uns waschen konnten. Danach sprach er mit der Frau in seiner Sprache, die ich nicht verstand. Ich wusste nicht, dass er dabei war, ein Geschäft zu verhandeln. Ich wusste nicht, dass das ein Handel ist und ich dabei die Ware. Ich war eine Ware. Ich begriff es erst, als er seinen Koffer nahm und gehen wollte. Ich folgte ihm und sagte: *Wie, du gehst und lässt mich hier?* Und er sagte, *bon, Madame, die Reise endet hier, du musst für mich arbeiten und das Geld verdienen, welches ich für dich ausgegeben habe.* Ich verstand nichts mehr. Ich dachte, er wollte mir helfen, aber jetzt sagte er *nein, Madame, hier auf dem Weg hilft man den Leuten nicht, du musst für mein Geld arbeiten.* Da habe ich verstanden, dass dieses Haus ein Ort ist, den wir *maison de connection* nennen, ein Kontakthaus, und dass sich die Mädchen hier prostituieren. Er hatte mir also nur geholfen, um mich zu verkaufen.

Ich ließ ihn nicht gehen und machte Lärm. Ich weigerte mich, alleine dort zu bleiben, und also tat er so, als würde er auch dort schlafen. Ich war sehr müde nach der Reise. Und als wir uns auf eine der Matten legten, trug mich der Schlaf davon. In der Nacht nahm er seinen Koffer und ging fort. Als ich am Morgen aufwachte, erschrak ich. Ich nahm meine Tasche und wollte rausgehen. Aber am Tor standen zwei kräftige Typen und sagten mir, *du gehst nicht mehr raus, du musst arbeiten*. Ich weinte und flehte die Frau an, aber sie sagte mir, sie habe für mich bezahlt, sie könne mich nicht gehen lassen. Ich müsse für sie arbeiten und wenn der Moment gekommen sei, könne ich gehen. Sie hatte dem Nigerianer 50.000 Franc gegeben (75 Euro). Sie hatte mich ihm abgekauft.

Ich wusste nicht, wo ich war, aber ich hatte keine Wahl. Ich musste anfangen zu arbeiten. Die Buzu kamen und schliefen mit mir[39]. Dafür gaben sie mir jedes Mal 200 oder 300 Franc (30 oder 50 Cent). Ich weinte, aber da war niemand, der mir hätte helfen können. Ich sah keine Polizisten. Und die Männer, welche kamen, um mit mir zu schlafen, sprachen kein Französisch. Sie verstanden nicht, was ich ihnen sagte. Ich konnte mit niemandem darüber sprechen und war gezwungen, zu tun, was man von mir verlangte. Denn wenn du nicht tust, was man von dir will, wirst du grundlos sterben: Man gibt dir einfach nichts mehr zu essen und zu trinken.

Du bist ausgeliefert. Wir waren mehr als 30 Frauen. Die meisten kamen aus Nigeria und Kamerun. All die Frauen, welche dort durchgehen, sie können nur zu Gott beten, auf dass Gott ihnen hilft, damit sie keine Krankheit erwischen. Denn man macht alles mit dir. Die Männer sind schmutzig und stinken, aber du bist gezwungen, zu tun was sie wollen. Denn die Madame will das Geld. Der Rest ist nicht ihr Problem. Manchmal wurde ich gezwungen, an einem Tag mit acht Männern zu schlafen. Man hat mich gezwungen, Dinge zu tun, die ich nicht wollte. Wenn meine Mutter eines Tages erfahren würde, was ich tun musste, wird sie vielleicht sterben vor Kummer. Ich tat dies, weil ich glaubte, dass es danach besser wird. Aber dabei hatte ich mich noch tiefer eingegraben. Und wofür tat ich das? Für eine winzige Summe Geld, die nirgendwo hinführt.

In der ganzen Zeit konnte ich das Haus kein einziges Mal verlassen. Wir waren alle eingesperrt. Es gab ein großes Tor. Aber du kommst nicht raus. So war das Leben. Eines Tages rief mich die Frau und sagte, *dein Vertrag ist zu Ende. Du bist jetzt frei.* Das war nach etwa sechs Monaten. In der Nacht begleitete sie mich zum Busbahnhof. Wenn du mich heute fragst, wo sich dieses Haus befindet, dann kann ich dir das nicht sagen. Ich konnte mir den Weg in der Nacht nicht merken.

Die Frau gab mir 25.000 Franc für die Reise. 10.000 kostete die Fahrt von Agadez bis nach Arlit. Dort wurden wir in ein Haus gebracht und ein gewisser Ali verhandelte mit den Algeriern den Preis des Autos nach Tamanrasset. Denn dort gibt es keine Busse mehr. Also fährst du auf einem Pick-up in der Nacht durch die Wüste. Sie laden fast hundert Leute auf und wer in der Wüste herunterfällt, ist verloren. Man hält nicht an.

Um vier Uhr in der Nacht lassen sie dich viele Kilometer vor der Stadt mitten im Nichts aussteigen. Also läufst du den Rest des Weges durch die Wüste. Du siehst die Fußspuren der Leute im Sand und folgst ihnen. Wir waren etwa sechzig Leute und teilten uns in Gruppen auf. Ich war mit acht Frauen in einer Gruppe. So gingen wir durch die Wüste. Auf einmal trafen wir einen Algerier und fragten ihn nach dem Weg. Wir wussten nicht, dass er ein Krimineller war. Er sagte, er werde uns den Weg zeigen. Er brachte uns zu einem alleinstehenden Haus und sagte, wir sollen uns erst einmal in diesem Haus vor der Polizei verstecken. Aber er hatte uns angelogen. Wir gingen in das Haus und er schloss hinter uns die Türe ab. Dann holte er seine Brüder.

Am Anfang waren sie nett zu uns. Sie brachten uns Couscous zu essen und sagten, es gebe zu viel Polizei, wir sollen einen Moment warten, sie würden einen guten Weg für uns finden. Aber dann nahmen sie uns das Geld und die Pässe weg. Und sie zwangen uns, mit ihnen zu schlafen. Jeden Abend nahmen sie eine von uns.

Ob du willst oder nicht. Vier oder fünf Männer vergewaltigen dich. Du musst akzeptieren. Andere Leute kamen und gaben ihnen Geld, um uns zu vergewaltigen. Sie rauchen Haschisch und du wirst auch anfangen zu rauchen, damit du das besser aushalten kannst. Ich verbrachte etwa sechs Monate in diesem Haus. Oder mehr. Ich kann es nicht sagen. Unter uns war eine Frau, die gestorben ist. Sie ist gestorben, weil sie sie jeden Tag misshandelt haben. Sie hielt es nicht mehr aus und weigerte sich, zu essen. Sie sagte, sie esse nicht mehr und trinke nicht mehr. Und eines Morgens war sie tot.

Ich fühlte mich erniedrigt. Ich fühlte mich gedemütigt. Ich fühlte mich, als hätte man mir etwas weggerissen, was vorher zu mir gehörte. Ich habe meine Würde als Frau verloren. Ich habe vieles verloren. Das ging so lange, bis eines Tages zufälligerweise die Polizei kam. Denn der Besitzer des Hauses war ein Dealer. Sie brachen die Türe auf und fanden uns. Sie nahmen uns mit auf den Posten, aber sie wollten uns nicht einmal anhören. Das ärgerte mich am meisten: Die Polizei interessiert sich überhaupt nicht dafür, was auf dieser Strecke passiert, was den Migranten angetan wird. Wenn man dich verhaftet, wirft man dich einfach in Abschiebehaft. Ist das normal? Man kümmert sich nicht um dich! Zum Glück war eine Frau unter uns, welche den Weg kannte, denn sie war bereits das zweite Mal in Algerien. Als uns die Polizisten einmal im Auto ließen und in ihr Büro gingen, hat sie die Türe aufgemacht und gesagt, wir sollen davonrennen. Also rannten wir los. Wir gingen zu einem Ort, den man *le rocher* nennt, der Felsen. Dort gab es viele andere *Blacks*. Sie gaben uns etwas zu essen und wir konnten uns waschen. Dann legten wir uns schlafen.

Jetzt musst du dort bleiben und dich durchkämpfen, bis du genug Geld hast, um deine Reise nach Marokko zu bezahlen. Als Frau musst du einen Freund finden. Denn nur die Männer können dort arbeiten. Also lernte ich einen Mann kennen und blieb bei ihm. Er arbeitete als Maurer und Maler auf Baustellen. Doch er war gut zu mir. Er war lieb. Ich fühlte mich dort ein wenig sicher, weil ich mit meinen Brüdern war. Aber fast jede Nacht um drei Uhr kommt die

Polizei. Wenn sie kommen, stehen alle auf und rufen *Police, Police, Police!* Also beginnen wir zu rennen. Dann durchsuchen sie das Gepäck, und wenn sie Geld oder Mobiltelefone finden, nehmen sie das mit. Denn die Polizisten wissen, dass die *Blacks* arbeiten und etwas Geld haben. Darum kommen sie in der Nacht und nehmen alles weg. Manchmal verbrannten sie auch unsere Decken und Kleider. Und wenn sie dich erwischen, ist Schluss für dich. Sie nehmen dir alles weg und werfen dich in Abschiebehaft.

Ich war sehr lange dort, weil ich kein Geld hatte. Ich weiß nicht, wie viele Jahre ich dort blieb. Aber es war lange. Die Leute kamen und gingen, aber ich bin geblieben. Die Tage über wartete ich. Wir kochten, aßen und warteten. Manchmal konnte ich einer Frau Zöpfe machen und sie bezahlte mir 100 Dinar (1 Euro) dafür. Aber die meiste Zeit wartete ich. Eines Nachts kam die Polizei, um uns zu verhaften, und es gelang mir nicht, zu fliehen. Ich stand zwischen großen Felsen und hatte Angst, dass ich mir den Fuß brechen würde. Also blieb ich stehen. Sie nahmen mich fest und brachten mich auf den Posten. Sie fotografierten mich, fragten nach meinem Namen und warfen mich ins Gefängnis.

Das Gefängnis ist ein großes, altes Haus. Schau, wenn das hier die Zelle ist, dann ist hier ein großes Loch, das ist die Toilette, gleich daneben kochen und essen wir, und hier schlafen wir. Hier hält man uns fest. Hier leben wir. Monat für Monat. Ich weiß nicht, wie lange ich in Abschiebehaft war. Aber es war lange. Sie geben jedem einen Karton Milch und zwei Brote, zweimal pro Tag. Während der ganzen Zeit isst du nichts anderes. Außer wenn du Geld hast, dann kannst du es den Wächtern geben, damit sie dir Reis, Sardinen, Öl oder Makkaroni bringen. Aber ich hatte kein Geld. Die Polizisten öffnen zwei Mal am Tag die Türe, werfen das Essen hinein und gehen. Warum behandeln sie uns so? Sind diese Leute Menschen wie wir? Denken sie, dass wir auch Menschen sind? Bei uns gibt es viele Algerier und viele Marokkaner. Sie sind die Direktoren von Firmen und verkaufen auf unseren Märkten. Aber wir behandeln sie nicht auf diese Art. Wir misshandeln sie nicht, wir vergewaltigen sie nicht, wir überfallen sie nicht, wir respektieren sie. Warum respektieren sie uns hier nicht? Warum misshandeln sie uns? Warum tun sie uns das an? Haben wir etwa keine Menschenrechte? Sind wir Tiere, die man so behandeln muss?

Sie behalten uns dort bis wir 250 Personen sind, damit sie uns abschieben können. Und wenn sie uns freilassen, wo bringen sie uns hin? An eine andere Grenze. So sterben viele Menschen. Warum? Wenn jemand sagt, dass er zu Gott betet, dass Allah für ihn das Größte ist, warum tut er dies seinem Nächsten an? Sie fuhren uns an die Grenze bei Tin Zaouaten. Zum Glück hatte ein Mann unter uns Geld dabei und bezahlte für mich die Fahrt nach Bordj. Von dort ging er nach Tamanrasset, um seine Papiere und sein Geld zu holen. Da gab ihm mein Freund 15.000 Dinar (150 Euro), die er mir nach Bordj brachte, damit ich nach Marokko reisen konnte. Ich half mit dem Geld auch einer Freundin, welche mit mir reiste. Sie war schon einmal in Marokko und kannte sich aus. Ich kaufte mir für 2000 Dinar einen Malischen Pass und bezahlte 3000 Dinar für den Bus nach Oran. Als wir dort ankamen, nahmen wir noch am selben Tag den Zug nach Maghnia und bezahlten je 50 Euro für einen Führer, der uns nach Oujda brachte. Dort schliefen wir eine Nacht und am frühen Morgen nahmen wir den Zug nach Rabat. Das war 2010.

Ich war also sieben Jahre unterwegs, ja. Das war mir nicht bewusst. Aber unterwegs, wenn du kein Geld mehr hast, was bleibt dir übrig? Du musst warten. Du musst dich durchkämpfen. Und so vergehen die Jahre. Als ich hier ankam, stellte ich fest, dass ich krank war. Ich wurde bewusstlos und man brachte mich ins Krankenhaus. Ich war etwa fünf Monate dort, aber sie testeten mich nicht. Und später, als ich wieder draußen war, hatte ich auf einmal starken Husten. Eine Kongolesin brachte mich zu MSF, welche mich untersuchten, mich auf Aids testeten und gegen Hepatitis impften. Gott sei Dank, dass mein Test negativ ausgefallen ist. Aber ich war völlig abgemagert. Also ließen sie meine Spucke untersuchen und stellten fest, dass ich Tuberkulose hatte. Ich musste dann neun Monate lang Medikamente nehmen.

Es ist eine schlechte Route. Die Würde vieler Frauen bleibt auf dieser Strecke. Sie leiden dort noch mehr als die Männer. Wenn uns die Soldaten unterwegs malträtieren, sagen dir noch deine eigenen Brüder, *gib deinen Hintern her, damit man uns weiter lässt.* Und es gibt Frauen, die wurden von den Soldaten mit AIDS angesteckt. Es gibt zu viel Leid auf diesem Weg, Bruder. Erst leidest du in deinem Land. Danach ziehst du los, um dein Glück zu suchen, und auf der Reise triffst du auf ein noch viel größeres Leid als jenes, welches du bei dir zurückgelassen hast. Aber du bist mitten auf dem Weg. Du hast keine Wahl mehr. Du musst weitergehen. Du kannst nicht mehr zurück.

Ich weiß nicht, wie es weiter geht. Am Anfang gab mir Caritas[72] jeden Monat 400 Dirham, damit ich mein Zimmer bezahlen konnte. Aber jetzt helfen sie mir nicht mehr. Manchmal stehe ich morgens um vier Uhr auf und bete vor der Moschee, damit mir die Leute etwas zu Essen geben.[73] Ob ich einen Traum habe? Ich möchte eine Arbeit finden und ein bisschen Geld verdienen, um meinen Kindern und meiner Mutter zu helfen. Mein ältester Junge ist jetzt 15 Jahre alt. Der Jüngere ist 10. Sie konnten bis heute nicht zur Schule gehen. Denn ich habe kein Geld, das ich ihnen schicken könnte. Sie leben bei meiner Mutter und meine Mutter lebt von der Hilfe ihrer Nachbarn. Die Kinder weinten oft, denn sie waren mir sehr nahe. Ich weinte auch oft. Aber ich kann nicht mehr weinen. Denn ich habe schon jahrelang geweint. Und nichts hat sich geändert. Ich möchte eines Tages zusammen mit meinen Kindern in einem Haus leben. Am Morgen würde ich sie in die Schule begleiten und dann ginge ich arbeiten. Ich wäre da für sie, wenn sie nach Hause kommen, und wenn sie krank sind, bin ich bei ihnen. Und wenn ich morgens aufwache, liegt meine Mutter neben mir. Das ist, wovon ich träume. Das ist alles.

Kannst du mir Europa erklären?

Ich übernachte bei Haiko in einem zauberhaft geschmückten Riad mitten in Rabats Medina. Drei Stockwerke winden sich um einen mosaikverzierten Innenhof mit Brunnen; schwere Lüster hängen von den hohen Decken; die Schränke und Türen sind kunstvoll mit Messing verziert. Haiko lebt hier zusammen mit drei weiteren Europäern. Er unterrichtet Deutsch an Rabats Universität, finanziert durch den deutschen Staat, der jährlich 315 Millionen Euro ausgibt, um seine Sprache in der Welt zu fördern.

Vom Dach des Riads sieht man die ganze Altstadt. Taubenschwärme kreisen über den Flachdächern und der Wind weht salzigen Dunst vom Ozean herüber. Es ist *Maulid an-Nabi*, das Fest zur Geburt des Propheten Mohammed, und die morgendliche Feiertagsstadt ist voller lachender Kinder, welche stolz ihre neuen Kleider tragen. Ich fahre in einem Taxi nach Hay Nada, um Moussa zu treffen. *Ich glaube, er ist auch durch die Wüste gekommen,* sagte mir Naomi vor einigen Wochen, als sie mir seine Nummer auf einen Zettel schrieb. Unterwegs treffe ich einen Mann mit Jägerhut, der mich fragt, woher ich komme und ob ich Deutsch spreche. Er heißt Taha, ist zweiundvierzig Jahre alt und spricht Deutsch wie ein Muttersprachler, der etwas aus der Übung gekommen ist. Glücklich darüber, endlich wieder seine zweite Sprache zu sprechen, begleitet er mich und erzählt.

Taha hat vor zwölf Jahren in Germanistik promoviert. *Ich habe viel von Bertolt Brecht gelesen. Ich habe auch Heinrich Böll, Thomas Mann, Franz Kafka, Friedrich Nietzsche und viele andere gelesen. Das war eine wirklich schöne Epoche. Ich bin sozusagen in einem großen Meer geschwommen, in den Ideen dieser Autoren.* Doch zu einer Arbeit verhalfen sie ihm nicht. Taha lebt seither von der Hilfe seiner Familie und Gelegenheitsarbeiten. Bei den Examen für eine Stelle fehlten ihm die nötigen Kontakte zu den Reichen im Land. *Ich habe zehn Jahre lang studiert und ich sage Ihnen, das ist nicht leicht hier. Ich habe einen sehr guten Abschluss, aber ich finde keine Arbeit. Das ist – wenn ich darüber spreche, muss ich vielleicht weinen, obwohl ich zweiundvierzig Jahre alt bin. Das ist kein Staat. Das ist nur Kolonisation. Mit einem anderen Gesicht. Ein kleiner Kreis aus sehr reichen Leuten hat hier alles an sich gerissen. Und nicht nur hier in Marokko, sondern in ganz Afrika. Sie sehen die vielen Subsaharier hier. Ihnen geht es noch schlechter als uns. Und dann gibt es hier Rassisten, die sie niederstechen, weil sie keine Ahnung haben.*

Taha bringt mich bis zu dem Café, in dem ich mit Moussa verabredet bin. Überall sind die Fernseher lautgestellt und übertragen die Spiele des Africacups, der vor einigen Tagen begonnen hat. Der Mobilfunkkonzern Orange ist einer der Hauptsponsoren. Und vor jeder Übertragung zeigen sie einen Spot, in dem Menschen mitten im Nirgendwo einen Reisebus anstoßen, mit dem verführerischen Slogan: *La vie change avec orange.*

Moussa setzt sich lächelnd neben mich und bestellt einen Milchkaffee, den er lange vor sich stehen lässt. Ein großer, gut gekleideter Mann mit Brille und sehr reinem französischen Akzent. Ich schätze ihn auf Ende Zwanzig. Aber Moussa ist 19 Jahre alt. *Ich bin schnell gewachsen,* sagt er mit einem scheuen Lächeln. Er zeigt mir das Foto seiner Identitätskarte des UNHCR, welches ihn zeigt, wie er vor vier Jahren hier ankam. Es ist das Gesicht eines gebeutelten, durchgekämpften Jungen mit zerzausten Haaren, aufgeschwollenen Lippen und einem verlorenen Blick. Es fällt mir schwer, das Bild mit jenem wachen, gepflegten Mann zu vergleichen, der neben mir sitzt.

Während alle anderen auf dem großen Flachbildschirm das Spiel verfolgen, erzählt er mir sein Leben. Ohne den Kaffee zu trinken, der vor ihm steht. Am Ende versinkt er lange in einem aufgewühlten Schweigen. Als er sich wieder auffängt, fragt er mich: *Kannst du mir ein bisschen Europa erklären?* Und auf einmal ist es an mir, zu schweigen. Welche Geschichte Europas kann ich ihm erzählen?

Die Geschichte der Gefängnisse und Abschiebeflüge direkt nach Abidjan? Die Geschichte der drei Algerier, mit denen ich zusammenlebte, welche seit zwölf Jahren ohne Papiere und ohne Arbeit in der Schweiz sind und sich jeden Tag vor der Polizei verstecken? Die Geschichte der Mindestlöhne? Der Sozialwerke und Krankenhäuser? Die Geschichte der Universitäten, Einkaufszentren, Reisebüros, Discos, Berufslehren, Einfamilienhäuser und Karrieren? Die Geschichte der Gesetze und ihrer absoluten Geltungsmacht? Oder der Suizidquote? Die Geschichte der Durchgangszentren und abgewiesenen Asylgesuche? Der Arbeitslosigkeit und Zwangsräumungen? Oder doch die Geschichte der Schwimmbäder, Grillfeuer, Urlaube, Freiheit und Sorglosigkeit? Ich gebe mir Mühe und erzähle am Ende einen Zusammenschnitt all dieser Geschichten, die ich in Europa erlebt habe. Moussa hört mir zu, schweigt und fragt: *Hast du einmal in deinem Leben gelitten?* Ich denke nach und sage *Nein.* Ich glaube nicht, dass ich je wirklich gelitten habe. *Leben deine Eltern?*, fragt er mich. Ja, meine Eltern leben. *Und deine Mutter? Liebt sie dich? Ist sie für dich da, wenn du sie brauchst?* Ich nicke stumm. Moussas Augen starren in die Ferne und werden feucht. Er beißt sich auf die Unterlippe und schweigt. Er weint nicht.

Ich senke den Kopf und mein Blick fällt in die offene Seitentasche meines Rucksacks auf meinen Pass. Ein rotes Büchlein, neun mal zwölf Zentimeter groß, welches alles ausmacht. Ein nichtiges Stück Papier, welches die Ausgangslage unserer Leben verändert. Es erlaubte mir, sorglos die Grenzen zu durchschreiten, die so vielen anderen das Leben beendeten; es ließ mich ohne Krieg und Elend aufwachsen und zur Schule gehen; dank ihm werde ich in Spitälern gepflegt und als alter Mensch eine Rente beziehen. Ein kleines, rotes Büchlein, welches in meinem Rucksack herumliegt, ohne dass ich ihm Beachtung schenke. Ich wende den Blick wieder ab. Lange sitzen wir nebeneinander ohne zu reden. Und irgendwann fragt Moussa noch: *Sag mal, liegt Genf eigentlich in der Schweiz?* Genf. Die Genfer Flüchtlingskonvention, welche Flüchtlingen internationalen Schutz garantiert.[74] Aber liegt Genf in der Schweiz?

MOUSSA

Moussa

Geboren 1993 in Côte d'Ivoire

Meine Geschichte beginnt in Danané, im Westen von Côte d'Ivoire. Ich war noch sehr klein, das war 2002, ich war neun Jahre alt. Jetzt bin ich neunzehn. Ja, ich bin schnell gewachsen. Ich lebte mit meiner Mutter und meiner kleinen Schwester. Meinen Vater kannte ich nicht wirklich. Ich ging zur Schule. Ich war im CE1, im dritten Schuljahr, und meine Mutter war Händlerin. Sie verkaufte Kinderkleider auf dem Markt, und wenn die Schule aus war, ging ich direkt zu ihr an den Stand. Ich aß, ich spielte mit meinen Freunden, und am Nachmittag ging ich wieder in die Schule.

Eines Tages, ich erinnere mich gut, es war ein Donnerstag, da kam ich nach der Schule zum Stand meiner Mutter. Ich aß zusammen mit meiner Schwester, und dann ging ich mit meinen Freunden spielen. Wir spielten mit Murmeln. Wir machten ein Loch und warfen die Murmeln – es gibt so eine Art, zu spielen. Wessen Murmel am nächsten an das Loch rankommt, beginnt mit dem Spiel. Dann geht es weiter bis du keine Murmeln mehr hast, das ist das Murmelspiel. Das war meine Beschäftigung. An diesem Donnerstag waren wir also am Spielen und auf einmal hörten wir Schüsse. Die Leute rannten herum. Ich sah Verletzte und hatte keine Ahnung. Ich geriet in Panik, rannte los und wollte zurück zu meiner Mutter. Aber in der Panik wusste ich nicht einmal mehr, wo sie sich befand. Also rannte ich herum und wusste nicht wohin.

Ich hatte eine Wunde, hier am Bein, siehst du diese Narbe? Ich weiß nicht, was passiert ist, ob es eine Kugel war oder sonst etwas, aber ich war hingefallen. Ich fing an zu weinen und nach meiner

Mutter zu rufen. Die Leute trampelten auf mir rum und rannten in alle Richtungen. Ich wollte unbedingt zurück zu dem Ort, an dem meine Mutter verkaufte. Aber ich fand ihn nicht. Dann packte mich ein Mann am Arm und zog mich weg. Ich sagte *nein, ich will zu meiner Mutter, sie ist auf dem Markt.* Aber er sagte, meine Mutter sei nicht mehr dort, meine Mutter sei fortgegangen. Ich fragte ihn, wohin, und er sagte, ich soll mit ihm kommen. Er zerriss sein Hemd und verband mir damit die Wunde. Dann zog er mich mit und schließlich folgte ich ihm, aber ich weinte, denn ich wollte um jeden Preis meine Mutter wiederfinden.

In Danané gibt es einen großen Busbahnhof, man nennt ihn *Gare de Man*, denn Man ist eine große Stadt nicht weit von Danané. Wir gingen also zum Gare de Man, und als wir dort ankamen, sahen wir Leute, welche aus Geländewagen heraus auf die Menschen schossen. Es waren Soldaten mit schwarzer Farbe im Gesicht. Es waren Afrikaner, aber sie sprachen Englisch. Sie töteten Menschen. Sie fuhren durch die Straßen und schossen auf die Leute. Nein, ich weiß nicht für wen sie arbeiteten, ich weiß nicht woher sie kamen, ich weiß nicht warum sie dort waren, ich habe keine Ahnung. Ich weiß nur, dass sie Englisch sprachen.[75] Da sagte mir der Mann, meine Mutter sei nach Man gegangen. Ich sagte ihm, meine Mutter sei auf dem Markt, aber er sagte nein, meine Mutter sei nicht da, denn es war ein Getümmel. Da stand ein großer Lastwagen voller Menschen und jedenfalls setzte er mich da drauf und wir fuhren davon. Ausgangs der Stadt gab es eine Straßensperre. Da waren dieselben Soldaten wie jene, welche auf die Leute schossen. Sie hielten den Lastwagen an und wir warteten etwa dreißig Minuten lang. Der Fahrer stieg aus und sprach mit ihnen, sie musterten uns und redeten Englisch, *bon*, ich weiß nicht wie sie sich einig wurden, doch nach einer halben Stunde fuhren wir weiter.

Aber der Fahrer brachte uns nicht nach Man, sondern direkt an die Grenze zu Mali. Dort gibt es eine Stadt, die heißt Manankoro. Da ließ er uns aussteigen. Der Ort war voll mit Menschen, von überall kamen Fahrzeuge voller Menschen. Ich stieg zusammen mit

dem Mann aus dem Lastwagen. Er sagte, er komme gleich wieder,
und dann ging er weg. Ich habe ihn nie mehr gesehen. Ich saß dort
mit meiner Wunde und hatte starke Schmerzen. Ich war verloren
und hatte keine Ahnung, wohin ich gehen sollte. Es kamen sehr viele Menschen und ich suchte in dem Gedränge nach meiner Mutter.
Ich weinte, doch niemand kümmerte sich um mich. Jene, die verletzt waren, wurden an einen bestimmten Ort gebracht, wo sie behandelt wurden. Jedenfalls brachte man mich am Abend auch dort
hin und pflegte mich. Dann wollte ich zurück nach Danané, doch
niemand wollte mich hinbringen. Drei Tage lang schlief ich auf der
Straße und die Leute gaben mir ein bisschen zu Essen. Jede Stunde
kamen neue Fahrzeuge mit Menschen an. Und jedes Mal suchte ich
unter den neu angekommenen nach meiner Mutter. Aber ich habe
sie nie wieder gesehen.

Die meisten Leute gingen jetzt nach Sikasso, denn wir hatten
Hunger und es gab nichts zu Essen. Es gibt Autos, die nennt man
504[76], die sind klein aber lang und haben Platz für neun Personen.
Ich dachte, vielleicht würde ich dort meine Mutter finden. Also
stieg ich in eines dieser Autos und kam nach Sikasso. Auch dort gab
es viele Leute. Ich traf eine Frau, welche am Busbahnhof gekoch-
ten Reis verkaufte. Jedes Mal gab sie mir zu Essen. Und am Abend,
wenn sie nach Hause ging, schlief ich an dem Platz, wo sie verkaufte. Ich begann ihr ein bisschen zu helfen und sie brachte mich ins
Krankenhaus, um den Verband zu wechseln. Sie gaben mir Sprit-
zen, pflegten die Wunde und die Frau bezahlte dafür. So blieb ich
dort. Ich wusch für sie die Teller, nachdem die Leute gegessen hatten, und gewöhnte mich langsam an sie. Nach einer Weile schlug
sie mir vor, als Schuhputzer zu arbeiten. Sie kaufte mir eine Kiste,
eine Bürste, Schuhwichse und einen Pinsel. Damit spazierte ich am
Bahnhof herum und putzte die Schuhe der Leute, die ankamen. Sie
gaben mir dafür 100 Franc CFA (15 Cent) und am Abend gab ich das
Geld der Frau, damit sie es für mich aufbewahrte.

So blieb ich dort und schlief jede Nacht auf dem Markt, bis ich
krank wurde. Ich hatte Fieber und in der Nacht konnte ich nicht

schlafen. Ich träumte schlecht und sah merkwürdige Dinge. Da nahm sie mich zu sich nach Hause und pflegte mich. Von da an lebte ich bei ihr zuhause. Als ich wieder gesund war, nahm ich meine Arbeit wieder auf und wichste die Schuhe der Leute. Frühmorgens stand ich mit ihr auf, packte meine Sachen und ging zum Bahnhof. Und am Abend ging ich mit ihr zurück. Ich blieb drei Monate lang bei ihr, bis ich ein bisschen Geld zusammen hatte. *Bon*, ich zählte nicht, wieviel ich ihr gegeben hatte, ich hatte keine Vorstellung davon wieviel es war. Ich sagte ihr, ich wolle zurück nach Côte d'Ivoire, aber sie meinte, das sei zu gefährlich. Ich sah im Fernseher, dass sie Menschen töteten, und sah ein, dass ich nicht zurück konnte. Also wollte ich nach Bamako. Sie gab mir 25.000 Francs CFA (40 Euro) und die Adresse einer Verwandten, die Tati Ami hieß.

Also ging ich nach Bamako und rief Tati Ami an. Sie kam und nahm mich bei sich auf. Dort machte ich die gleiche Arbeit, ich putzte die Schuhe der Leute. Aber ich war oft krank. Und wenn ich mich hinsetzte und nachdachte, ging es mir nicht gut. Ich war traurig und hatte keine Kraft zum arbeiten. Doch Tati Ami werde ich nie vergessen. Sie hatte keine Kinder und nahm mich auf wie ihren eigenen Sohn. Ich war noch klein, und oft wenn ich traurig war, nahm sie das Telefon und redete. Dann sagte sie mir, sie habe mit meiner Mutter gesprochen, es gehe ihr gut und sie werde bald nach Bamako kommen, aber noch sei die Straße gesperrt. Das stimmte nicht, aber ich verstand das erst später. Wenn sie mir das sagte, ging es mir wieder besser. Ich war zufrieden und fand meinen Lebensmut wieder.

Interessiert dich meine Geschichte? Denn ich mag nicht gerne darüber reden. Seit ich hier angekommen bin, habe ich sie nur einmal erzählt, vor dem UNHCR. Aber ich habe seit Sonntag nachgedacht und entschieden, dass ich dir meine Geschichte trotzdem erzählen will. Es ist lange her. Und wenn ich darüber rede, kommen viele Erinnerungen hoch. Siehst du? Also blieb ich bei Tati Ami und fing an Fußball zu spielen. Oft spielte ich am Abend im Quartier mit den Kindern, und ich war sehr gut. Tati Ami kaufte mir ein

Trikot und Schuhe, sie unterstützte mich sehr, siehst du. Sie war wie meine Mutter. Und oft vergaß ich bei ihr sogar meine Mutter. Manchmal dachte ich monatelang nicht mehr an sie. Aber weißt du, nichts kann deine Mutter ersetzen. Die Mutter ist die Mutter, so ist das. Auch wenn Tati Ami alles für mich tat, konnte sie nicht vollständig den Platz meiner Mutter einnehmen.

So blieb ich etwa drei Jahre bei ihr. Ich arbeitete, ich wichste Schuhe, ich spielte Fußball. Eines Tages sagte sie mir, sie kenne jemanden, der ein Ausbildungscenter für Fußballer betreibe, und sie werde versuchen mich dort hinzuschicken. Sie rief diesen Mann an und er meinte, er werde vorbeikommen, sobald er in Bamako sei. Als er kam, sah er mir beim Spielen zu und entschied, mich mitzunehmen. Ich ging mit ihm in eine Stadt namens Sévaré, in der Wüste. Aber der Mann hatte kein Ausbildungscenter. Da war ein großer Hof und ich traf etwa sechs Kinder. Der Mann hatte Kühe, und am Morgen mussten wir früh aufstehen und fünf Kilometer weit gehen, um an einem Tiefbrunnen Wasser für die Tiere zu holen. Wir mussten die Esel mit den Kanistern beladen und sie schlagen, damit sie vorwärts gingen. Im Grunde waren wir seine Arbeiter, aber das verstand ich am Anfang nicht gleich. Ich war noch nie in einem Ausbildungscenter, aber das war auf jeden Fall keines. Er gab uns lediglich am Abend einen Ball und ließ uns alleine spielen. Ich hielt das nicht aus, aber es gab nirgends ein Telefon, womit ich Tati Ami hätte anrufen können. Ich magerte stark ab, denn wir aßen nicht gut und konnten uns nur selten waschen.

Nach sechs Monaten begann ich mich aufzulehnen. Eines Morgens wollte ich einfach nicht mehr aufstehen. Da schlug er mich. Er schlug mich mit einer langen Lederpeitsche. Also musste ich doch aufstehen und mit den anderen zum Brunnen gehen. Manche Kinder sind abgehauen, aber ich wusste nicht wohin ich hätte gehen sollen, denn ich hatte kein Geld. Erst nach acht Monaten rannte ich davon. Sévaré ist ein großer Ort, aber die Häuser sind oft kilometerweit voneinander entfernt. Ich ging sehr weit bis zum Busbahnhof. Und da ich nichts hatte, fing ich an zu betteln. Man hatte dafür Tomatenbüchsen, welche man mit einer Schnur um den Hals band, und die Leute legten einem etwas zu essen hinein. Ich schlief draußen. Aber dort ist es nicht so kalt wie hier in Marokko, da frierst du nicht. Am Anfang hatte ich Angst, der Mann vom Ausbildungscenter könnte kommen und mich wieder mitnehmen. Also musste ich immer aufpassen. Aber Gott sorgte dafür, dass ich ihm nicht mehr begegnete. Da ich kein Geld hatte, konnte ich aber auch nicht zurück zu Tati Ami. Wenn ich nur genug Geld für die Fahrt gehabt hätte, wäre ich zu ihr zurückgekehrt.

Ich blieb mehrere Monate an diesem Busbahnhof. Und später traf ich vier große Jungs: Zwei Senegalesen, einen Malier und einen Kameruner. Sie waren viel älter als ich und mieteten dort eine Wohnung. Sie kamen zusammen von Nigeria und sagten, sie gingen nach Europa. Ich weiß nicht, was sie arbeiteten, aber jedenfalls hatten sie Geld. Ich ging jeden Abend zu ihnen und redete mit ihnen. Sie gaben mir Zigaretten, ich fing an zu rauchen und erzählte ihnen ein bisschen meine Geschichte. Jeden Morgen schickten sie mich Wasser holen und Essen kaufen, und dann gaben sie mir etwas davon, so dass ich nicht mehr betteln musste. Also blieb ich bei ihnen.

Einer der Senegalesen hieß Check, der hatte ein bisschen Gefühle. Er sagte mir, sie würden bald aufbrechen und wenn ich wolle, könne ich mit ihnen kommen. Die vier Jungs hatten mir von ihrem Abenteuer erzählt und ich war ein bisschen neidisch, denn ich wollte um jeden Preis so werden wie sie. Also ging ich mit. *Bon*, ich hatte keine Ahnung wo wir hingingen. Ich hörte von Europa, aber ich wusste nichts über Europa, überhaupt nichts. Ich wusste nur, dass dort die Weißen leben und es dort vielleicht gut und ruhig ist, siehst du. Ich weiß nicht wie ich dir das erklären soll, aber auf jeden Fall dachte ich, dort sei das Paradies. Also gingen wir los. Sie bezahlten für mich, wir nahmen den Bus und fuhren weit weg.

Als wir am nächsten Tag in Gao ankamen, gingen wir zu einem alten Araber mit einem sehr langen Bart. Der hatte einen großen Innenhof, und als wir eintraten, saßen da viele *Blacks* mit vielen Koffern. Und Check sagte mir, *die schicken sie alle nach Spanien*. Ich fragte: *Wie?* Und er sagte *ja, das ist die Route nach Spanien.* Wir warteten dort vier Tage lang. Ich dachte, wir gingen jetzt nach Europa. Ich dachte, wir würden mit dem Auto nach Spanien fahren. So war das in meinem Kopf. Und wenn ich ankomme, werde ich arbeiten. Das war der Plan. Ich war vierzehn Jahre alt. Nach vier Tagen kam mitten in der Nacht ein Landcruiser mit großen Reifen vorbei. Sie luden das Gepäck auf den Pick-up und wir mussten uns darauf setzen. Wir waren viele. Ich glaube, wir waren 36 oder so. Wir waren richtig eingeklemmt, das kannst du dir nicht vorstellen, so was von eingeklemmt! Sobald alle aufgestiegen waren, fuhr der Fahrer los. Mitten in der Nacht. Wir fuhren, fuhren, fuhren und ich sagte mir *eh, Europa ist weit!* Ich sah überhaupt nichts und hatte Angst. Wo gehen die mit mir hin? Wir kamen an einen Ort, wo der Fahrer anhielt und eine Pause einlegte. Da musste ich mit Check reden. Ich fragte ihn, *eh, Check, wo gehen wir da hin? Das macht mir Angst!* Aber er sagte, *du musst keine Angst haben. Du wirst sehen, dort wo wir ankommen, ist es gut.* Er würde mich nicht anlügen. Also fasste ich wieder Vertrauen und blieb bei ihnen. Wir aßen die ganze Zeit nur Kekse und etwas, das sich *Gari* nennt. Ein Maniokpulver, welches du mit Wasser und Zucker trinkst, damit du keinen Hunger mehr hast. Aber deswegen hatte ich derart Verstopfung, sag ich dir!

Wir fuhren, fuhren und fuhren. Wir kamen bis zu einer Militärsperre. Dort kamen Soldaten mit Gewehren auf uns zu, bedrohten uns und schrien herum. Wir mussten alle aussteigen und sie sagten, jeder müsse 10.000 Franc bezahlen, sonst würden sie uns nicht durchlassen. Sie nahmen mich auf den Posten und fragten, wo mein Geld sei. Ich sagte, ich hätte kein Geld, und sie durchsuchten mich überall. Überall. Sie zogen mich aus und zerlegten die Kleider in Teile. Ich hatte Angst. Ich erinnerte mich an das, was ich in Danané gesehen hatte, und dachte, jetzt würde dasselbe wieder losgehen und sie würden gleich auf mich schießen. Mein Körper zitterte. Aber als sie nichts gefunden hatten, trat mich einer in den Hintern und schrie: *Geh raus!* Dann stiegen alle wieder auf und wir fuhren weiter. Wir fuhren sehr lange.

In Bordj gingen wir in ein Haus, das sie *Foyer*[77] nannten, und legten uns schlafen. Am nächsten Tag sagten mir die vier Jungs, sie würden für eine Weile weggehen und später wiederkommen, wir würden dann zusammen weiterreisen. Ich solle in der Zwischenzeit hier arbeiten, bis ich ein bisschen Geld habe. Ich sagte *gut*. Und so gingen sie. Sie ließen mich in Bordj. Sie gingen und ließen mich zurück. Ich weiß nicht, wo sie hingingen. Ich habe sie seither nie mehr gesehen. Doch ich kann nichts sagen. Ich hatte nichts und sie halfen mir.

Also fing ich an, zu arbeiten. Ich ging auf den Tschad-Platz und ein Araber nahm mich mit, ließ mich Löcher graben und gab mir am Abend etwas Geld. Dort hat das Leiden angefangen. Ich hatte noch nie solche Arbeiten gemacht. Aber ich blieb und arbeitete, arbeitete, arbeitete bis ich krank wurde. Und sobald ich wieder gesund war, arbeitete ich weiter. Ich wurde immer wieder krank, denn die Arbeit war einfach zu hart. Ich arbeitete als Hilfsmaurer und musste mit der Schaufel Beton mischen oder schwere Backsteine in den dritten Stock hoch tragen. Tonnenweise Backsteine. Von morgens bis abends. Bis ich genug Geld hatte, um weiterzureisen.

Man erzählte mir von einem Ivorer in Maghnia namens Soulebeton. Man gab mir seine Nummer und ich rief ihn an. Er sagte, *kein Problem*, ich solle nur kommen, dort sei die Arbeit weniger hart. In Maghnia hat jedes Land seine Gemeinschaft. Es ist eine kleine Mafia, die sich dort installiert hat. In dieser Gemeinschaft läuft alles wie in einer Regierung. Es gibt einen Chairman, einen Premierminister, einen Kommissar, einen Generalsekretär – und jene, welche nicht in der Regierung sind, nennt man Polizisten. Soulebeton war der Kommissar der Ivorer. Unser Chairman hieß Ismou. Er war böse. Er war übel. Er sagte nichts ein zweites Mal, und lachte nie. Wenn er A sagt, ist es A. Wenn er B sagt, ist es B. Und wenn du einen kleinen Fehler machst, bezahlst du teuer. Obwohl du ihm immer hilfst. Das kümmert ihn nicht. Er sitzt nur herum und tut nichts außer befehlen: *Moussa, tu das, Moussa, komm her, Moussa, bring mir das. Bon*, ich habe jedenfalls gelitten. Ich war der

Kleinste, ich war damals 15 Jahre alt, und alle kommandierten mich herum. Wenn du dich weigerst, bezahlst du *Fuckup*. Hier hast du weder Papa noch Mama. Also passte ich immer auf, nichts falsch zu machen. Denn dort kannst du leicht dein Leben verlieren. Dort wurden viele Leute umgebracht. Sehr viele Leute.

Ich blieb zwei Monate lang dort. Dann wurde ich krank und wollte nicht mehr bleiben. Ich wollte nach Marokko. Denn in Algerien kannst du nicht ins Krankenhaus gehen, weil sie dich sonst gleich in die Wüste nach Mali abschieben. Ich weiß nicht, was ich hatte, aber mein ganzer Körper tat mir weh. In der Nacht schlief ich nicht, ich schwitzte und konnte kaum atmen. Doch dem Chairman war das völlig egal. Zum Glück kannte ich einen jungen Malier, der mich nach Oujda begleitete und zu MSF brachte. Sie kümmerten sich um mich und allmählich ging es mir etwas besser. Sie stellten mir viele Fragen und ich erklärte ihnen ein bisschen meine Situation. Dann sagten sie mir, ich müsse zum UNHCR nach Rabat gehen. Sie machten mir viel Druck, damit ich dort hingehe. Und schließlich traf ich ein paar Leute, welche auch nach Rabat wollten. Wir gingen zu Fuß nach Naima und hielten uns hinten an einem Nachtzug fest.

Als ich in Rabat angekommen bin, war ich nicht mehr normal. Ich war sehr seltsam. Schau, dieses Foto, so bin ich hier angekommen. Siehst du mein Gesicht? Das ist ein Foto von 2009. Das ist mein Gesicht. Ich war etwas anderes. Ich hatte nur noch schwarze Ideen und Angst vor allen Menschen. Wenn ich ein Geräusch hörte, erschrak ich jedes Mal. Und in der Nacht schrie ich. Ich war zuerst in einem *Foyer* in Takadoum und alle kannten mich dort deswegen. Ich schrie. Ich sah seltsame Dinge und hörte Stimmen, die in meinem Kopf zu mir sprachen. Ich war etwas anderes. Ich wusste selber nicht, was ich bin. Ich war verloren.

Eines Tages ging ich zur Caritas, wo sie dir ein bisschen Nahrung und Kleider geben. Denn es war kalt. Als ich dort reinkam, nahm mich eine Frau auf und schickte mich gleich zu einer Psychologin. Eine Französin, sie heißt Clotilde. Ich habe ihr meine Geschichte erklärt und sie sagte, *das wird schon.* Auf jeden Fall hat sie mir viel geholfen. Wenn sie mit mir spricht, ist das wie ein Medikament, das mich heilen kann. Ich traf sie von da an zwei Mal jede Woche und sie sagte, das UNHCR könne mir helfen, meine Mutter wieder zu finden. Also fand ich das interessant. Denn jetzt tauchte der Gedanke an meine Mutter wieder auf. Davor hatte ich sie vergessen. Ich musste so viel Druck aushalten, dass ich alles andere vergessen hatte.

Ich bin auf der Straße aufgewachsen. Ich bin während dieser Reise groß geworden. Ich habe zu vieles gesehen. Als ich in Maghnia war, da haben sie jemanden vor meinen Augen getötet, aber ich habe nichts gefühlt. Ich hatte nicht einmal Angst. Es war eine *Fuckup*-Geschichte. Die Nigerianer hatten in der Nacht einen jungen Malier erwischt. Sie sagten, er habe einen Passagier stehlen wollen, um ihn zu einer anderen Gemeinschaft zu bringen. Er habe so Passagiere an den Gemeinschaften vorbei direkt nach Oujda geschleust. Also riefen sie alle Gemeinschaften und sagten, sie werden ihn töten. Sie töteten ihn im *Foyer* der Nigerianer. Ismou schickte mich hin, um ihn in der Versammlung zu vertreten. Also war ich dabei. Sie haben ihm Fragen gestellt, aber er konnte nicht sprechen. Also nahmen sie eine Machete und schlugen ihm in den Nacken. Er fiel hin und begann stark zu zittern. Da fingen sie an, ihn mit der Machete zu zerstückeln. Wie einen Hund. Ich schaute zu. Aber ich hatte keine Angst. Ich fühlte nichts. Erst als ich in Rabat war, kamen all diese Bilder wieder hoch.

Eines Tages fuhr ich also mit Clotilde zum UNHCR. Sie stellten mir viele Fragen, ich antwortete und erzählte meine ganze Geschichte. Drei Wochen später riefen sie mich an und gaben mir die Karte. Sie sagten, ich sei vom UNHCR anerkannter Flüchtling und stünde unter ihrem Schutz. Sie bezahlen seither mein Zimmer. Sie fragten mich, was ich jetzt wolle, und ich sagte, ich möchte wissen, ob meine Mutter am Leben ist. Das UNHCR in Côte d'Ivoire kontaktierte dann die Caritas in Danané, und diese gingen zu dem Haus, in dem ich aufgewachsen bin. Aber dort wusste niemand etwas über meine Mutter. Sie sagten, sie werden weiter suchen. Aber bis heute habe ich keine Neuigkeiten.

Sie suchten mir auch einen Ausbildungsplatz, wo ich lernen würde, Elektrogeräte zu reparieren. Aber sie fanden nichts. Ich versuchte Arbeit zu finden, doch überall fragte man mich nach Papieren. Das Leben hier ist nicht einfach. Die Leute um mich herum wollten alle nach Europa, und eines Tages überredeten sie mich, mit ihnen zu kommen. Wir kauften uns Schwimmwesten und fuhren nach Castillejos. Das war das erste Mal in meinem Leben, dass ich das Meer sah. Wir versteckten uns, dann zogen wir die Schwimmwesten an und rannten ins Wasser. Die anderen schwammen davon, aber ich konnte nicht schwimmen. Ich strampelte, doch ich kam nicht vorwärts. Da bekam ich Angst und begann zu schreien. Die Soldaten riefen, *viens mon ami, viens mon ami,* und so ging ich wieder an Land. Sie verhafteten mich, brachten mich aufs Kommissariat und ich zeigte ihnen meine Karte. Da riefen sie beim UNHCR an und die hatten Panik. Sie sagten, ich solle das nicht tun und so weiter. Aber ich hatte es satt. Sie sagten, *Moussa, geht es dir gut, warum tust du das, wir suchen dich, wo bist du* und und und. Sie sagten den Gendarmen, sie sollen mich nicht nach Oujda bringen, und schickten jemanden, um mich abzuholen. Sie sagten, sie würden sich um mich kümmern, und ich müsse ihnen versprechen, dass ich das nie wieder tue.

Einen Monat später hatte ich einen Ausbildungsplatz in der Hotellerie. Wir waren drei Flüchtlinge. Tagsüber besuchten wir die Schule und in der Nacht mussten wir im Restaurant arbeiten. Es war wirklich hart. Das Geld, welches wir vom UNHCR erhielten, reichte nicht mal zum Essen. Und ich erlebte viel Rassismus. Wenn wir zum Beispiel zusammen einen Teig kneten mussten, wollten sie nicht, dass ich ihn berühre. Weil ich schmutzig sei. Trotzdem habe ich die Ausbildung abgeschlossen. Ich habe ein offizielles Diplom. Aber ich finde hier keine Arbeit. Ob ich Hoffnung habe? Ich habe keine Hoffnung. Das heißt, vielleicht habe ich eine Zukunft, aber ich sehe sie nicht. Vielleicht. Clotilde sagte mir, es gäbe immer

Hoffnung. Aber ich weiß es nicht. Ich habe dieses Land satt. Ich will nicht hierbleiben. Denn hier komme ich nicht weiter.

So ist mein Leben. Oft sage ich mir, dass meine Mutter und meine Schwester nicht mehr leben. Dass ich alleine bin. Wenn sie noch da wären, hätte man sie gefunden. Manchmal sage ich mir aber auch, dass sie vielleicht noch da sind. Ich weiß es nicht. So ist das. Noch heute sehe ich regelmäßig Clotilde. Es geht mir besser. Aber die Bilder kommen oft zurück. Dann kann ich nachts nicht schlafen. Ich höre Stimmen und habe Angst. Ich nehme Medikamente, die mir ein Psychiater verschrieben hat. Und jedes Mal, wenn die Behandlung zu Ende ist, kommt es wieder. Das ist meine Geschichte. Aber es gibt Dinge, die ich dir nicht erzählen kann. Ich will mich nicht daran erinnern. Wenn ich dir davon erzählen würde, müsste ich Tränen weinen. Das Wichtigste habe ich dir gesagt, aber es gibt Details, von denen ich nicht sprechen kann. Wenn ich davon rede, passieren Dinge mit mir, die ich nicht kontrollieren kann. Ich habe ein Problem im Kopf, deswegen muss ich die Medikamente nehmen. Ich habe einmal versucht, mit Clotilde darüber zu sprechen, aber da musste auch sie weinen und sie meinte, es sei nicht die Zeit, um darüber zu reden.

Das Meer soll uns nicht verschlucken

Bist du Marokkaner? Schweizer? Du hast aber ein bisschen das Gesicht eines Fèsi. Sprichst du Arabisch? Bist du Muslim? Die Schweiz hatte nie Krieg, oder? *Das ist wegen den Banken, nicht, weil alle großen Länder ihr Geld dort haben? Kennst du Beckham? Beckham, der englische Fußballspieler? Kennst du ihn? Er meint, du siehst ein bisschen aus wie Beckham. Was für eine Sprache sprecht ihr in der Schweiz? Da gibt es viele schöne Frauen mit blonden Haaren, nicht? Stören wir dich, willst du arbeiten?* Ich fahre mit dem Zug von Casablanca nach Fès. Unterwegs setzen sich fünf lebhafte Jungs zu mir ins Abteil. *Wir gehen zum Fußballspiel. Wir werden über die Mauer klettern.*

In Fès nehme ich ein Zimmer in einem hübschen Hotel für 80 Dirham und spaziere durch die engen, abfallenden Gässchen der Medina. Vorbei an den unzähligen kleinen Läden mit Kleidern, Schuhen, Lederwaren, Kunsthandwerk, Schmuck, Gewürzen, Parfums, Geschirr, Fleisch, lebendigen Hühnern, verzierten Marmorplatten, Teppichen, Taschen, Hüten, Hochzeitsgewändern. Vorbei an den *Samsar,* den Händlern auf Provision, welche mir an jeder Ecke zurufen: *mon ami, hello, welcome, hallo, bonjour, hola, my friend, amigo, willkommen, yes, come in!* Ich esse ein Hackfleischsandwich und löffle ein *Raib,* einen dicken hausgemachten Joghurt in einem Glas. Der Verkäufer fragt, ob ich Muslim sei und meint auf meine Verneinung, ich müsse Muslim werden, damit ich ins Paradies komme. Ich antworte ihm, ich sei jetzt schon im Paradies.

Ich kaufe mir ein Jasminparfum, ein paar neue Ledersandalen für die Heimkehr und spaziere den Schwalben entgegen, welche vor dem Bab Boujloud in Schwärmen tief über den großen Platz fliegen und in der untergehenden Sonne Mücken fangen. Ich schlafe in einem großen Doppelbett und genieße eine warme Dusche. Am nächsten Tag trinke ich einen frischen Orangensaft und esse

Msimmen, marokkanische Crêpes mit Honig, bevor ich in einem kleinen roten Taxi zum Bahnhof fahre: Ein neues, stolzes orientalisches Gebäude mit einer hohen Glasfassade und Marmorboden. Eine Diesellokomotive zieht den Zug in gemächlichem Tempo durch eine der fruchtbarsten Landschaften Marokkos nach Oujda. Vorbei an großen, abgeernteten Getreidefeldern voller Strohballen, hügeligen Olivenhainen, und kleinen Dörfchen mit weißen Minaretten. Dann wird die Landschaft karg und geht über in eine niedrige Weite, zerfurcht von Erosionsgräben und bevölkert von großen Schafherden. Manche Bahnhöfe sind einsame Posten in der leeren Gegend, wo niemand einsteigt, niemand aussteigt, und der Zug zwischen abbremsen und anfahren im Rollen bleibt.

Lachende Kinder rennen durch die Gänge der Waggons. Männer lesen arabische Zeitungen, Jugendliche schauen Filme auf Laptops. Ich korrigiere an meinem Macbook eine Schweizer Bachelorarbeit über die Einflussmöglichkeiten von Jugendarbeit auf die Persönlichkeitsentwicklung während der Adoleszenz. Ich verdiene 35 Schweizer Franken die Stunde, einen hiesigen Monatslohn am Tag. Ein junger Mann stürzt in unser Abteil und versteckt sich unter der Sitzbank. Er ist Algerier, auf der Flucht vor dem Kontrolleur. Erfolglos habe er in Tanger versucht, mit einem Boot nach Europa zu gelangen. Jetzt fährt zurück nach Hause. Er kriecht unter meine Sitzbank, bis der Kontrolleur durch ist. Man gibt ihm Wasser und eine Zigarette. Er bedankt sich mit der Hand auf dem Herzen – *Gott möge euch Glück bringen.* Am Bahnhof von Naima sehe ich zwei schwarze Reisende, welche darauf warten, auf einen Zug aufzuspringen. Die Sonne versinkt über den weiten Weizenfeldern, die der Winterregen wachsen ließ. Nach fünf Stunden Fahrt komme ich in Oujda an. Hier ist das östliche Ende Marokkos. Das Fünf-Sterne-Hotel neben dem Bahnhof heißt entsprechend *Atlas Terminus.* Hier geht es nicht mehr weiter. Die Grenze zu Algerien ist seit zwanzig Jahren gesperrt.[78]

Die politische Differenz zwischen den beiden Ländern liegt tief. Algerien ist eine sozialistische Präsidialrepublik, Marokko ein kapitalistisches Königreich. Und dann ist da noch die Westsahara, welche Marokko völkerrechtswidrig annektierte, während Algerien die *Frente Polisario* in ihrem Unabhängigkeitskampf unterstützt.[79] Aber keine politisch gezogene Grenze ist dicht. Und schon gar nicht diese hier. Ahmed, der Rezeptionist meines Hotels in Fès erzählte mir zum Beispiel, in Oujda gäbe es keine einzige Tankstelle. *Doch, es gibt schon ein paar,* erwidert mir der Taxifahrer, der mich in die Medina fährt, *aber nicht viele.* In Algerien kostet der Liter Bleifrei 22 Dinar. Nach Marokko geschmuggelt kostet er 4 Dirham (40 Cent) auf dem Schwarzmarkt. An der Tankstelle das Dreifache.

Am nächsten Tag brennt die Sonne. Ich bin beim Kreisverkehr vor der Universität mit Azarias verabredet. Während ich warte, wankt ein staubiger, grauer *Renault 19* ohne Nummernschild über die Kreuzung. Vorne sitzen zwei Jungs, eingeklemmt zwischen Sitz und Armaturenbrett. Hinten schauen blaue Kanister aus den Scheiben. Der Kofferraum ist mit einem Zurrgurt zugebunden. Das alte Auto, vollgestopft mit algerischem Benzin, kurvt seelenruhig in der prallen Mittagssonne durch die Straße. Ich werde später verstehen, dass dieses Bild hier zum Alltag gehört.

Azarias begrüßt mich mit einem warmen Schmunzeln. Er stammt aus Mosambik, studiert Rechtswissenschaften an der Universität von Oujda und arbeitet als Freiwilliger in der evangelischen Hilfsorganisation CEI. Er bringt mich in seine Wohnung und stellt mich all den Freunden und Freundinnen vor, welche sich dort treffen, um miteinander die Zeit zu verbringen. Sie kommen aus dem Tschad, aus Ghana, Gabun, Madagaskar, São Tomé und Príncipe. Sie wurden alle über ein Stipendien-Programm der UNESCO zum Studieren nach Marokko geschickt und landeten hier in Oujda. Aber einfach hätten sie es deswegen auch nicht, meint Azarias: *Uns wurde eine Unterkunft in einem Studentenwohnheim versprochen, Essen in der Kantine für zwei Dirham und diverse Vergünstigungen. Aber als wir hier ankamen, sahen wir nichts davon. Im Wohnheim gab es keinen Platz für uns, also mussten wir uns selber um ein Zimmer kümmern. Marokko hält sich nicht an die Abmachungen. Wir kriegen 75*

Euro im Monat. Damit kannst du gerade mal die Miete für das Zimmer bezahlen. Hier kann niemand von dem Stipendium leben. Alle sind auf die Hilfe der Eltern angewiesen. Und wenn die nicht zahlen können, bist du aufgeschmissen. Du siehst, sie haben ja sogar eine Western-Union-Agentur gleich neben die Uni gestellt!

Ich setze mich auf das Sofa neben Harou. Wir essen Couscous. Harou stammt aus dem Tschad, studiert Informatik und arbeitet gerade an seiner Diplomarbeit im Auftrag eines Technologiekonzerns in Rabat: Er programmiert ein Steuerungssystem für Drohnen. *Was hier passiert ist wirklich schlimm,* beginnt er zu erzählen, als er von meinem Thema erfährt. *Jede Woche fahren sie die Leute raus an die Grenze. Auch Frauen und Minderjährige. Sie fahren sie so weit weg wie möglich und nehmen ihnen die Schuhe ab, damit sie es schwerer haben, zurückzugehen. Dann schießen sie, damit die Leute Angst kriegen und auf die algerische Seite rennen. Sie schießen mit richtigen Kugeln. Und auf der anderen Seite schießen dann die Algerier. Meistens schießen sie auf die Füße. Aber gerade letzte Woche sind wieder zwei Menschen gestorben. Sie rannten davon, als sie die Soldaten erblickten, und diese haben geschossen. Zwei sind gestorben und einer kam ins Krankenhaus, mit einer Kugel im Fuß.* Die Aussetzungen sind keine Einzelfälle. Die Hilfsorganisation Ärzte ohne Grenzen (MSF) registrierte im vergangenen Jahr 191 Abschiebungen ins Niemandsland zu Algerien, von denen über 6000 Menschen betroffen waren. Darunter mindestens 93 Frauen – davon 18 Schwangere – 45 Minderjährige, 35 Kinder und über 500 Menschen mit Gewaltverletzungen, welche medizinische Hilfe benötigten (MSF, 2013).

Später frage ich Harou, wie es dazu kam, dass die Leute in der Universität campieren. *Ich glaube, es war etwa im Jahr 2002,* beginnt er zu erzählen, während wir das Geschirr waschen. *Damals campierten die Migranten in einem kleinen Wäldchen neben dem Universitätsgelände, weil sie Schutz vor der Polizei suchten. Wenn die Polizei kam, sprangen sie jeweils über den Zaun, um sich auf dem Gelände der Fac[80] in Sicherheit zu bringen. Dort darf die Polizei nicht hinein. Denn in der Folge blutiger Studentenstreiks unter König Hassan II kam es offenbar zu dem Kompromiss, dass die Polizei kein Universitätsgelände mehr betreten darf. Ich konnte das lange nicht verstehen. Ich begriff das erst, als eines Tages ein Polizeiauto vor der Wirtschaftsfakultät geparkt war. Die Studenten warfen das Auto einfach um und drehten es auf den Kopf, so dass die vier Räder in der Luft waren. Da verstand ich, dass diese Geschichte wahr ist. Wann immer die Polizei dieses Gebiet betritt, kommt es zu einem Eklat. Also campierten die Migranten in der Nähe der Universität, um sich vor der Polizei zu schützen. Eines Tages, als die Polizei kam, sprang eine Frau mit einem vier Monate alten Baby über den Zaun. Das Kind blieb an einer Geländerspitze hängen, es wurde aufgespießt und starb. Aber anstatt das Kind zu retten, versuchten die Polizisten, die Frau zu verhaften. Dieser Vorfall führte zum Zorn der Studenten und es gab viele Proteste. Seither darf die Polizei nicht mehr weiter als bis zum Kreisverkehr. Und das Camp der Migranten befindet sich nun innerhalb des Geländes der juristischen Fakultät. Die Migranten profitieren vom Schutz der Studenten. Aber dieser Schutz existiert nur, wenn die Studenten dort sind. Jetzt, während den Semesterferien, kommt die Polizei manchmal trotzdem. Sie waren erst kürzlich dort und brannten alles nieder.*

Seit Sommer 2012 hat die Polizeigewalt gegen Subsaharier in Oujda sowie in der Gegend der spanischen Enklaven Ceuta und Melilla massiv zugenommen. Der Schlussbericht von MSF über ihre Aktivitäten in Marokko[81] ist alarmierendes Zeugnis davon: 2012 habe die Hilfsorganisation in Nador und Oujda 1.100 Personen mit gewaltbedingten Verletzungen behandelt, darunter zunehmend Arm-, Bein-, Hand- und Gelenkbrüche sowie gebrochene Zähne und Gehirnerschütterungen. Regelmäßig stürmen Polizeieinheiten die Camps und zerstören alles, was sie vorfinden: Zelte, Decken, Kochtöpfe, Kleider, Reisedokumente. Bargeld und Mobiltelefone verschwinden in den Taschen der Beamten. Die Reisenden werden verhaftet, misshandelt und an die algerische Grenze abgeschoben, ohne dass ihr Status geprüft wird, ohne dass sie auf ein Kommissariat gebracht werden. Dasselbe passiert in Wohnungen in Tanger, Rabat und Casablanca. *Sie wollen die Leute entmutigen,* sagt Harou.

Denn ich las in der Zeitung, dass die EU Marokko subventioniert, um die Tatsache auszurotten, dass die Schwarzen von Marokko aus nach Europa gehen. Und wie kann man das tun? Genau, indem man sie entmutigt.

Azarias nimmt mich für ein paar Tage in seiner Wohnung auf. Er schreibt gerade seine Doktorarbeit in Internationalem Recht und hat eine Einladung nach Frankreich, um sich in der Pariser Universitätsbibliothek mit dem nötigen Material auszustatten. Am nächsten Morgen versucht er ein weiteres Mal, bei der französischen Botschaft einen Termin einzuholen, um sein Visumsgesuch einzureichen. Aber die Antwort ist die gleiche wie schon die Woche zuvor: *Wir haben keine freien Termine bis Oktober, rufen Sie nächste Woche wieder an.* Es ist jetzt Anfang Juni. Das letzte Mal, als er ein Visum für einen Besuch in Europa beantragte, war er zur Hochzeit eines Freundes nach Belgien eingeladen. Er hatte das Gesuch im April eingereicht, die Hochzeit war Mitte September und Ende Oktober erhielt er die Antwort der belgischen Botschaft: Antrag abgelehnt. Es gäbe Zweifel darüber, dass er nach der Hochzeit wieder nach Marokko zurückkehren würde.

Am frühen Nachmittag gehe ich mit Azarias zur *Fac*. Als Vorwand für unseren Besuch nimmt er einen Stapel gespendeter Bibeln mit. Die Sonne brennt auf die breiten, leeren Straßen. Wir spazieren in der mittäglichen Ruhe zum Kreisverkehr vor der Universität und weiter zur Juristischen Fakultät. Die Straße steigt eine leichte Anhöhe hinauf, rechts eine Allee aus Kieferbäumen und dahinter eine Reihe von Cafés, links eine flüchtig erstellte Betonmauer mit herausragenden Armierungseisen. Mitten in der Mauer eine unscheinbare Türe, und dahinter das Camp der gestrandeten Reisenden.

Es ist ein altes Sportgelände. Ein Basketballplatz mit schiefen Körben ohne Netze, ein staubiges Fußballfeld mit rostigen Torrahmen, umgeben von dürrem Gras, vereinzelten Eukalyptusbäumen und einer Betonmauer. Entlang der Mauer reihen sich etwa dreißig Baracken aus Stecken, alten Wolldecken, Plastikplanen und aufgetrennten Zuckersäcken, mit Schnüren zusammengebunden, so dass sie ein bisschen aussehen wie zerfetzte Daunenjacken. In einem großen Zelt endet gerade eine Messe. Leute singen. Ein großer Mann mit gelbem Fußballtrikot und unfreundlichem Gesicht kommt auf uns zu: *Wie gehts? Was macht ihr hier? Wer seid ihr? Sucht ihr wen? Gibts ein Problem?* Dann kommt ein nigerianischer Priester auf uns zu und schickt den anderen weg: *Ihr seid willkommen, ist schon gut, macht euch keine Sorgen wegen ihm, er schaut nur für die Sicherheit.*

Der Priester ist ein kleiner Mann mit rasiertem Schädel und kräftigem Nacken. Während Azarias ihm die Bibeln übergibt, kommt ein junger Mann mit verwirrtem Gesicht auf uns zu. Er beugt sich nieder und zeigt mir seinen Hinterkopf. Ich sehe ein blutiges Loch mit zerfetzten Rändern. Er wurde vergangene Nacht schlafend von einem Stein getroffen, den ein *Verrückter* geworfen habe. Der Mann mit der Wunde heißt Aydou und ist Kameruner. Er bittet uns um Medikamente.

Der *Verrückte* sei von den *Ecowas* verurteilt, verprügelt und vertrieben worden, sagt der Priester. *Ecowas* nennt sich eine Art Gericht, welches sich aus Vertretern aller Ländergemeinschaften in den Camps zusammensetzt. Die Vorsitzenden der Ecowas sind Nigerianer, ganz nach dem Vorbild der gleichnamigen westafrikanischen Wirtschaftsgemeinschaft, der Economic Community of West African States. Nebst ihrer ursprünglichen Aufgabe hatte diese unter der Führungsmacht Nigerias seit den 90er Jahren verschiedentlich militärisch in regionale Konflikte eingegriffen, wobei es zu mitunter schweren Menschenrechtsverletzungen kam.

Die Stimmung im Camp ist bedrückt. Vielen steht die Misere ins Gesicht geschrieben. Ebenso wie die unerschütterliche Bestimmtheit, zu kämpfen und sich durchzuschlagen. Die meisten im Camp sind Nigerianer, die meisten sind Männer, die meisten sind kräftig gebaut. Es hat aber auch etliche Frauen hierher verschlagen und der Pastor berichtet von zwölf oder dreizehn Kindern. Ein Kranker wankt auf uns zu und bittet um einen Arzt. *Wir haben viele Kranke hier,* sagt der Priester. Wir haben nur Bibeln dabei. Aber Glaube ist hier eine starke Sache und Bibeln mindestens so wertvoll wie Medikamente. *Gott beschütze euch.* Aydou mit dem Loch im Kopf fragt nach einer spanischen Bibel. Er habe bereits eine englische und eine französische. Jetzt wolle er Spanisch lernen.

Wir begleiten Aydou am Nachmittag ins Krankenhaus. Denn in der Regel werden papierlose Subsaharier in den Notfallstationen abgewiesen. In unserer Begleitung aber wird Aydou umstandslos behandelt. Der Arzt erlässt ihm sogar die Kosten für eine Computertomographie. Der Schädel ist nicht gebrochen und das Gehirn unverletzt. Aydou ist glücklich. Ich treffe ihn am nächsten Morgen um acht Uhr vor der Universität wieder. Es ist ein Sonntag und die Gegend ist ruhig: Ein neues Quartier mit modernen Häusern der oberen Mittelklasse. Entlang der Straße gibt es ein paar edle Cafés, Pizzerien und eine Filiale von Western Union. Aydou sieht besser aus als gestern. Er lädt mich zum Gottesdienst in einem Camp der Nigerianer ein. Er ist dort Ministrant des Priesters von gestern. *Weißt du, es gibt etwas schreckliches hier,* beginnt Aydou auf dem Weg zu erzählen, *viele junge Frauen, welche hier landen, sind gezwungen, mit einem der älteren Nigerianer zusammen zu sein. Und wenn sie schwanger werden, verstehst du, müssen sie ihr Baby behalten, weil sie so beim Betteln mehr Geld verdienen.* Ich nicke. Ich kenne die Geschichten. In Rabat erzählte man mir sogar, die Babys würden zum Betteln vermietet.

Hinter der Uni geht die Stadt zu Ende. Wir spazieren eine leichte Anhöhe hinauf, von der man die ganze Stadt sieht. Über 1,5 Millionen Menschen leben hier. Dank der Grenze ist Oujda eine der günstigsten Städte Marokkos. Denn aus Algerien werden auch Nahrungsmittel geschmuggelt und auf großen Märkten verkauft. Wir betreten einen schmalen Pfad, der an einem ausgetrockneten Flussbett entlang führt. Die Gegend ist karg. Ein Dutzend weiße Schafe drängen sich zum Schutz vor der glühenden Sonne eng aneinander und strecken sich gegenseitig die Köpfe unter die Bäuche. Junge schwarze Männer mit Kanistern kommen uns entgegen und grüßen müde. Sie gehen runter in die Stadt, um Wasser zu holen.

Nach zwanzig Minuten kommen wir zu einem lichten Wald mit niederen Pinien, welche einst mit genauen Abständen in geraden Reihen gepflanzt wurden. Im Schatten der Bäumchen stehen Zelte aus Stecken und Wolldecken. Es riecht nach Harz, welches die Sonne aus den krustigen Rinden schmilzt. Vögel zwitschern, Kinder rennen durch die Gegend. Männer liegen in den Zelten. Frauen kämmen sich die Haare. Es ist Sonntag.

Eines der Zelte ist grösser als die anderen, rechteckig gebaut und auf einer Längsseite offen. Auf den First wurde eine rote marokkanische Flagge gepflanzt. *Hier finden die Versammlungen statt,* erklärt mir Aydou. Ist es möglicherweise das Zelt der *Fedra*, in dem Felix befohlen wurde, 500 Euro zu bezahlen? Wir gehen daran vorbei zu der Kirche: Ein Gerüst aus Stecken, mit allerlei Decken umhüllt. Plastikschemel stehen in Reihen vor einem Rednerpult aus Wolldecken: der Altar. Allmählich kommen Leute in das Kirchenzelt. Vor allem Frauen und kleine Kinder. Die Frauen haben ihre besten Kleider angezogen und sich geschminkt. Mit glänzend polierten Absatzschuhen gehen sie über den Waldboden. Es riecht nach allen möglichen Parfums.

Es ist ein afrikanischer Gottesdienst auf Englisch, mit viel Gesang, viel Klatschen, viel Rufen, viel Zittern, viel Begeisterung, viel Freude, viel Hingabe. Viel *lobet den Herrn!*, viel *Herrlichkeit!*, viel *Amen!*, viel *Master Jesus, Lord, wir danken dir, Vater wir danken dir für diesen wundervollen Tag, wir danken dir für alles, was du getan hast, wir preisen dich in aller Ewigkeit, im Namen Jesus beten wir.* Der Priester ist ein schlanker Mann Ende Dreißig. Weißes Hemd, karierte Hose, hellbraune Ledertasche und ein lächelndes, feines Gesicht. Die Zeremonie dauert drei Stunden lang. Die Menschen singen und der Priester ruft dazwischen. *Danket Gott! Preiset Jesus!* Er predigt, dass alles seine Zeit hat, alle Dinge ihr Ablaufdatum, alles zu seiner Zeit geschieht und vergeht. Er ruft mit einer heiligen Begeisterung den Kirchenbesuchern entgegen, pausenlos, und immer wieder: *Halle-*

luja! Die Adern auf seiner Stirne quellen auf, seine Stimme wird heiser, aber nicht leiser. Es ist Sonntag. Es ist der Tag der Freude. *Sind wir glücklich? – Ja! – Sind wir wirklich glücklich! – Ja! – Preiset den Herrn! – Amen!* Er verteilt die Bibeln, die wir gestern vorbeibrachten, zwei Sätze daraus werden vorgelesen und wiederholt – *Yes! Amen! Preiset den Herrn! Halleluja!* Menschen geben sich hin. Menschen hoffen. Menschen singen. Menschen tanzen. Menschen rufen. Menschen feiern. Und am Ende werden alle gebeten, Geld in einen großen Teller zu legen. Ausnahmslos alle holen ein paar Dirham hervor, sie halten sie fest in der Hand und bitten Gott, diese Gabe anzunehmen und ihre Wünsche zu erfüllen. Sie treten gemeinsam hervor und geben das Geld in die Schale. Ich gebe als Einziger kein Geld. Ich habe das Gefühl, dass es bloß in die Tasche des Priesters fließt.

Dann hebt der Priester die Schale empor. *Unser Vater, wir bitten dich im Namen Jesus, diese Gabe anzunehmen, wir legen alles in deine Hände, und im Überfluss soll sie zu uns zurückkommen. Im Gegenzug dieser Gabe werden unsere Stimmen gehört, wir sollen nicht enttäuscht werden, wir werden nach Europa gelangen, unsere Reise wird eine erfolgreiche sein, das Meer soll uns nicht verschlucken, niemand unserer Brüder und Schwestern soll in diesem Jahr sterben, Gott wird uns führen und behüten, im Namen Jesus, im Namen des Heiligen Geistes, Amen! Halleluja!*

*

Am Tag darauf fahre ich in einem gelben Mercedes-Taxi an die Grenze. Mit offenen Fenstern brettern wir über die nahezu leere vierspurige Straße mit neuen, blauen Straßenlaternen. Neben uns ziehen sich eingemauerte Gärten und Olivenhaine in die Länge. Wir durchfahren zwei Polizeicheckpoints und irgendwann stehen vier Reihen Absperrgitter mitten auf der Straße. Das Ende. Wir halten neben einem Restaurant mit Glasfassade, und der Fahrer lässt mich als letzter Passagier aussteigen.

Vor mir liegt die Grenze. Versperrt von verbeulten Stahlfässern. Verbleichte Verbotsschilder klappern im sanften Wind gegen rostige Gitter. Ansonsten sieht der Grenzposten ein bisschen aus wie der Eingang zu einem verlassenen Park. Zierpalmen und allerlei Bäume bedecken den Ort mit friedlichem Grün. Der brüchige Asphalt wird allmählich von Gras überwachsen. Ein warmer Wind wiegt die hängenden Äste der Eukalyptusbäume, das hohe, dürre Gras und die fünf marokkanischen Fahnen. Es ist ruhig. Ein Straßenhund schlendert in der Mittagssonne zwischen den Gittern hindurch. Zwei marokkanische Polizisten gehen im Schatten einer Akazie gelangweilt im Kreis, die Hände auf dem Rücken. Ein Meilenstein schreibt 207 Kilometer bis nach Oran, Algerien. Die Gegend ist leer. Aus der Ferne singt leise Bob Marley: *Is this love, is this love, is this love what I'm feeling?* Und von der Moschee auf der anderen Seite der Grenze ertönt der Adhan, das Mittagsgebet.

Das moderne Restaurant mit Glasfassade und Kartbahn heißt *L'étappe*, als wäre die Grenze nur ein Zwischenhalt, kein Ende. Rotes Metallgeländer und Gartenstühle aus Aluminium. Auf dem Rasen Trampolin, Schaukel, Rutsche und Rasenmäher. Als einziger Gast setze ich mich auf die Dachterrasse, trinke einen Orangensaft und beobachte die Stille. Ich schaue nach Algerien. Ich sehe die algerische Landesfahne, algerische Zypressen, algerische Hügelkämme. Von Zeit zu Zeit fahren Autos bis zu den Absperrgittern, wenden, und kehren wieder zurück. Ein Soldat kommt in einem Armee-Pick-up und kauft Zigaretten. Links und rechts vom Grenzposten dehnt sich eine weite Ebene aus. Von Zypressen umrahmte Felder, Olivenbäume, vereinzelte Pinien und Eukalyptusbäume. Dahinter wüstenhaftes Ödland. Irgendwo dort hinten werden in der Nacht jeweils Menschen an die Grenze abgeschoben. Weit weg von den Häusern.

Mit dem Nachtzug fahre ich zurück nach Rabat. Die Füße ausgestreckt auf der Sitzbank gegenüber schlafe ich bald ein. Es fällt mir schwer vorzustellen, mich hinten an den letzten Wagon zu klammern und so durch die eisig kalte Nacht zu fahren. Das kann man sich nicht vorstellen, würde Serge sagen: Das muss man erlebt haben, um es zu verstehen.

*

Nadine lebt zusammen mit ihren vier Kindern in einer winzigen Wohnung in Duardum, einem Armenviertel von Rabat, am Ende einer dunklen, engen und steilen Treppe aus rohem Beton. Ich erhielt ihre Handynummer von Naomi und treffe sie zwei Tage nach meiner Rückkehr aus Oujda. Nadine ist die Erscheinung einer afrikanischen *Big Mama*. Aber das ist nur die Erscheinung. Ihre Stimme ist kaum hörbar, als sie mir ihre Geschichte zu erzählen beginnt. Sie schämt sich für ihr Leben, für ihre Vergangenheit, für ihre Kindheit, für ihre Hölle. Sie schämt sich für ihre Kooperation mit den Despoten, die ihr das bisschen Geld gaben, das sie zum Überleben brauchte, im Tausch gegen Leiden, Schuld und Wahnsinn. Die Scham ist lange sogar stärker als die Trauer, die irgendwann schluchzend durch ihren Körper bricht, und die nur mit Tränen erzählt werden kann. Worte gibt es dafür nicht.

Sie sitzt in ihrer kleinen Wohnung in einem Slum, weit weg von zu Hause, in einem fremden Land, wo man ihre Kinder als Dreck beschimpft, weil ihre Haut schwarz ist. Sie sitzt auf einem Sofa, das ihr jemand zurückgelassen hat, der weiter nach Europa gegangen ist. Sie sitzt da und weint vor ihren Kindern, denen sie ihre Geschichte ebenso wenig erklären kann wie ihre eigene Mutter damals. Jakob, ihr jüngster Sohn, den sie nach ihrer Ankunft in Marokko geboren hat, turnt derweil auf meinem Rücken, setzt mir eine halbe Sonnenbrille auf die Nase und lacht herzhaft über meine skurrile Erscheinung. Die beiden Zwillinge waschen brav und fleißig in der Küche das Geschirr ab. Und Nadines älteste Tochter kommt gerade mit weißer, marokkanischer Schulschürze vom Collège nach Hause.

NADINE

Nadine

Geboren 1973 in Kongo-Kinshasa

Die Umstände, derentwegen ich den Kongo verließ, gehen auf den Krieg von 1997 zurück, als Mobutu[82] von Laurent-Désiré Kabila gestürzt wurde. Das hat für mich vieles verändert, denn meine Eltern waren Mitglieder der Regierungspartei MPR von Mobutu. Und nachdem die Leute von Kabila die Macht ergriffen hatten, waren alle, welche unter Mobutu Beamte, Militärs und Polizisten waren und beim Töten und Misshandeln mitgemacht hatten, nicht mehr in Sicherheit. Also machten wir uns aus dem Staub. Ich kam nach Côte d'Ivoire und meine beiden jüngeren Geschwister sind bis heute in Kongo Brazzaville. *Voilà.*

Sie fingen damit an, meine Mutter zu töten. Aber ich will nicht in die Details dieser Geschichte gehen. Ich will mich nicht in diese Zeit zurückversetzen. Denn die Geschichte betraf in erster Linie meine Mutter. Nachdem sie meine Mutter umgebracht hatten, rief mich mein kleiner Bruder an und ich überquerte umgehend den Fluss nach Brazzaville. Dort verbrachte ich einige Wochen, bis ich nach Benin und von dort nach Côte d'Ivoire reisen konnte.

Ich hatte meinen Vater nie gekannt. Und als ich in Côte d'Ivoire ankam, lebte ich mit der Angst und Sorge wegen dem, was zuhause passiert war. Denn. Gut. Das war anders. In Wirklichkeit hatte ich meinen Vater nie gekannt. Wir lebten nur mit meiner Mutter. Ich kannte niemanden aus meiner Verwandtschaft. Keine Großeltern, keine Onkel, keine Tanten, keine Cousins – wir waren die Einzigen. Von meiner frühen Kindheit erinnere ich nur noch, wie ich meine Mutter jeden Moment weinen sah. Das ist alles, was mir in den Sinn kommt. Sie lag immer in ihrem Stuhl und weinte. Und ich fragte: *Mama, warum weinst du immer?* Aber alles, was sie mir sagte, war: *Il y a rien, es ist nichts.* Erst als ich zehn, elf Jahre alt war, realisierte ich, dass etwas nicht stimmte.

Es fehlte uns an allem. Und in der Schule lernte ich Mädchen kennen, welche *das* gemacht hatten. Als ich in die sechste Klasse kam, sagten mir meine Freundinnen, *schau, es ist nicht einfach, du musst etwas tun.* Und so fing ich auch damit an. Ich war dreizehn Jahre alt. Ich musste mich prostituieren, um meiner Mutter zu helfen. So geriet ich in die Hände eines Politikers von Mobutu, und der fing an, mich in ihre Dinge einzuspielen. Sie setzten mich als Prostituierte ein, wenn sie eine Aufgabe zu erledigen hatten. Sie zogen mich gut an und schickten mich los, um eine bestimmte Person zu verführen. Sie benutzten mich, um an jemandem Hand anzulegen. Ich weiß nicht, ob Sie ein bisschen verstehen. Das ist eine lange und alte Geschichte. Sie ist zu bösartig, als dass ich sie wieder erzählen könnte. Verstehen Sie, man würde mich zum Beispiel dazu drängen, mit Ihnen in Kontakt zu treten, ich komme und lasse Ihre Türe offen, damit die anderen reinkommen. Dann verschwinde ich und die anderen bleiben, um mit Ihnen zu machen, was sie wollen – um Sie zu töten, zu foltern oder ins Gefängnis zu werfen. Dafür bezahlte man mich. Denn sie suchten die kleinen Mädchen. Die waren so pervers. Die wollten nur die kleinen Mädchen. Und ich war lange nicht die Einzige. Wir waren viele, die das gemacht haben. Alle zwischen dreizehn und sechzehn. Diese Leute profitierten davon und gaben uns Geld. Mir blieb nichts anderes übrig. Denn das erste Mal, als ich mit dem Geld nach Hause kam, sah ich, dass ich damit für meine Familie etwas tun kann. Ich gab einen Teil davon meiner kleinen Schwester, damit sie die Schule besuchen konnte. So konnte ich zumindest die Situation unserer Familie verbessern. Denn es stand wirklich schlecht um uns.

Aber die Personen, mit denen ich ausging, um sie auszuliefern, kannten mich. Und nachdem Mobutu gestürzt wurde, suchten sie nach mir. Als sie mich fanden, gingen sie zu uns nach Hause und nahmen meine Mutter. Vor den Augen meines kleinen Bruders. Sie töteten meine Mutter und sagten, wenn ich nicht käme, würden sie die ganze Familie umbringen. Mein kleiner Bruder rief mich an und sagte, ich solle nicht kommen, er werde zusammen mit meiner kleinen Schwester fliehen. Ich sagte ihnen, wo das Geld versteckt ist. Sie sollen es nehmen und nach Brazzaville kommen, wo sie mich finden würden. Aber ich konnte nicht lange genug dort bleiben. Denn die Polizei der beiden Länder arbeitete zusammen, und wenn sie mich in Kinshasa suchten, konnten sie mich auch in Brazzaville finden. Also ging ich weiter nach Pointe-Noire und von dort nach Benin. Als ich nach Benin kam, war die Geschichte mit Eyadéma[83] und die Leute erzählten mir von Côte d'Ivoire. Sie sagten, da sei es ruhig und friedlich. Also ging ich dorthin. Ich suchte Arbeit als Friseurin, um mit dem aufzuhören, was ich zuhause gemacht hatte. Aber das war nicht leicht. Ich kannte niemanden und war alleine. Und bald fand ich mich in der gleichen Art von Situation wieder. Ich musste mich prostituieren, um die Miete bezahlen und essen zu können.

Voilà. So fiel ich in die Hände des Vaters meiner Kinder. Er nahm mich auf und sagte, dass ich aufhören soll mit dem, was ich gemacht hatte. Ich lebte zehn Jahre lang bei ihm in Côte d'Ivoire. Bis 2010 der Krieg kam. Der Krieg ließ uns abreisen. Denn mein Mann arbeitete im Kabinett von Madame Gbagbo[84] als Koch. Aber er hatte noch ein Leben im Untergrund, er machte alle möglichen Sachen im Verborgenen. Die Küche war nur ein Vorwand. Und als es gefährlich wurde, rief er mich von der Arbeit an und sagte, ich solle mit den Kindern nach Bamako gehen. Er wollte später nachkommen und hatte mich noch oft angerufen. Bis er sagte, er gehe jetzt auch los. Seit diesem Moment habe ich nichts mehr von ihm gehört. Ich habe keine Ahnung, was mit ihm geschah. Lebt er noch? Ich weiß es nicht.

Ich ging nach Togo und von dort nach Mali. Mit den drei Kindern und schwanger. Wir waren eine Zeit lang in Bamako und dann hatte ich die Idee, nach Marokko zu gehen. Denn ich traf dort viele

Leute, welche auf dem Weg nach Marokko waren, und sie sagten, die Reise wäre leicht. Also fuhren wir mit dem Bus nach Gao und von dort mussten wir jetzt nach Algerien. Ich hatte einen ivorischen Pass, aber damit konnte ich nicht nach Algerien. Also mussten wir mit den Jeeps reisen. Als ich den Jeep sah, wollte ich nicht einsteigen. Ich fing an zu weinen. Ich sagte *nein, ich gehe zurück.* Doch ein Algerier, der dort war, machte mir Mut. Er sagte *nein, gehe nicht zurück.*

Aber das war keine leichte Reise. Die Wüste durchqueren. Ich war die einzige Frau da drin. Ich war schwanger. Ich war mit den Kindern. Wir schliefen draußen. Ich habe viel gelitten auf dieser Route. Du wirst von Kriminellen angehalten. Sie durchsuchten dich, überall, weil sie glauben, du hättest dort Geld versteckt. Sie nehmen dir weg, was sie wollen, oder vergewaltigen dich. Du hast keine Wahl. Die erste Stadt in Algerien war Bordj. Dort hatte ich kein Geld mehr, um für mich und die Kinder die Weiterreise zu bezahlen. Der Chauffeur fragte mich, was wirst du tun? Es war nicht leicht. Also musste ich mich mit ihm zusammentun. Ich war gezwungen. *C'est ça la route,* so ist die Strecke. Später organisierte er unsere Reise von Bordj bis nach Reggane. Und er half mir mit den Kindern. *Voilà.* So kam ich nach Oran.

Von Oran bis nach Maghnia ging ich zu Fuß. Das ist etwa so weit, wie wenn du von Casablanca bis nach Rabat gehen würdest. Von Zeit zu Zeit ruhten wir uns etwas aus, dann gingen wir weiter. Mit den Kindern. Ich war schwanger. Es waren noch fünf andere Leute dabei und einer, der den Weg kannte. Es war nicht leicht. Als wir in Maghnia ankamen, dachten wir noch, wir würden vielleicht ein paar Hütten finden, in denen wir uns ausruhen können. Aber wo man uns hinbrachte, gab es gar nichts. Da war nur ein Wald. Dort gibt es verschiedene Gruppen, es gibt Kongolesen, Ivorer, Kameruner, alle möglichen Leute sind dort. Und jede Gruppe hat ihren Chef. Bevor wir kamen hatte man bereits den Chef angerufen, damit sie uns holen kommen. Weil es lange her ist, dass ich unter Kongolesen war, hielten mich alle für eine Ivorerin. Und so wurde ich mit den Kindern in das Camp der Ivorer gebracht. Dort war es schrecklich. Wir hatten nichts zu Essen. Wir hatten kein Geld mehr. Aber damit dich jemand nach Marokko führt, musst du zahlen. Also wollten sie mit mir schlafen. Und als ich mich weigerte, schlugen sie mich. Sie sagten: *Komm, wir werden reden.* Aber was heißt hier reden? *Komm, du musst die Kinder dalassen und mitkommen, der Chef braucht dich.* Sie brachten mich dort hin und vergewaltigten mich. Sie waren zu viert. Gleichzeitig. Ich konnte nichts tun. Alle Frauen dort wurden gezwungen, mit den Männern zu schlafen. Denn die sind die Chefs dort. Du musst ihnen Geld bezahlen. Und wenn du kein Geld hast, sagen sie dir, *du musst drei Monate hierbleiben, bis du weiter kannst.* Ich verbrachte viel Zeit in Maghnia. Wir konnten uns nicht waschen, aßen wenig und schliefen kaum. Ständig mussten wir uns vor der Polizei verstecken. Und in der Nacht holten sie mich, um mit mir zu schlafen.

Ich musste dort bleiben, bis sie befriedigt waren und mich freiließen. Nach mehr als einem Monat ließen sie mich gehen. Denn ich hielt es nicht mehr aus. Ich war müde und krank. Ich musste ständig erbrechen und hatte Durchfall. Ich hielt es nicht mehr aus. *Voilà.* Dann brachte uns ein Führer über die Grenze. Zu Fuß. Meine Füße waren geschwollen. Mein ganzer Körper schmerzte. Und als wir in Marokko waren, konnte ich nicht mehr. Als die marokkanischen Gendarmen kamen, sagten die Leute, wir müssen davonrennen, aber ich sagte, *ich renne nirgendwo hin.* Ich hatte keine Kraft mehr. Die Gendarmen verhafteten mich zusammen mit den Kindern und brachten uns auf den Posten. Sie gaben den Kindern zu essen. Dann fragten sie mich, was passiert ist, woher ich komme. Ich versuchte ihnen meine Geschichte zu erklären. Sie riefen ihren Chef an und der Chef sagte, sie sollen mich in das Hauptquartier bringen. Sie brachten mich also nach Oujda zu ihrem Chef. Er sagte, ich müsse Medikamente nehmen und mich behandeln lassen. Er stellte mir nicht einmal viele Fragen. Ich war durch. Er ließ mich und kaufte Essen für die Kinder. Dann sagte er den Gendarmen, die mich hergebracht hatten, sie sollen mich zu der Universität begleiten. Dort ließen sie mich, und am nächsten Tag kamen Médecins sans Frontières. Sie brachten mich in das Krankenhaus. Später suchten sie für mich ein Zimmer und kauften Gas, Teller, Matratzen – so kam ich hierher, nach Rabat.

Das war im Mai 2011. Seither überlebe ich nur dank der Unterstützung von Hilfsorganisationen. Sie halfen mir über ein ganzes Jahr, die Miete zu bezahlen. Und manche Brüder haben mir geholfen und etwas zurückgelassen, als sie abgereist sind. Siehst du, so habe ich einen Fernseher, ein Tischchen, ein Sofa. Sie gingen nach Europa. Aber ich kann nicht gehen. Mir fehlen die Mittel. Ich würde gerne nach Europa gehen. Es ist nicht das Paradies, aber jene, die dort sind, sagen, es sei besser als in Afrika. Selbst im Kongo oder in Côte d'Ivoire war es besser als hier. Aber ich kann mich nicht mehr fortbewegen, ich bin müde und meine Gesundheit ist nicht gut. Heute Morgen wollte ich ins Krankenhaus gehen, denn ich hatte diese Tage sehr hohen Blutdruck. Aber ich kann nicht gehen, denn ich habe nicht einmal das Geld für den Bus.

Ich halte Marokko nicht aus. Ich kann mich nicht integrieren. Denn erst einmal ist es schwierig, weil viele Leute rassistisch sind. Meine Kinder gehen jetzt in die Schule. Aber es ist nicht leicht für sie. Man beschimpft sie als Neger. *Dreck, ihr seid dreckig!* Sie können nicht gut schreiben und sprechen noch kaum arabisch. Aber die Lehrerin hilft ihnen nicht. Sie sagt nur, *schlagt euch durch. Voilà.* Ich machte eine Ausbildung als Konditorin und suche überall nach einer Ecke zum arbeiten. Nichts. Keine Arbeit. Ich bat beim UNHCR um Flüchtlingsstatus, aber mein Dossier wurde abgelehnt. Caritas half mir mit einem Anwalt, um Widerspruch einzulegen. Doch einen Monat später wurde auch der Widerspruch abgelehnt. Sie sagten, mein Fall sei eine familiäre Geschichte. Niemand konnte das verstehen. Aber so ist das. Als wäre meine Mutter wegen einer Familiengeschichte gestorben. Als wäre ich wegen einer Familiengeschichte aus Côte d'Ivoire abgereist.

Marokko ist nicht leicht. Überhaupt nicht. Aber ich will stark sein für die Kinder. Das ist das einzige, was mich am Leben hält.

Ich weiß nicht, warum mir Gott die Kinder gegeben hat. Aber ich will alles für sie tun. Ich muss stark sein. Damit ihnen nicht widerfährt was mir widerfahren ist. Das ist alles. Wenn die Kinder nicht da wären, hätte ich meinem Leben ein Ende gesetzt. Ich sagte mir oft, ich muss wohl einen Fluch mit mir herumtragen. Denn alles brachte mir nur Unglück und das Leben hatte für mich keinen Sinn mehr. Aber seit ich in Marokko bin, werde ich von einer Psychologin der Caritas betreut. Sie hat mir viel geholfen. Sie hat mich dazu gebracht zu sehen, dass ich noch ein Mensch bin, dass ich stark bin, dass ich etwas erreichen kann und dass Morgen nicht Gestern ist. Manchmal, wenn ich verzweifelt bin und weine, erinnere ich mich an ihre Worte. Und ich sage mir, Morgen ist nicht Heute, Morgen ist nicht Gestern, Morgen ist ein anderer Tag.

Diesen Kuss der ganzen Welt

Im Namen Gottes des Gnädigen, des Barmherzigen: «Ehre sei Ihm, Der uns all diese Dinge unterworfen hat, die wir nie selbst hätten beherrschen können. Wahrlich, zu unserem Herrn müssen wir zurückkehren.» *(Koran, 43/12–13) Im Rahmen der Politik der großen Baustellen des Königreichs Marokkos erklärte seine Majestät der König Mohammed VI, Gott möge ihm beistehen, begleitet von seiner Exzellenz dem Präsidenten der französischen Republik Herrn Nicolas Sarkozy und seiner königlichen Hoheit dem Emir Megrin bel Abdulaziz al Saoud, Vertreter des Königreichs Saudi Arabiens, den Baubeginn für die Hochgeschwindigkeits-Bahnlinie zwischen Tanger und Casablanca am Donnerstag, den 30. Chaoual 1432, entsprechend dem 29. September 2011.* Diese Inschrift steht auf einer großen, weißen Marmortafel im Eingang des Bahnhofs von Tanger. Die Personennamen in Gold geschrieben. Große Baustellen gibt es in Marokko derzeit viele. Und meistens kommen die Bauunternehmen aus Frankreich – und die Investoren aus Saudi Arabien.

Es ist noch früher Morgen und ich schlendere durch die Stadt. Auf dem *Place de la France* stehen alte Männer schweigend neben alten Kanonen. Ihre Blicke schweifen über das tiefblaue Meer zu den Hügeln auf der anderen Seite, die so nahe ist, dass man in der Nacht die Scheinwerfer der Autos sieht. So nahe und doch so unerreichbar. Der kleine Platz mit seiner verführerischen Aussicht wird auch *Terrasse des paresseux* genannt, die Terrasse der Faulenzer. Auf einem Mäuerchen sitzt Abu Bakkar aus Sierra Leone und studiert gedankenversunken einen Stapel bedruckter Papiere mit den Resultaten von Pferderennen. Er sucht den richtigen Hengst für seinen Wetteinsatz, der ihm einen weiteren Versuch finanzieren soll, in der Nacht die Meeresenge zu überqueren. Unten am Meer sticht die aufgehende Sonne in den feinen Nebel über dem

Wasser und bringt die weißen Schaumrollen zum Leuchten, welche die dunklen Wellen vor sich herschieben. Das Meer liegt in einem satten Türkisblau zwischen Afrika und Europa. Es scheint mir, als könnte man ohne weiteres bis zum Mittag auf die andere Seite laufen, wenn man darauf nur gehen könnte. Ein Mann sucht in den furchigen Felsen am Strand nach Tintenfischen, welche die Ebbe liegengelassen hat. Daneben hievt ein Kran riesige Tetrapoden ins Wasser, um die Mole des neuen Fischerhafens zu bauen.

Entlang der Küste fangen kleine Boote mit Netzen die Fische ab, welche zwischen Mittelmeer und Atlantik pendeln. Es gibt Leute, die sagen, man solle hier keine Fische essen, denn die würden sich von den Leichen ernähren. Ein kalter Wind von Norden begleitet die Szene. Das Bild lässt keinen erahnen, was diese Meeresenge alles für Geschichten zu erzählen hat. Sie sieht aus wie jedes Meer: streichelndes Wasser, geduldige Felsen, grüne Hügel, blauer Himmel, Möwen, Dunst und Weite.

Ganz in der Nähe des Hafens, in einer steilen Gasse den Hügel hinauf, lebt Jason. Mit einem Irokesenschnitt aus Rastalocken, weiten Kleidern, Fünftagebart und warmem Lachen begrüßt er mich im *Tangiers Anarchist Tourist Information Office*. Jason ist vor einem halben Jahr mit zwei Freunden aus der englischen Hausbesetzer-Szene aufgebrochen, musizierend durch Spanien getrampt und nach Tanger hinübergeschifft, um hier ein Quartier der No-Border-Bewegung[85] zu errichten. Von der Gruppe ist Jason alleine übrig geblieben, mit einer Countrygitarre voller aufständischer Aufkleber, einem improvisierten Musikstudio und großen Plänen. Zusammen mit Lamin aus Gambia und spontan aufgetriebenen Musikern, hat er eine Handvoll Lieder aufgenommen, um die Grenze singend niederzureißen. Jason beherbergt mich in seiner Wohnung und ich lerne Lamin kennen, der mir zwei Tage später die lange Geschichte seiner Reise erzählt. Die Geschichte seiner andauernden Suche nach einem Ort, an dem er leben kann. Vier Stunden lang sitzen wir in den rosaroten marokkanischen Sofas in der dunklen, kalten Parterrewohnung. Und Lamin erzählt. Von der Flucht seines

Bruders, von seiner Reise in die Geschichte der Sklaverei, von den vierzehn schrecklichen Monaten in einem chinesischen Abschiebegefängnis – und von seiner letzten Hoffnung, sich nach Europa zu schmuggeln.

Lamin wohnt in Boukhalef, am südwestlichen Stadtrand von Tanger. König Mohammed VI ließ dort vor einigen Jahren eine riesige weiße Siedlung errichten, um mit günstigen Wohnungen spanische Familien und spanisches Geld nach Marokko zu locken. Doch die Wirtschaftskrise machte diesem Plan einen Strich durch die Rechnung. Die meisten Wohnungen blieben im Rohbau, ohne Toiletten, ohne Küchen, ohne Strohm. Heute ist die Gegend voller Subsaharier, welche die leeren Häuser besetzen und teilweise Mieten an mafiös organisierte Wächter bezahlen. Doch immer häufiger suchen rassistische Banden das Quartier heim. Sie werden von der Polizei aktiv geduldet – man sagt, sogar gezielt eingesetzt. Bewaffnet mit Macheten und Knüppeln fallen sie über schwarze Bewohner her, plündern die Häuser und verbrennen deren Habe. Mehrere Reisende haben sie bereits ermordet. Doch anstatt zu reagieren riet die Polizei den Betroffenen, sich selbst zu bewaffnen. Eine Eskalation der Gewalt wäre ihre beste Handlungsgrundlage, um das Quartier gewaltsam zu räumen.

Am Abend gehen wir zur Kasbah hinauf, zur alten Festung oberhalb des Hafens. Zusammen mit einer Gruppe spanischer Touristen warten wir auf den Sonnenuntergang. Einer von ihnen hält Salimata an der Hand. Salimata kommt aus Senegal, sie lebt mit Lamin im selben Zimmer und hofft zum zweiten Mal auf eine Heirat, die sie retten würde. Wir stehen auf dem Felsen über dem Fischerhafen und blicken hinüber zu den weißen Häusern Tarifas. Nach Europa. Im Westen sinkt die Sonne ins Meer und legt ein oranges Band zwischen hier und drüben auf das Wasser. Man könnte davon träumen, dass es ein roter Teppich ist, auf dem man gehen kann. Und dazu ein Chor: *Seid umschlungen, Millionen! Diesen Kuss der ganzen Welt! Brüder – überm Sternenzelt muss ein lieber Vater wohnen.*[86]

Ich blicke auf das Wasser und spüre Fieberschauer, während meine Atemzüge von einem Stechen in der Lunge begleitet werden. Die Feuchtigkeit macht mir zu schaffen, die sich hier überall festsetzt: In den Mauern, Straßen, Kleidern, Polstern, Bettdecken und Matratzen. Auf dem Weg zurück fühle ich mich immer schwächer. Eine verschleierte junge Frau sitzt mit gesenktem Kopf am Straßenrand und hält mir bettelnd einen roten Pappumschlag entgegen. Ruppige Jungs spielen Fußball in den Straßen und ein behinderter Mann ruft mit kräftiger Stimme die Hauswände empor.

Am nächsten Tag sticht mir jeder Atemzug ein Messer in die Lunge und der Kopf fühlt sich an wie in einem Schraubstock – trotz 1000 Miligramm Paracetamol. Als es am Abend immer schlimmer wird, schleppe ich mich um zehn Uhr in ein Taxi Richtung Hôpital Mohammed V. Vor dem Eingang wird mir eine Ambulanzbahre voller Blut entgegengeschoben. Menschen gehen mit Schrammen im Gesicht und Infusionen am Arm an mir vorbei. Die blaugestrichenen Holztüren sind abgenutzt. Von der Decke hängen nackte Birnen. Ich gelange zu einem jungen Arzt in weissem Kittel hinter einem alten, braunen Bürotisch. Ich werde untersucht und erhalte eine Aspirinspritze in den Hintern. Nach zehn Minuten bin ich wieder draußen. Meine Haut ist weiß. Ich hatte weder meinen Pass gezeigt noch etwas bezahlt. Das Gesundheitssystem in Marokko ist öffentlich und grundsätzlich für jeden zugänglich.

Wenige Tage später flattern überall marokkanische Fahnen – rote Tücher mit grünem Pentagramm. Die großen Werbetafeln entlang des Boulevard Mohamed V sind mit Bildern des Königs behängt. Alle zwanzig Meter steht ein Soldat oder Polizist mit ernster Miene und dem Rücken zur Straße. Sämtliche Straßenmarkierungen wurden nachgezeichnet, aller Müll weggewischt und die Baumstämme geweißelt. Viele Subsaharier wurden grundlos auf der Straße verhaftet und dutzende Kilometer außerhalb der Stadt ausgesetzt. Ein alter Mann ohne Zähne will mir Haschisch verkaufen und begrüßt mich mit *hello, guten Morgen, where you from? Schweiz! Chuchichäschtli!* Dann meint er: *Weißt du, wir warten auf den König, er kommt heute aus Tetouan.* Die Soldaten stehen den ganzen Tag lang reglos Spalier. Und gegen acht Uhr abends wird sämtlicher Verkehr von der Straße abgeleitet. Polizeiautos rasen mit Blaulicht hintereinander den Boulevard hoch, gefolgt von einer Hand voll schwarzer BMWs. Etwa fünf Minuten lang bleibt die Straße leer. Dann kommen große weiße Polizeimotorräder mit Blaulicht, eine lange Karawane schwarzer Luxusautos, dann, umringt von sechs Polizeimotorrädern, eine Limousine mit der Flagge des Palastes und auf dem Beifahrersitz: Der König. Die Hand lässig zum Gruß aus dem offenen Fenster.

Lamin

Geboren 1977 in Gambia

Yeah, mein Leben. Seit ich klein bin, so, bin ich viel mit Freunden herumgegangen. Ich ging selten zur Schule, denn ich war sehr dickköpfig, als ich jung war. Dann bin ich gewachsen und sagte mir, yeah, ich muss reisen und die Welt sehen. Ich ging wegen der politischen Situation und wegen meinem Bruder. Er war zwei Jahre lang Sprecher der Regierung, aber eines Tages sagte er mir: *Ich muss dieses Land verlassen. Ich kann nicht mit dieser Regierung arbeiten, denn sie töten Menschen und der Präsident ist nicht dazu geeignet, Präsident zu sein.* Er sagte mir, der Präsident habe Geld gestohlen und es ihm gegeben, damit er es auf eine Schweizer Bank bringe. Mein Bruder hat das Geld stattdessen auf sein eigenes Konto getan und ist in die USA geflohen. Seither ist es für mich schwierig geworden.

Das war so: Wir wurden am 18. Februar 1965 unabhängig und unser erster Präsident Dawda Jawara regierte das Land für fast 30 Jahre, bis er am 22. Juli 1994 von Yaya Jammeh und dem Militär gestürzt wurde. Jammeh ist noch immer an der Macht. Am Anfang gab es fünf Regierungspersonen: Yaya Jammeh, Sadibou Hydara, Sana Sabally, Edward Singhateh und Yankuba Touray. Sie hatten die Abmachung, den Präsidenten zu stürzen, das Land zwei Jahre lang zu regieren, einen demokratischen Prozess in Gang zu setzen und zurück in die Kasernen zu gehen. Später gab es ein Treffen mit den Botschaftern vieler Länder. Und als Jammeh gefragt wurde, wann er von der Macht zurücktreten werde, sagte er, *in einigen Jahren.* Und er wurde gefragt, *was heißt einige Jahre?* Aber er sagte, *yeah, einige Jahre heißt einige Jahre, das ist meine Antwort.* Nach dem

Treffen ging Sana Sabally zu ihm und fragte, *warum sagst du einige Jahre? Wir sagten, wir würden nach zwei Jahren zurück in die Kasernen gehen!* Sana war der Vizepräsident. Aber Jammeh ging nicht auf ihn ein. In den Tagen darauf wurde Sana in seinem Büro verhaftet und beschuldigt, auf den Präsidenten geschossen zu haben. Auch Sadibou Hydara wurde verhaftet, weil er Waffen im Wald versteckt habe, und im Gefängnis gefoltert bis er starb.

In dieser Zeit machte mein Bruder in Amerika die Ausbildung zum Captain. Er war ein sehr respektierter Marinesoldat. Da riefen sie ihn an und fragten, ob er für das Land arbeiten wolle, und er sagte *yeah.* Also kam er zurück und sie gaben ihm einen Posten als Regierungssprecher und Kommissar, um die Lücken in der Regierung zu füllen. Mein Bruder schlief kaum und arbeitete viel. Wenn ich ihn sah, war sein Gesicht so..., weißt du, und ich fragte ihn, *was ist los?* Und er sagte, *yeah, ich habe nicht genug Schlaf, weil ich so viel arbeite. Denn diese Leute sind kaum gebildet und wollen das Land regieren.* Also musste er den gesamten Papierkram erledigen, weil die anderen davon nichts verstanden.

Ich lebte damals zusammen mit meinem Bruder, und einmal war ich dabei, als ihn der Präsident anrief und fragte, *yeah Jallow, warum bist du nicht zur Arbeit gekommen?* Und mein Bruder sagte, *ich bin krank, ich kann nicht mehr arbeiten.* Alle fünf hatten Walkie-Talkies, wie hier die Polizei, und so konnte jeder von ihnen hören, was die anderen sagten. Denn sie wollten nicht, dass jemand hinter dem Rücken der anderen etwas bespricht. Mein Bruder brachte sich in eine gefährliche Situation. Er schlief deshalb kaum in seinem Haus. Und eines Morgens sagte ihm der Wächter: *Du hast Glück gehabt, dass du letzte Nacht nicht hier warst, denn ich sah die Black Jumpers patrouillieren. Vielleicht suchten sie nach dir.* Die Black Jumpers sind die Albträume der Stadt. Das sind geheime Auftragsmörder, Gangster auf höchster Ebene, die für den Präsidenten arbeiten. Sie können jeden verhaften außer dem Präsidenten, verstehst du?

Eine Woche später verbrachte ich ein paar Tage bei meiner Mutter, da kam mein Bruder vorbei und trug eine Pistole mit sich, eine Neun Millimeter, er sagte, *yeah, ich muss mit euch reden, jetzt, sehr dringend.* Das war das erste Mal, dass ich ihn mit einer Waffe sah, und ich dachte, *wow, was passiert heute.* Also saßen wir alle zusammen und er sagte, es tue ihm leid, uns diese Nachricht zu überbringen, aber er müsse für ein paar Jahre das Land verlassen. Er sagte, *denn wenn ich bleibe und eines Tages von dieser diktatorischen Regierung zurücktreten will, werden sie mich umbringen.* Zum Glück verließ er das Land. Niemand wusste, wie er das angestellt hatte. Denn er erzählte niemandem davon. Er ging einfach.

Nachdem er ging, verkündete die Regierung, Captain Jallow sei mit drei Millionen US-Dollar davongerannt, womit er Kartoffeln und Zwiebeln für das Land hätte kaufen sollen. Damit wollten sie zeigen, dass mein Bruder ein Dieb ist. Aber in Wirklichkeit waren es über 200 Millionen US-Dollar, welche der Präsident ihm gegeben hatte, um sie auf eine Schweizer Bank zu bringen. Das Geld war gestohlen, denn als Jammeh an die Macht kam, hatte er gerade mal etwa 500 Dalasi, das sind etwa 15 Euro. Mein Bruder ging als Flüchtling in die Vereinigten Staaten und der Geheimdienst folgte ihm, denn sie wollten das Geld zurück. Sie wollten ihn in Amerika fangen und in Gambia vor Gericht bringen, aber damit hatten sie kein Glück. Denn er wurde als Flüchtling anerkannt und erhielt viele Wächter, welche ihn schützten. Also brachten sie ihn in den USA vor Gericht, aber mein Bruder hatte den Prozess gewonnen. Denn er verteidigte sich und sagte, *dieses Geld gehört dem gambischen Volk, der Präsident hat es gestohlen und mir gegeben, um es auf sein privates Konto zu bringen. Aber ich werde dieses Geld für das Land aufbewahren.* Das Geld ist jetzt bei der amerikanischen Regierung. Sie sagten, sie werden es in der Zwischenzeit investieren und bei einem Regierungswechsel zurückgeben. Mein Bruder begann für die US-Armee zu arbeiten, kämpfte im Irak und ist jetzt im Pentagon stationiert, glaube ich.

Also hatten wir ein Problem. Sie kamen und sagten zu mir und der Frau meines Bruders, wir müssten das Haus verlassen, in dem wir lebten. Ich musste zurück ins Haus meiner Mutter und seine

Frau wurde festgenommen. Sie wurde später gegen eine Kaution freigelassen, ging nach Dakar auf die amerikanische Botschaft und erhielt ein Visum. Jetzt ist sie dort. Manchmal, wenn ich Soldaten begegnete, fragen sie mich, *wo ist dein Bruder?* Sie zeigten auf mich und sagten zu den anderen, *schaut, dieser Typ ist der kleine Bruder von Captain Jallow.* Sie sprachen sehr aggressiv, und die Art, wie sie mich anschauten, gab mir das Gefühl, dass es hier für mich nicht mehr sicher ist. Sie gingen auch zu meiner Mutter und bedrohten sie wegen dem Geld.

Von da an lebten wir ein hartes Leben. Mein Bruder gab uns kein Geld und es gab keine Arbeit. Ich musste mein Leben vergeuden, um Gras zu verkaufen, damit meine Brüder und Schwestern zur Schule gehen konnten. Eines Tages sagte meine Mutter, ich solle damit aufhören, bevor ich im Gefängnis lande. Denn wenn ich im Gefängnis sei, wäre es noch härter, weißt du. Aber ich wusste nicht, was ich sonst hätte tun sollen. Ich hatte keinen Job. Also sagte ich ihr, dass ich damit aufhöre, und machte es nur noch im Geheimen, ohne dass sie davon erfuhr. Gott sei Dank wurde ich deshalb nie verhaftet.

Meine Mutter machte sich Sorgen um mich, denn ich war sehr dickköpfig, weißt du. Ich war jede Nacht unterwegs mit meinen Freunden und schlief kaum. Unser Quartier nennt man Hannover, denn viele unserer Brüder haben früher in Deutschland gelebt und kamen als Junkies zurück. Sie tranken viel Bier und überfielen unsere Mütter, stahlen ihre Goldketten und solche Dinge. Es ist eines der Ghettos in Serrekunda. Die jungen Leute trinken Alkohol, rauchen Gras, verkaufen Kokain. Und wenn du also irgendein Problem hast und zur Polizei gehst, dann fragen sie dich *woher kommst du?* Und wenn du sagst *Hannover* – Junge, vergiss es. Dann öffnen sie bloß die Zelle und stecken dich rein.

Mein Bruder verließ das Land 1995 und vier Jahre später lernte ich diese amerikanischen Reisenden kennen. Sie waren auf einer Pilgerreise auf der Route des Sklavenhandels. Ich traf sie auf meinem Rückweg von Dakar in Barra, wo wir auf die Fähre warteten, um den Fluss nach Banjoul zu überqueren. Ich sah drei Mädchen, zwei Afroamerikanerinnen und eine weiße Amerikanerin. In diesen Tagen trug ich Rasta und sie sahen sehr staubig aus, als hätten sie eine lange Reise hinter sich. Ich hatte noch nie Buddhisten gesehen. Ich sagte ihnen, *yeah, welcome to Gambia, this is the smiling coast, alle sind willkommen.* Ich rief einen Jungen, der Drinks verkaufte, und fragte sie, was sie trinken möchten, aber sie sagten alle *no, no, I'm okay.* Und ich sagte: *Nein, du bist nicht okay! Du bist in Gambia und kommst von einer langen Reise. Wenn dir jemand einen Drink anbietet, kannst du annehmen!* Aber sie sagten, sie trinken keinen Alkohol. Wir redeten zusammen, sie fanden mich nett und am Ende fragten sie mich, ob ich mit ihnen reisen möchte. Sie sagten, *wir reisen über Land nach Südafrika, wir folgen der Route des Sklavenhandels.* Sie waren über dreißig Leute. Sie hatten in Amerika angefangen, reisten nach Brasilien, flogen nach Dakar und kamen also nach Gambia. Und ich sagte ihnen, *yeah, ich würde gerne Reisen, um die Welt zu sehen. Denn das System hier ist schlecht geworden.*

Ein paar Tage später ging ich abends zur Adresse, wo sie wohnten. Ich kam etwa um zehn Uhr dort an, aber irgendwie waren alle schon am schlafen. Denn sie schliefen früh, das war ihre Regel, und ich machte zu viel Lärm. Ich sagte *yeah what's up, hier ist Gambia, ihr müsst glücklich sein, warum schlaft ihr um diese Zeit?* Aber Schwester Clara, das war eine Buddhistin, Schwester Clara kam und sagte, *wir wollen hier keinen Lärm, denn die Leute schlafen weil wir am Morgen früh aufstehen und beten.* Also sagte sie mir, ich solle am nächsten Morgen um fünf Uhr vorbeikommen. Ich fragte *warum so früh?* und sie sagte, *wir fahren nach Jufure Island.*[87] Von Jufure Island kam Kunta Kinteh, kennst du den Film *The Roots* über den Sklavenhandel und Kunta Kinteh? Er kam von Jufure Island. Also sagte ich *okay, ich komme um fünf Uhr.* Ich ging in einen Club, denn ich konnte nicht schlafen, sonst wäre ich am Morgen nicht aufgewacht. Also blieb ich in dem Club bis um fünf Uhr und ging dann zum Hafen, wo wir das Boot nach Barra nahmen. Wir wanderten etwa acht Stunden lang nach Jufure, mit einer panafrikanischen Fahne und den Buddhisten mit ihren Trommeln. Und während wir gingen beteten wir: *Naaam-myoho-reenge-kyoo.* Sie sagten, wir beten für Frieden. Wir kamen an, als es dunkel wurde, und stellten Zelte auf. Am nächsten Tag nahmen wir das Boot auf die Insel. Dort betraten wir die Festung durch das *Door of no return*.[88] Das *Door of no return* war das letzte Tor, welches die Sklaven durchschritten, bevor sie auf die Schiffe verladen wurden. Von dort gab es keinen Weg mehr zurück. Wir durchschritten das Tor also von der anderen Seite her. Wir kamen zurück. Denn die Afroamerikaner fühlten, wenn sie dieses Tor durchschreiten, bringt dies die Seelen ihrer Vorfahren zurück nach Afrika.

Sie erzählten mir die Geschichte des Sklavenhandels und wie viele Menschen gefangengenommen wurden, denn ich wusste damals nicht viel darüber und nahm dieses Thema nicht besonders ernst. Unsere Gefühle dazu waren sehr unterschiedlich. Das stellte ich später fest. Nachdem wir das Tor durchschritten, weinten die Afroamerikaner und die weißen Amerikaner beteten zu Gott, er möge ihren Vorfahren vergeben für das, was sie hier getan hatten. Da war eine Afroamerikanerin, welche nicht aufhörte zu weinen, und ich wollte sie trösten und sagte, sie soll aufhören zu weinen, das sei etwas der Vergangenheit, jetzt sei alles okay. Aber sie sagte mir, *nein, es ist okay für dich, aber nicht für mich.* Ich fragte, *warum?* Und sie sagte, *weil du mit deiner Familie lebst und weißt, woher du kommst.* Sie sagte, sie lebt nicht mit ihrer Familie und weiß nicht, wo sie her kommt. Und ich sagte ihr, *yeah, aber wir können nichts dagegen tun.* Dann sagte sie, *okay, kein Problem, aber halte mich das nächste Mal nicht davon ab, wenn ich weine.* Und ich sagte, *ja, du hast recht.* Denn es ist die Wut. Und über die Tränen wischst du die Wut weg.

Später gingen wir wieder zurück nach Jufure, dann gingen sie nach Dakar und ich ging nach Hause und sagte meiner Mutter, dass ich mit diesen Leuten reisen wollte. Sie gab mir etwas Geld mit auf die Reise und kam die halbe Strecke nach Dakar mit mir mit. Es war als hätte sie gespürt, dass wir uns nie mehr wiedersehen würden.

Sie entschied einfach, den halben Weg mit mir zusammen zu reisen. Ich war sehr erstaunt, denn das war mir noch nie passiert. Unterwegs hatten wir lange geredet und am Ende des Tages trennten wir uns. Das war das letzte Mal, dass ich sie sah. Sie starb an einem Herzinfarkt als ich in Südafrika war, weil sie zu viel Stress hatte.

So verließ ich das Land und ging mit diesen Leuten. Sie erzählten uns viel über die Geschichte des Sklavenhandels. Die Europäer hielten Ausschau nach jungen, starken Männern für die harte Arbeit, überfielen sie und nahmen sie gefangen. Dann brachten sie die Gefangenen in eine Burg an der Küste und verschifften sie von dort nach Amerika. Wir reisten während mehrerer Wochen von Dakar über Bamako nach Côte d'Ivoire. Dort waren wir einmal in einem Dorf, wo sie uns Affenfleisch zu essen gaben. Sie kamen und sagten, *wir haben Buschfleisch für euch Leute* und alle riefen *wow, Buschfleisch, das ist aber gut!* Wir erwarteten ein Schwein oder ein anderes Tier, aber sie töteten einen Affen für uns. Als das Essen bereit war, riefen sie uns und alle schöpften sich Reis, Sauce und Fleisch auf. Aber später wollte sich ein Mädchen Fleisch nachschöpfen und sah dabei auf einmal die Hände des Affen. Sie hat geschrien und sagte, sie habe eine Hand im Fleisch gesehen. So entdeckten wir, dass es Affenfleisch war, und am nächsten Tag hatten wir alle Durchfall. Yeah, wir rannten alle in den Wald, denn bei dreißig Leuten mit Durchfall reichte eine Toilette nicht mehr aus.

Danach gingen wir nach Ghana. Dort besuchten wir das Elmina Castle und das Cape Coast Castle. Das war die größte Sklavenburg in Westafrika, wo die Händler die Sklaven kauften und nach Amerika brachten und so weiter. Jede Burg betraten wir durch das *Door of no return*. Wir verbrachten einige Zeit in Ghana, Togo und Benin. Dann gingen wir nach Nigeria. Dort lebten wir auf der Farm des damaligen Präsidenten Obasanjo in Sango-Ota, denn da gab es einen Buddhisten, der auf seiner Farm lebte. Aber dieser Ort war entsetzlich. Es gab viele Waffen und wir fühlten uns überhaupt nicht sicher. Wenn du mitten in der Nacht rausgehst, um zu pinkeln, denken sie vielleicht, du seist was auch immer und schießen dich tot.

Dort kann irgendwas passieren. Als der Präsident einmal zu einem Treffen fahren wollte, war der Straßenfeger zu spät. Der musste die Autos von der Straße schicken, bevor der Präsident durchfährt. Er war ein bisschen zu spät, und als er kam, sagte ihm der Präsident: *yeah, wir warteten lange auf dich und du bist nicht gekommen. Wir haben noch fünf Minuten Zeit. Schau, dass wir es bis dann schaffen, sonst bist du tot.* Unmissverständlich. Ich dachte, *wow, tot, nur weil er zu spät kam!* Das war ein Mafia-Ding, *man,* das war verrückt.

Später flogen wir von Lagos nach Südafrika. Wir landeten am 16. Juni 1999 in Johannesburg und gingen nach Soweto, wo sie viele Studenten getötet hatten, hast du davon gehört?[89] Dann reisten wir nach Kapstadt. Dort hieß uns Bischof Desmond Tutu willkommen und wir aßen zusammen mit ihm. Am nächsten Tag gingen wir nach Robben Island, wo wir drei Nächte blieben und sahen, wie sie Nelson Mandela gefangen hielten. Er musste hart arbeiten, in weißem Sand unter der Sonne, das kann dich blind machen, weißt du. Dann gingen wir zurück nach Kapstadt und wollten von dort nach Amerika gehen, um zu sehen, wie die Sklaven ankamen, wie sie misshandelt wurden und so. Sie gingen mit mir zu der Botschaft, damit ich ein Visum kriege, aber dort sagte man mir, ich müsse zurück nach Gambia gehen, um ein Visum zu beantragen. Ich dachte darüber nach, aber ich hielt es für eine dumme Antwort, denn es scheint mir, dieses Gesetz gilt nur für Afrikaner. Da realisierte ich nach all dem, was ich auf dieser Reise erfahren hatte, yeah, was geht hier ab? Was ist das? In einem ersten Schritt kommt ihr nach Afrika, ihr nehmt unsere Ressourcen, ihr entführt unsere Großväter, in einem zweiten Schritt wollt ihr nicht, dass wir in euer Land kommen, aber in einem dritten Schritt könnt ihr in unserem Land sein, wann immer ihr wollt. Verstehst du? Das schien mir verrückt. Warum sind die Rechte nicht für alle gleich?

Ich realisierte bei all den Gesetzen, dass sie einfach taten, was immer sie tun wollten. Sie haben das Recht in den Händen – die Politiker, die Geschäftsleute, die großen Männer, welche alles in dieser Welt korrumpieren. Sie sind wie die Löwen im Dschungel.

Sie machen jeden Bullshit und niemand kann sie davon abhalten. Und dann verwirren sie die Leute mit allen möglichen Organisationen: Sie tun hier schlechtes und versuchen dort gut zu sein – es geht überall darum, die Leute zu verwirren. Das ist kompliziert. Ich erzähle dir, wie ich das sehe. Denn ich glaube, ich sehe das etwas anders als die meisten.

Ich erinnerte mich damals an ein paar Freunde in Gambia, welche aus Europa ausgewiesen wurden, und ich fragte mich, *warum sollten die Leute aus Europa ausgewiesen werden? Und warum ist es hart für uns, dort hinzugehen?* Denn wir haben damit nicht angefangen. Wir haben nicht angefangen mit der Reise von Afrika nach Europa. Vorher haben sie uns zu der Reise gezwungen. Aber das war nur für den Profit und für die Ressourcen. Danach brachten sie die Grenzen. All die Kolonisationssysteme. Ich dachte yeah, sie kamen nach Afrika, um die Rohstoffe nach Europa zu holen. Das war ein Beitrag zu ihrer Entwicklung, den sie geraubt hatten. Sie hatten es nicht gekauft, niemand hatte es ihnen gegeben, sie hatten es geraubt. Und sie holten die Sklaven. Kostenlose Arbeitskräfte. Sie bezahlten nie für all die Arbeit. Sie zerstörten das Leben dieser Leute, um ihr eigenes Leben aufzubauen, und hinterließen ein Durcheinander. Ich musste damals viel über diese Dinge nachdenken, denn das schien mir verrückt.

Als die anderen nach Amerika gingen, wollten sie unbedingt, dass ich zurück nach Gambia fliege. Ich wollte nicht zurück, denn ich hatte nichts zu tun in Gambia. Aber sie zwangen mich. Sie brachten mich nach Johannesburg auf den Flughafen und sagten, ich solle sie anrufen, sobald ich in Gambia bin. Aber als sie weg waren, ging ich wieder raus. Ich traf einen Kongolesen der mich zum UNHCR brachte. Und dort lernte ich Buba kennen. Er war Senegalese und arbeitete für die UNO. Er hat mir viel geholfen. Ich erklärte ihm mein Problem und er machte mir die Flüchtlingspapiere. Dann blieb ich sechs Monate lang bei ihm, in seinem Haus.

Buba war ein sehr guter Typ. Jeden Morgen gab er mir ein bisschen Geld zum Essen, dann ging er arbeiten, und wenn er zurückkam, brachte er viel Essen mit und wir kochten zusammen. Und er machte einfach so weiter, sechs Monate lang. So entschied ich eines Tages einfach, yeah, ich kann so nicht weiter machen, einfach bei ihm bleiben und nichts tun, denn jedes Wochenende brachte er mich in Clubs und unter der Woche saß ich einfach herum. Ich wollte die Straße sehen. Also fragte ich ihn, ob er andere Gambier in der Gegend kenne, und er sagte, es gäbe einen Gambier in Pretoria. Es war ein Typ aus Banjul, den ich von der Straße kannte, und so sagte ich Buba, *ich gehe nach Pretoria.* Er war sehr erstaunt und fragte, *warum, war ich schlecht zu dir?* Und ich sagte, *nein, im Gegenteil, du warst sehr gut zu mir, aber ich muss die andere Seite sehen.* Er sagte, *aber du weißt, hier ist es sehr hart und es gibt keine Arbeit.* Und ich sagte, *ok, kein Problem, wenn etwas passiert, komme ich zurück, aber lasse mich gehen und sehen, wie es ist.* Er sagte, *yeah, kein Problem.* Er gab mir Fahrgeld und Taschengeld für einige Tage. So ging ich nach Pretoria und fand meinen Kameraden, aber der war pleite. Sie waren zu dritt und hatten kein Geld, doch es war Ende des Monats und sie mussten Miete zahlen. Also kam ein großes Problem auf uns zu. Der Vermieter holte die Polizei und ich überzeugte sie davon, dass ich in einer Woche bezahlen werde. Aber nach einer Woche kam der Vermieter wieder und sagte, *yeah, jetzt wird das Haus geschlossen, ihr müsst raus.* Ich stand da, wusste nicht wohin mit meiner Tasche und wollte nicht zurück nach Johannesburg. Also ging ich raus, nur mit den Kleidern, die ich gerade an hatte, und einer Jacke. Sie schlossen die Türe und wir gingen alle auf die Straße. In der Nacht machten wir Feuer mit den Hobos[90] und am Morgen gingen wir in den Park, um zu schlafen. Aber dann kamen die Gärtner und spritzten mit Wasser gegen uns, also rannten wir davon und suchten einen anderen Ort, um zu schlafen. Wenn wir aufwachten hatten wir Hunger und schauten uns nach Essen um. Aber an diesem Ort hast du Angst davor, die Leute zu fragen, denn alle sind wütend und gestresst und es gibt zu viele Waffen. Du darfst nicht den Fehler machen, die falsche Person zu fragen. Die schießen wegen nichts. Also mussten wir uns durchschlagen, um Essen zu kriegen. Wir liefen herum und suchten kleine Arbeiten. Wir stahlen Essen in den Läden, stahlen

Zigaretten und verkauften sie einzeln auf der Straße. Meistens aßen wir Brot und Bananen. Wenn wir dazu noch einen Liter Cola kriegten, war es ein Festmahl. Dann saßen wir im Park und lachten: *Yeah man, wir haben Coke!*

Eines Tages gingen wir in ein Café und da war ein Typ, der Koks verkaufte. Da kam die Polizei und der Typ warf das Koks unter den Tisch, an dem ich saß. Ich wusste nichts davon. Aber die Polizisten kamen zu mir und suchten herum, sie sagten, *steh auf,* ich stand auf und sie schoben den Tisch zur Seite, dann fanden sie das Koks und wollten mich verhaften. Ich sagte, *wow, warum wollt ihr mich verhaften?* Sie sagten, *du verkaufst!* Ich sagte, *ich verkaufe was?* Sie sagten, *du verkaufst Koks.* Und ich sagte, *man, ihr seid verrückt, ich bin neu hier, wie kann ich Koks verkaufen?* Dann sagten sie, *yeah, wir reden später darüber.* Sie nahmen mich auf den Posten und kontrollierten meine Papiere. Sie fragten, warum ich hier bin, und ich sagte, *ich bin am Reisen, ich möchte sehen wie Südafrika ist.* Der Beamte, dem ich vorgeführt wurde, war ein Weißer, ein Afrikaaner. Er sagte mir: *Ich werde dich zurück nach Hause schicken.* Und ich sagte ihm: *Ich bin zu Hause, hier ist Afrika.* Aber er sagte: *Ich werde dich in das Land zurückschicken, aus dem du kommst.* Ich war damals wirklich wütend wegen der ganzen Sache und sagte ihm: *Ach ja? Das ist witzig. Du willst mich in mein Land zurückschicken? Woher kommst du denn?* Er sagte: *Ich komme von hier.* Und ich entgegnete: *Von hier? Und woher kommen deine Vorfahren?* Er sagte: *Meine Vorfahren kommen aus Holland.* Und ich meinte: *So, aus Holland, das ist witzig, du kommst aus Holland und willst mich zurückschicken, obwohl ich Afrikaner in Afrika bin? Ich glaube, ich sollte dich eher nach Holland zurückschicken, bevor du mich nach Gambia schickst!* Da mussten die anderen Polizisten lachen, denn sie waren *Blacks.* Siehst du. Das ist verrückt. Sie behielten mich zwei Wochen lang und eines Tages kamen sie einfach und sagten, *okay, du kannst jetzt gehen.*

Also ging ich zu meinen Freunden und sagte, *ich kann nicht länger hierbleiben, ich muss zurück nach Johannesburg.* Und am nächsten Morgen ging ich einfach. Ich traf Buba wieder. Er fragte, *und, wie läuft's?* Ich sagte, *yeah, cool.* Er fragte, *wie ist Pretoria?* Und ich sagte, *alles ist gut, aber ich bin ein bisschen müde.* Denn er konnte sehen, dass ich schwach bin. Also wusch ich mich, aß, entspannte und erholte mich. Später fragte er mich, ob ich ein Geschäft machen will, und er zeigte mir einen Platz vor dem KFC,[91] wo ich Bananen, Äpfel und Orangen verkaufen konnte. Ich machte das, bis eines Tages meine Freunde aus Pretoria kamen. Ich wollte sie nicht zu Buba bringen, um ihn nicht zu belasten, also brachte ich sie zu einem Nachbarn. Aber am Ende des Tages gab es einen Streit und der Hausbesitzer schickte uns fort. So musste ich mit ihnen gehen, denn ich konnte sie nicht alleine wegschicken. Von da an lebten wir in verlassenen Häusern am Stadtrand von Johannesburg. Aber das Leben war hart. Manchmal hatten wir nichts zu essen. Manchmal hatten wir nur Reis und Tomatensauce, um zu überleben. Und da entschieden wir uns, Business zu machen. So bin ich in das Geschäft mit Auslandsgesprächen eingestiegen.

Ja, ich ging in die Schächte. Weißt du, die Telefonkabel sind unterirdisch. Wir machten einen Schlüssel, um die Schächte zu öffnen, und an die Kabel zu gelangen. Wir kappten zum Beispiel sechs Anschlüsse und schlossen ein Telefon an. Jetzt riefen die Leute mich an, sie gaben mir eine internationale Nummer und ich konnte sie verbinden. In den Quartieren, wo viele Ausländer lebten, gingen meine Freunde zu den Leuten nach Hause und boten ihnen meine Nummer an. Pro Minute zahlten sie drei Rand (20 Cent). Manchmal blieb ich zwei Tage lang in einem Schacht. Ich hatte zu essen und zu trinken, ich bediente das Telefon, wählte die Nummer und verband die Leute. Vor allem Araber, Inder und Pakistani riefen an, denn sie wollten lange mit ihren Familien telefonieren, und bei uns war das sehr günstig. Ja, wir kappten also die Linie von jemandem und benutzten sie. Und wenn diese Leute dann die Rechnung erhielten, sahen sie auf einmal einen Betrag von 20.000 Rand, während sie vorher vielleicht 200 Rand bezahlten. Also werden sie verrückt und rennen zum Telefonanbieter. Manchmal hatten sie mich deshalb aufgespürt. Dann wurde ich verhaftet und kam drei Monate lang ins Gefängnis. Denn ich sagte ihnen, ich hätte einen Typen bezahlt und der hätte mich in diesen Schacht gesetzt, damit ich meine Familie anrufen könne. So verteidigte ich mich. Denn es gab keine Arbeit. Das Leben war hart.

Nach einer Weile hatte ich etwa 1500 Euro zusammen und damit habe ich angefangen, auf dem Schwarzmarkt Fremdwährungen zu wechseln. Ich tauschte Rand in Euro, zwei Minuten später wieder Euro in Rand und gewann die Kursdifferenz. So machte ich Geld. Das Geschäft war sehr schnell und nach vier Monaten hatte ich damit 7500 Euro gemacht. Es ist ein gutes Geschäft, aber du kannst leicht fallen. Du musst sehr achtsam sein. Denn wenn dir jemand Falschgeld gibt, kann dein Geschäft zusammenbrechen. Daran sind viele gescheitert. Aber als ich das Geld hatte, sagte ich mir, ich gehe nach Asien. Ich wollte schauen, ob ich dort ein Geschäft machen kann, oder vielleicht über Russland nach Finnland reisen. Ich kaufte ein Ticket für 1100 Dollar von Johannesburg nach Addis Abeba und von da nach Bangkok. Und als ich nach der ersten Nacht in Thailand aufwachte dachte ich, *wow, ich bin auf einem neuen Planeten!* Denn die ganze Nacht hörte ich keine Schüsse, keine Polizei, keine Ambulanz. Das war großartig. Vorher war ich in einem Kriegsgebiet. In dem Stadtteil in Johannesburg, wo ich lebte, gab es jede Nacht Schießereien und am Morgen sahst du tote Körper auf der Straße.

Ich habe fast mein ganzes Geld in Bangkok ausgegeben, *man!* Denn es war außerordentlich in Bangkok und das Leben war: wow! *Man*, jede Nacht Fiesta, Vollmondparty, Neumondparty, Halbmondparty! Ich bin lange dort geblieben und habe jeden Tag das Geld aufgegessen. Yeah, ich habe viel getrunken in Bangkok. Denn das war das erste Mal in meinem Leben, dass ich so ein Umfeld gesehen habe: Keine Verbrechen, alles ist friedlich, die Leute sind glücklich. Ich sah alle lächeln, also wollte ich auch glücklich sein und ich hatte Geld. Also dachte ich, ich lasse es mir gut gehen. *So habe ich das gemacht, glücklich, weißt du.* Und auf einmal hatte ich kein Geld mehr. Alles Geld war weg. Da bat ich meine Schwester um 100 Dollar. Und ich dachte, alles ist verrückt, was soll ich tun. Okay, das Beste ist, ich gehe nach China.

Ich machte mir ein Visum für China, bezahlte das Ticket und mir blieben noch zwanzig Dollar übrig. Ich flog damit nach Kunming, stellte mich in die Schlange für den Stempel und als ich an die Reihe kam, fragte mich die Frau, ob ich Taschengeld dabei habe. Ich sagte, *ja, ich habe Taschengeld.* Da fragte sie, *haben Sie eine Visa-Karte?* Und ich sagte ihr, *nein, ich habe keine Visa-Karte, aber ich habe mein Taschengeld, haben Sie damit ein Problem?* Und sie sagte, *yeah, hier ist China, und in China brauchen Sie für jeden Tag 100 Dollar Taschengeld.* Da ich sagte ihr, *das ist wunderbar, so ein paradiesischer Ort, in dem man einfach so Geld ausgeben kann.* Und ich fragte sie, *wird man in China gezwungen, jeden Tag 100 Dollar auszugeben?* Sie sagte, *nein* und ich sagte, *bitte, wollen Sie mein Taschengeld sehen?* Sie sagte, *ja* und ich zog die zwanzig Dollar hervor und sagte, *yeah, das ist mein Taschengeld. Haben Sie ein Problem damit?* Und sie sagte, *oh, zwanzig Dollar! Und Sie haben keine Visa-Karte? – Nein. – Dann müssen wir Sie zurückschicken. – Wohin? – Zurück nach Laos. – Warum senden Sie mich zurück nach Laos? Ich habe Geld für das Visum ausgegeben und jetzt schicken Sie mich zurück?* Sie sagte, *Taschengeld* und ich sagte, *das ist nicht Ihr Problem. Selbst wenn ich auf der Straße schlafe, muss Sie das nicht kümmern. Warum hat die Botschaft mir dann ein Visum gegeben?* Aber sie sagte, *nein, Mister, wir können Sie nicht reinlassen, es tut uns leid, wir müssen Sie mit dem nächsten Flug zurückschicken.* Da habe ich angefangen auszurufen: *Was ist das für ein Rassismus? Warum fragen Sie nur mich nach Taschengeld? Alle anderen Leute fragen Sie nicht, aber von mir verlangen Sie Taschengeld und eine Visa-Karte, weil ich ein schwarzer Mann bin!* Und sie sagte, *nein, so ist das nicht* aber, *yeah, das ist was ich sehe! Wenn es nicht so ist, warum fragen Sie dann die anderen nicht auch?* Aber sie sagte *nein, Sir, bitte, wir wollen hier keine Probleme.* Und ich sagte, *okay, kein Problem, also machen Sie schnell, ich will rasch raus aus diesem Land!* Aber leider gab es keinen Flug zurück. Also mussten sie mich in ein Hotel bringen, begleitet von zwei Polizisten. So war ich zwei

Tage lang mit ihnen im Hotel. Am ersten Tag wechselte ich meine 20 Dollar und rief meinen kleinen Bruder an, der in den Staaten lebt. Ich sagte ihm, *ich habe ein Problem hier in China wegen Taschengeld.* Ich erklärte ihm alles und er fragte, *okay, wie viel Geld brauchst du?* Und ich sagte, *500 Dollar sollten reichen.* Und er sagte *okay, jetzt habe ich kein Geld, aber ich werde welches ausleihen und es dir schicken, ruf mich morgen um diese Zeit wieder an.* Und ich sagte, *okay, vielen Dank.*

Am nächsten Tag nach dem Frühstück rief ich meinen Bruder an und er sagte mir, *yeah, nimm diese Nummer man,* und ich so, *wow, das ist großartig!* Als wir zurück ins Hotel gingen, fing ich einfach an, meine Sachen zu packen, und sagte, *jetzt, jetzt, jetzt will ich gehen! Zurück nach Laos! Ruft euren Boss an und sagt ihm, ich gehe zurück, jetzt!* Und sie so, *was geht ab? Warum packst du deine Sachen?* Und ich habe einfach im Affekt die Schranktüre zugeschlagen und Lärm gemacht und sie sagten, *nein, mach keinen Lärm, das ist ein Hotel* und ich sagte, *wisst ihr was? Ruft euren Boss an! Verschwendet nicht meine Zeit! Ich muss in der Bank Geld abholen!* Also riefen sie ihren Boss an, aber der Boss konnte kein Englisch und so sagte er, sie sollen mich zum Flughafen bringen. Das war nicht weit weg, also gingen wir da hin und sie sagten, *was ist das Problem? – Yeah, jetzt ist mein Problem, dass ich Geld auf der Bank habe. Also muss ich das Geld abholen und ihr müsst mich so schnell wie möglich abschieben, denn ich will hier nicht länger bleiben.* Also fragte er, *sind Sie sicher, dass Sie Geld auf der Bank haben?* Ich sagte *ja. – Wo? – Western Union.* Die Polizisten hatten noch nie etwas von Western Union gehört. Also gaben sie mir acht von diesen Polizisten in Kommunistenuniform. Acht Soldaten mussten mich zu Western Union eskortieren. Verstehst du? Aber die wussten nichts von Western Union und so brachten sie mich in eine Wechselstube. Diese war voll mit Menschen, du weißt wie das ist in China, und ich habe außer mir keinen einzigen Schwarzen in Kunming gesehen. Also kamen wir dort an, vier Bodyguards vorne, vier hinten und ein Schwarzer in der Mitte, wir öffneten die Türe und alle waren, *wow!* Verrückt, *man!* Das war, als wäre ich ein Meisterverbrecher und yeah, ich gehe für den Rest meines Lebens ins Gefängnis. Also gingen wir an den Schalter und die Arbeiter sagten, *nein, das hier ist eine Wechselstube, Western Union ist anderswo,* und zeigten ihnen den Weg. Wir gingen also zu Western Union, ich gab ihr die Nummer, sie kontrollierte alles und sagte, *yeah, das ist cool, wo ist dein Pass?* Ich sagte, den haben die Polizisten und die Polizisten gaben ihr meinen Pass. Dann ging sie nach hinten, öffnete den Safe, zählte 500 Dollar und gab sie mir. Da fragten sie die Polizisten, *ist das möglich? Jemand kann einfach so Geld erhalten?* Und sie sagte, *ja, das ist möglich.* Und sie haben angefangen in ihrer Chinesensprache zu diskutieren, *wewewewe.* Yeah. Das ist möglich, *man!* Da sagte der eine, ich könne mein Geld ja jetzt in chinesisches Geld wechseln. Aber ich sagte ihm, *warum? Warum sollte ich mein Geld in chinesisches Geld wechseln? Ich bleibe nicht hier. Ich gehe zurück.* Sie sagten, *okay, kein Problem.* Also brachten sie mich zurück zum Flughafen und erzählten ihrem Boss, *yeah, er hat Geld empfangen, 500 Dollar!* Danach sagte mir der Boss, *okay, jetzt lasse ich dich gehen.* Und er gab mir den Stempel, weil er Geld gesehen hat. Verstehst du? Dann brachten sie mich an den Bahnhof und sagten, *okay, jetzt kannst du gehen wohin du willst.*

Von Kunming reiste ich nach Peking, 48 Stunden, nicht? Ja, zwei Tage mit dem Zug. Und als ich ankam dachte ich *wow, wo kann ich hingehen?* Ich sah nur überall chinesische Schrift und alle waren Chinesen, es war unmöglich, mit ihnen zu reden und sie nach einem Hotel zu fragen. Also ging ich einfach geradeaus weiter und schaute herum, bis ich ein Hotel sah. Später traf ich einen Nigerianer, der mich ein bisschen herumführte. Ich blieb eine Zeit lang in Peking und dann ging ich nach Guangzhou, um einen Malier zu suchen, den ich in Südafrika getroffen hatte. Er brachte Jeans und Schuhe aus China nach Südafrika und ich dachte, vielleicht könnte ich mit ihm arbeiten. Aber er dachte wohl, ich sei gekommen, um von ihm abhängig zu sein, oder so. Jedenfalls versuchte er mir fernzubleiben. Okay, kein Problem, also ging ich wieder zurück nach Peking. Unterwegs verlor ich meinen Pass in einem Bahnhof, aber ich weiß nicht wie. Und als ich zurückkam brachte mich mein nigerianischer Freund zur Einwanderungsbehörde. Die gaben mir ein Papier für einen Monat, damit ich einen neuen Pass machen konnte. Ich musste mir also in Gambia einen neuen Pass machen lassen, den man mir mit DHL nach China schickte.

Am Tag, an dem ich meinen neuen Pass erhielt, ging ich zur britischen Botschaft, um ein Visum für England zu beantragen. Ich gab ihnen alle Papiere, mein Freund bezahlte für mich die Visums-gebühren und dieses Ding machte mich sehr wütend, weißt du. Er bezahlte für mich und dann gaben sie mir kein Visum. Warum? Das habe ich den Typen auf der Botschaft gefragt. *Wenn Sie mir kein Visum geben, können Sie mir bitte mein Geld zurückgeben?* Er sagte, *nein, nach dem Gesetz müssen wir Ihnen das Geld nicht zurückgeben.* Also ist das ein großes Geschäft mit den Visagebühren! Verstehst du? Viele Leute beantragen ein Visum und verlieren einfach so ihr Geld. Hast du je ein Visum beantragt und sie haben es dir nicht gegeben? Ist dir das schon mal passiert? Nicht? Hast du nie diese Erfahrung gemacht? Yeah, verrückt *man!* Ich hatte deswegen viel Geld verloren und das machte mich verrückt. Wie kommt es, ein Land wie England, ein armer Mann wie ich? Wenn sie mir kein Vi-sum geben, sollten sie mir zumindest das Geld zurückgeben, weißt du. Aber der Mann verweigerte einfach, *nein, das können wir nicht, nein, sorry, sorry.* Da ging ich weg.

Am nächsten Tag sagte ich mir okay, dann hole ich mir jetzt den Stempel. Ich machte mich auf den Weg zur Einwanderungsbehörde, aber unterwegs traf ich Polizisten, welche mich kontrollierten und verhafteten, um mich auf die Einwanderungsbehörde zu bringen. Ich sagte ihnen, *ich bin ohnehin auf dem Weg dorthin, also brauchen Sie mich nicht zu verhaften.* Sie sagten, *kein Problem, wir bringen dich dort hin.* Dort zeigte ich ihnen das Papier, aber sie kümmerten sich nicht darum, obwohl sie selber das Papier ausgestellt hatten! Sie fragten, *wo ist dein Pass* und ich sagte, die Polizisten hätten ihn mir gerade eben abgenommen. Aber die gaben ihnen den Pass nicht. Sie behielten ihn zurück. Dann verlegten sie mich ins Gefängnis.

Ich verbrachte ein Jahr und drei Monate im Internierungslager von Peking. Ohne jeden Grund. Sie brachten mich nie vor Gericht. Ich durfte nie einen Besucher empfangen und keinen einzigen Anruf machen. Ein Jahr und drei Monate. Jeden Monat brachten sie mir ein Dokument und sagten, *unterschreibe dieses Papier.* Ich wusste nicht, was ich unterschreibe, denn alles war in chinesischer Schrift. Jeden Tag fragte ich sie, *warum bin ich hier? Ich habe einen Pass! Und ihr Leute habt mir diese Notiz gegeben! Warum bin ich in Haft?* Und es war so, *yeah, du musst bleiben, das ist chinesisches Gesetz, wir sind noch am ermitteln, kommunistisches Gesetz, du musst gehorchen.*

In diesem Gefängnis traf ich auf ein derartiges System, weißt du, welches ich nicht aushalten konnte. Das ist diese Art von System, wo du am Morgen früh aufwachen musst, dein Bett machen, Zähne putzen und Gesicht waschen. Danach musst du dich in deiner Zelle so auf den Rand eines Brettes setzen, die Füße zusammen, die Hände auf die Knie, keinen Laut machen, die Wand anstarren und auf den Polizisten warten. Du musst genau so sitzen. Es gibt Kameras und bei jeder Bewegung sagen sie dir, *hey, sitzen!* Wenn der Polizist kommt, stehen alle auf und rufen, *zao shang hao!* Das heißt *Guten Morgen, Sir.* Was zur Hölle ist das? Militärleben im Gefängnis? Danach musst du dich wieder so hinsetzen, bis das Frühstück kommt, und dann musst du wieder sitzen. Genau so. Bis vielleicht elf Uhr. Dann öffnen sie die Zellentüre, du kannst eine halbe Stunde lang in einer kleinen Halle herumlaufen und sie geben dir eine Zigarette. Danach musst du zurück in die Zelle, dich so hinsetzen und auf das Essen warten. Nach dem Mittagessen musst du zwei Stunden lang schlafen, dann wieder sitzen. Du sitzt und wartest auf das Abendessen. Nach dem Essen schalten sie für drei Stunden den Fernseher ein und wenn sie den Fernseher ausschalten, musst du schlafen. Chinesisches Fernsehen, verrückte Filme, weißt du, so Ninja-Filme, wirklich verrückte Leute. Zum Essen geben sie dir Reis in einer Art Suppe. Dabei schlagen sie die Eier einfach in heißes Wasser ohne Öl, dann machen sie Zwiebeln rein und Kartoffeln, aber die Kartoffeln werden nicht gewaschen, so dass du Sand in der Suppe hast, und dann geben sie viel Wasser dazu. So brauchst du gar keinen Löffel mehr, du trinkst einfach alles. Das ist die Art von Essen, das sie dir geben.

Nach dem ersten, zweiten, dritten Tag hat mich das angefangen anzukotzen, weißt du. Ich verstand das nicht. *Warum ist das so? Ich bin kein Krimineller, ich habe kein Verbrechen begangen, warum behandelt ihr mich so? Wir sind nur Einwanderer!* Wir waren dort hunderte von Ausländern. Die meisten anderen in diesem Gefängnisabteil waren auch Afrikaner: Nigerianer, Liberianer, Kameruner und so weiter. Ich habe einfach weiter geredet und wenn ich redete kamen sie mit ihren Köpfen ganz nahe an mein Gesicht und versuchten aggressiv zu sein, um mir Angst zu machen. Einer von ihnen hatte ein sehr furchterregendes Gesicht voller Löcher, wie jemand, der einmal sehr große Pickel hatte. Und er dachte, dass jeder Angst vor ihm hat. So ist dieser Typ. Er lacht nie. Aber ich hatte keine Angst vor ihm.

Also habe ich angefangen, ihre Regeln zu brechen, und ihnen Schwierigkeiten zu bereiten. Sie verlegten mich in eine Einzelzelle, aber ich war so: *Ich muss frei sein! Wenn ihr mich schon hier einsperrt, müsst ihr meinem Kopf etwas zu tun geben! Dann dürft ihr mich nicht ständig stören und sagen mach dies, mach das, steh auf, setz dich hin, nein.* Also bin ich am Morgen einfach nicht aufgestanden. Dann fesselten sie mich drei Tage lang an einem Bein, sperrten mich in eine Einzelzelle und ich konnte mich nicht bewegen. Wenn ich scheißen musste, gab es kein Wasser, um mich zu waschen. Sie wollten mir Angst machen. Aber ich kümmerte mich nicht darum. Und ich habe angefangen mit den anderen Gefangenen zu reden. Ich sagte ihnen, *ihr müsst eure Rechte kennen! Ihr sollt nicht zulassen, dass euch diese Leute malträtieren! Lasst euch nicht Angst machen. Wenn ihr Angst vor ihnen habt, können sie alles mit euch machen. Hier wird sich niemand für uns einsetzen, also müssen wir selber aufstehen und kämpfen.*

Wenn mein Untersuchungsbeamter kam, dann verfluchte ich ihn und sagte ihm jede Scheiße, weißt du. Ich sagte ihm, *was Sie hier tun ist nicht legal. Sie haben mich entführt, denn Sie erlauben mir* nicht, jemanden anzurufen oder Besucher zu empfangen und bringen mich nicht vor Gericht. *Also ist das eine Entführung. Warum entführen Sie mich?* Er sagte mir, *das ist chinesisches Recht.* – *Okay, chinesisches Recht, aber ich will raus aus diesem Land!* Ich sah ihn nur selten. Manchmal kam er zwei Monate lang nicht vorbei.

Nachdem ich sechs Monate in der Zelle war, bin ich eines Morgens einfach aufgewacht und habe angefangen zu singen. Aber dort wollen sie nicht, dass jemand singt, denn sie wollen, dass alles ganz ruhig ist. Ruhig, ruhig. Diese zu viel Ruhe führt zu Stress. Wenn du die ganze Zeit am selben Ort bist und immer still sein musst, wirst du verrückt, *man!* Da musst du manchmal deinen Kopf befreien. Also habe ich an diesem Sonntag ein paar Lieder gesungen. Und da kam ein Polizist und sagte, *hör auf zu singen!* Ich sagte ihm, *warum sollte ich nicht singen? Ich muss singen, man! Ich habe Lust zu singen.* – *Okay, aber sing nie wieder!* Er ging und ich habe wieder angefangen zu singen. Da kam er, öffnete die Türe und schlug mir ins Gesicht. Ich sagte *du schlägst mich? Gut, das war das letzte Mal, dass du hier jemanden schlägst!* Ich habe ihn sofort zurückgeschlagen und er rannte davon, um die anderen Polizisten zu rufen. Sie kamen mit ihren Stöcken und verprügelten mich. Aber später realisierten sie, dass es falsch war, was sie taten, und sie wollten nicht, dass ihr Boss davon erfuhr. Also kamen sie zurück und brachten eine Polizistin in meine Zelle, welche sich neben mich setzte und mit mir redete, um mich zu beruhigen. Weißt du, so im Stil von, *sag niemandem was, es ist okay, es ist vorbei.*

Der Boss konnte nie verstehen, was für eine Art von Person ich bin. Mit all den Problemen, die ich machte, indem ich sein System durcheinander brachte. Denn die Insassen hörten auf mich, nicht auf ihn, und ich brachte sie dazu, seine Regeln zu brechen. Er sagte mir einmal, *in der Nacht, nachdem du endlich fort sein wirst, werde ich sehr glücklich sein. Denn deinetwegen kann ich gar nicht mehr schlafen!* An diesem Montag schickte er mich zum Arzt, damit er untersuche, warum ich seine Regeln missachte. Also untersuchte mich der Arzt und sagte, ich hätte eine Geisteskrankheit. Und das glaubten sie ihm, yeah! Aber das gab mir nur eine Entschuldigung, um ihnen die Zeit noch schwerer zu machen. Dort war das so: Jedes Mal, wenn du ein kleines Problem hattest, schickten sie dich zum Arzt und der gab dir Medikamente, weißt du. Aber andere Insassen sagten mir, dass sie mit den Medikamenten Experimente machen. Also habe ich die Tabletten jedes Mal wieder ausgespuckt, sobald ich zurück in die Zelle kam.

Eines Tages habe ich realisiert, dass ich bereits zehn Monate dort bin und ich dachte, *wow, zehn Monate, ohne Besucher, ohne nichts, nur hier sein, und ich weiß noch immer nicht warum? Nein, dieses Ding muss aufhören. Das muss aufhören!* Ich habe angefangen immer mehr Probleme zu machen und dann entschied ich, nicht mehr zu essen und nicht mehr zu trinken. Denn damals war ich sehr verzweifelt und dachte, lieber sterbe ich hier, als dass ich noch verrückt werde. So blieb ich vier Tage lang, ohne dass etwas meinen Rachen passierte. Nach dem ersten Tag verlegten sie mich in eine andere Abteilung, wo es keine Schwarzen gab, nur Chinesen. Dann kam jedes Mal der Mann mit dem furchterregenden Gesicht und fragte, *hat dieser Typ gegessen?* Nein. *Hat er Wasser getrunken?* Nein. Und jedes Mal sagte er, *yeah, wenn er Hunger hat wird er schon essen.* Aber diese Worte gaben mir nur noch mehr Mut, durchzuhalten. Am dritten Tag brachten sie mich in ihr Büro und fragten mich, *warum willst du nicht essen?* Und ich sagte, *ich bin am fasten.* Sie sagten, *was ist das für ein Fasten?* Und ich sagte, *yeah, das ist mein eigenes Fasten. Ich will fasten bis ich in Frieden ruhe. Anstatt mich stressen zu lassen bis ich verrückt werde, wisst ihr! Deswegen faste ich.* Und sie sagten so, *nein, du musst essen, man!* Aber ich sagte, *nein, ich werde nicht essen.* Also brachten sie mich zurück in die Zelle. Am vierten Tag kamen sie wieder, aber ich aß nichts und trank nichts. Und am fünften Tag um fünf Uhr morgens öffneten sie die Zelle und nahmen mich raus. Alle waren noch am Schlafen. Und sie sagten mir, *jetzt musst du essen. Wenn du nicht isst, werden wir dich am Bett festbinden und dich an eine Infusion hängen bevor du dich hier umbringst.* Und ich sagte ihnen, *yeah, das ist es. Ich will sterben, ihr könnt mich* gerne umbringen. *Ich will sterben, denn ich weiß nicht, wann ich je wieder frei sein werde. Ich weiß nicht einmal, warum ich hier bin.* Und sie sagten, *yeah, du kannst essen, wir werden deinen Fall bearbeiten, also iss bitte, sonst werden wir dich hier sechs Tage lang festbinden.* Und da dachte ich, *yeah, okay, ich werde Essen aber ihr müsst meinen Fall bearbeiten* und sie sagten, *okay, wir werden alles regeln.* Sie nahmen Papiere hervor und sagten ich solle unterschreiben, also habe ich unterschrieben. Ich war sehr schwach in diesen Tagen.

Okay. Ich habe mich beruhigt und sie waren irgendwie cool mit mir und behandelten mich gut. Aber was ich wollte, taten sie nicht. Da war ein Polizist, der sagte mir, *du kommst aus Gambia und Gambia unterstützt Taiwan, um von China unabhängig zu sein, deswegen hassen wir euch Gambier, wir hassen euch und du wirst hier sterben.* Und das machte mich noch mehr verrückt, weißt du. Ich dachte wow, vielleicht ist das wirklich so, denn hier gibt es kein Recht! Darum habe ich angefangen zu trainieren. Ich machte Übungen und Liegestützen und verrückte Dinge, um mich zu erholen und stark zu sein, damit ich ihnen große Probleme machen kann. Ich trainierte bis ich schwitzte, dann leerte ich mir kaltes Wasser über den Kopf und sie sagten durch ihr Radio, *was tust du? Bist du verrückt? Willst du dich umbringen? Weißt du wie kalt es ist? Du wirst krank werden.* Sie sagten, ich dürfe mich nicht waschen, denn hier durfte man sich nur zwei Mal die Woche waschen. Aber ich sagte ihnen, *nein, das geht nicht, wir müssen dieses System ändern.* Ich kämpfte dafür und nach einer Weile entschied der Boss, dass wir uns drei Mal die Woche waschen durften: Montag, Mittwoch und Freitag. So war das. Danach kam ich und sagte, *yeah, das Essen muss sich ändern, ihr gebt uns kein normales Essen, die Leute können noch sterben wegen diesem schlechten Essen.* Und sie waren so, *was meinst du? Du kommst hier und willst unser System verändern?* Ich sagte, *yeah, denn ich habe noch nie so Kartoffeln gegessen, von der Erde in den Kochtopf, ungewaschen und ungeschält, so dass du beim Kauen den Sand zwischen den Zähnen hast!* Also redete ich mit den Leuten in der Halle, und alle sagten, *yeah, wir werden dafür kämpfen,* und so haben wir angefangen Lärm zu machen, bis sie uns besseres Essen gaben. Sie haben dann angefangen die Kartoffeln zu waschen und zu schälen, das war gut. Also kam ich wieder und sagte, *jetzt muss ich freigelassen werden oder ihr müsst mich vor Gericht bringen.* Und sie dachten, ich rede nur. Aber am nächsten Tag in der Halle redete ich mit den Leuten und sagte, *yeah, heute Nacht will ich diesen Ort wachrütteln, alle sollten bereit sein und wenn ich an den Gittern rüttle sollten alle mit mir rütteln.* Und alle waren dabei, denn ich hatte sie trainiert, ich hatte mit ihnen Fußball gespielt, mit ihnen geredet und ihnen gesagt, sie müssten kämpfen.

Ich wartete bis sie die Zellen schlossen und den Hauptschlüssel wegsperrten. Denn sie misstrauten den Wächtern und nahmen den Hauptschlüssel in der Nacht weg. Da begann ich zu schreien und sagte, *ich habe Probleme mit meinen Händen, ich brauche einen Arzt, ich brauche Medikamente,* und der Wächter kam und sagte, *was für einen Arzt willst du? Es gibt jetzt keine Medikamente! Morgen!* Ich sagte ihm, *jetzt, nicht morgen, ich brauche jetzt Medikamente, komm mir nicht mit morgen!* Aber er sagte, *nein, morgen.* Also wurde ich wütend. Ich fing an, an dem Gittertor zu rütteln und der Typ mit dem furchterregenden Gesicht kam und sagte, *hey, hör auf damit!* Weißt du, dieser Mann, der denkt, dass alle Angst vor ihm haben. Ich sagte ihm: *Du denkst ich habe Angst vor deinem Gesicht? Ich habe keine Angst, man! Ich werde nicht aufhören.* Und so begann ich das Gitter mit den Füssen zu treten und zu schreien: *Kommt und tötet mich, ihr Mörder, warum habt ihr mich entführt? Ihr habt mich entführt um mich zu töten, also kommt und tötet mich jetzt!* Und die anderen haben auch allmählich angefangen, die Gitter zu schütteln. Das ging weiter und weiter und sie konnten niemanden mehr kontrollieren. Also rief er Verstärkung von außen und andere Polizisten kamen mit Tränengas. Sie sagten, *yeah, wenn ihr nicht aufhört, werden wir euch damit einnebeln, und dann werden wir uns um euch kümmern!* Aber ich sagte, *bevor ihr euch um mich kümmert, habe ich bereits zwei Polizisten und mich selbst umgebracht. Also werdet ihr euch um einen toten Körper kümmern, aber das ist mir dann egal.* Denn vor der Toilette gab es eine Glasschreibe, damit sie uns mit der Kamera sehen konnten. Also nahm ich mein Shirt und band es mir um die Nase. Ich sagte zu den Polizisten, *wenn ihr kommt, werde ich das Glas eintreten und mit den Scherben zwei Polizisten und mich selbst töten und dann ist alles vorbei!* Denn damals wollte ich nicht einmal überleben. Ich hatte das Gefühl, mein Leben ist vorbei. Wenn sie mir nicht sagen, wann ich hier rauskomme, und ich einfach warte und warte und warte – dann sollen sie mich doch gleich töten! Und sie dachten, *yeah*, dieser Typ meint das wirklich ernst.

Nach einer Weile riefen sie also den obersten Chef und er sah, dass ich da, wo ich war, alles Mögliche anrichten könnte. Da war ein alter Mann aus Bolivien, mit dem ich viel geredet hatte. Er war ein sehr guter Freund von mir im Gefängnis. Und sie holten ihn aus seiner Zelle, damit er mich herunterholt. Sie sagten mir, morgen würde mich die britische Botschaft besuchen kommen. Denn die waren die einzigen, die mich besuchen konnten. Gambia hat keine Botschaft in China, also ist die britische Botschaft für uns zuständig. Und wenn ich damals keinen Besucher gehabt hätte, wäre ich jetzt wahrscheinlich tot oder lebenslänglich in einem chinesischen Gefängnis. Ich meinte das damals wirklich ernst. Denn ich hatte noch nie in meinem Leben so eine Scheiße erlebt.

Von sieben Uhr abends bis um Mitternacht haben wir dort Aufruhr erregt, dann holten sie meinen bolivianischen Freund. Er redete und redete und ich sagte, *yeah, ich bin cool, aber wenn morgen nichts passiert, wird es schlimmer als heute. Und morgen soll mich niemand aufwecken!* Danach wurde es ruhig und sie gingen. Am nächsten Tag hat mich niemand aufgeweckt, sie ließen mich einfach schlafen bis die Leute von der Botschaft kamen. Meine Stimme war total kaputt, weil ich am Abend so viel Lärm gemacht hatte, und sie gaben mir Tabletten, damit ich reden konnte. Ich wurde zum Mann von der Botschaft gebracht und als ich anfing zu reden fragte er, *was ist mit deinem Hals passiert?* Ich sagte, *yeah, letzte Nacht wollte ich sterben, ich wollte mich umbringen wegen diesen Leuten, denn ich bin hier seit über zehn Monaten und weiß nicht warum. Die Polizei hat mir meinen Pass weggenommen und erklärt, ich hätte keinen Pass. Wie kommt das?* Und der Polizist stand daneben und sagte, *yeah, du hast keinen Pass.* Ich sagte ihm, *ich bin nicht dumm! Ich habe einen Pass und ich habe auch einen Beweis dafür.* Ich sagte dem Mann von der Botschaft, an welchem Tag ich dort war, um ein Visum zu beantragen. Ich sagte ihm, *ich kenne die Person, welche die Visaanträge bearbeitet, Mr. Richman.* Er sagte, *yeah, woher kennst du ihn?* Und ich sagte, *yeah, ich war dort mit meinem Pass, aber ihr habt mir kein Visum gegeben.* Also sagte er *okay, ich werde nachschauen, und wenn es stimmt, komme ich morgen zurück.* Er ging auf die Botschaft, schaute im Computer und sah die Kopie meines Passes.

So kam er am nächsten Tag zurück und sagte, *yeah, das ist die Kopie deines Passes.* Und ich sagte, *wie kommt es, dass ihr eine Kopie meines Passes habt, wenn ich gar keinen Pass habe? Also bitten Sie diesen Polizisten, meinen Pass rauszugeben!* Aber der sagte nur, er hätte meinen Pass nie gesehen. Also sagte mir der Mann von der Botschaft, das einzige, was er tun könne, sei zu schauen, ob er mich irgendwie nach Hause bringen kann. Später sagten sie mir also, sie werden mich zurück nach Gambia schicken. Aber von da an blieb ich weitere fünf Monate in dem Gefängnis, yeah, ein Jahr und drei Monate, bevor sie mir das Ticket gaben.

Ich war in China in einer echt schlechten Situation, weißt du. Denn China, okay, auch wenn sie all diese gefälschten Dinge produzieren und nach Afrika bringen, um es für die Leute einfacher zu machen, sich für kurze Zeit ein bisschen zu unterhalten – aber China ist nicht gut für Afrika. Die Chinesen suchen in Afrika den großen Profit. Noch mehr als die Westler. Denn für sie ist es gerade erst der Anfang. Sie sind sehr hungrig danach, alles an sich zu reißen. Und sie kriegen es. Da war der afrikanisch-chinesische Gipfel in Peking. Hast du nie davon gehört? Im Jahr 2006. Da trafen sich die Präsidenten von 35 afrikanischen Ländern in Peking. Und in den News sprachen sie danach von einer neuen Kolonialisierung Afrikas. Sie haben alle afrikanischen Präsidenten nach China eingeladen, um ihre Meinung zu ändern, weißt du. Aber nach dem, was ich dort erlebt habe, kann ich sagen, das sind keine guten Leute.

Ich verließ China am 19. Dezember 2006. Ich sagte nur, lass mich leben, China. Im Flugzeug traf ich einen Nigerianer, der zurück nach Nigeria ging. Er war ein fröhlicher Typ und hatte etwas Geld dabei. Ich war zusammen mit zwei anderen Nigerianern, welche auch abgeschoben wurden, und er gab jedem von uns einfach hundert Dollar. Wir flogen nach Äthiopien, und in Addis Abeba kaufte ich mir damit ein paar Schuhe, einen Rasta-Hut und einen Gürtel. Ich verpasste dort meinen Flug, weil ich zu viel Wein getrunken habe, um den Stress loszuwerden. Dann flog ich nach Nigeria und von dort nach Gambia.

Die Situation in Gambia hatte sich stark verändert. Als erstes sah ich, wie schwach alle Leute waren. Alle schienen mir klein, als hätten sie nicht genug zu Essen. Auch war es früher üblich, dass die Leute zusammen waren und einander umsonst halfen, ohne etwas zu erwarten. Aber jetzt drehte sich alles um Gewinn. Auf der Heimfahrt dachte ich, ich würde zu meiner Tante gehen, wenn ich zurückkomme. Aber als ich bei deren Haus ankam, sah ich, dass alles anders war. Der Ort war tot. Ich fragte zwei Mädchen, wo die Mama sei, und sie sagten mir, sie sei verschieden. Man, das hat mich herunter gezogen! Ich dachte wow, jetzt wird alles noch verrückter. Zum Glück hatte sie einen Sohn in Österreich, in Wien. Ich rief ihn an und er sagte, *okay, kein Problem, du kannst dort bleiben und ich werde dir helfen, jeden Monat werde ich dir 60 Euro schicken.* Und er schickte mir ein Paket mit Kleidern und Schuhen. Er war sehr gut zu mir.

Weißt du, früher war ich sehr dickköpfig. Ich war wie diese Gangster und beging all diese Verbrechen, nahm viele Drogen und trank viel Bier. Aber als ich zurückkam, war ich komplett anders. Ich wollte nur meinen Frieden und brachte den Leuten Ideen, wie man die Probleme lösen könnte. Ich wollte bei ihren Geschäften nicht mehr mitmachen und sagte, *yeah, ich will hier nicht meine Zeit verschwenden mit irgendwas, wofür ich dann im Gefängnis lande.* Ich sagte den Leuten, sie sollen sich gut benehmen. Aber viele wollten das nicht hören und am Ende war ich die meiste Zeit für mich alleine. Also bin ich einfach tagelang umhergewandert. Ich hatte nur mein Trikot, meine Slippers, meine Tasche und lief herum. Manche Leute dachten, ich sei verrückt. Ich lief durch unser Viertel und sah, wie die Leute lebten und wie sie sich behandelten. Und ich sah: Alles ist Eitelkeit. Yeah, ich habe viel davon gelernt.

Nach ein paar Jahren sagte ich mir, ich muss wieder reisen. Ich kann hier nicht mehr bleiben wegen der Art, wie das System geworden ist. Ich musste immer aufpassen wegen der Geschichte meines Bruders, ich konnte keinen Job haben und es gab keine Liebe mehr unter den Leuten. Alles drehte sich nur um Geld. Und eines Tages ging ich einfach. Ich ging nach Senegal und unterwegs hielt ich in einem kleinen Dorf namens Ginak, dort haben sie dieses spezielle Gras. Ich kaufte zwei Kilo davon, verkaufte sie im Senegal für 120.000 Francs CFA (180 Euro) und reiste damit nach Marokko.

Ich ging nach Nador und versuchte es dort das erste Mal. Das war während des Ramadans 2010. Ich wollte über den Zaun nach Melilla klettern, aber ich wurde verhaftet und an die Grenze zu Algerien gebracht. Von dort lief ich zu Fuß nach Oujda. Yeah, das war das erste Mal. In Oujda lebte ich vier Monate lang in der *Fac*. Aber das Leben dort ist sehr hart und der Druck von der Polizei nahm ständig zu. Während den Semesterferien kamen sie mehrmals und zerstörten unsere Hütten, verbrannten die Decken und verhafteten jeden, den sie erwischten. Einmal trat ich beim Davonrennen auf eine leere Sardinendose und verletzte mich am Fuß. So konnte ich nicht mehr gehen und sie verhafteten mich. Ich sagte ihnen, ich sei verletzt, aber das kümmerte sie nicht. Sie warfen mich einfach an der Grenze raus. Ich hatte keine Schuhe und die Verletzung am Fuß war sehr schmerzhaft. In diesem Zustand musste ich den ganzen Weg zurückgehen.

Nach vier Monaten entschied ich mich also, nach Rabat zu gehen. Dort traf ich einen alten Freund aus Gambia und er zeigte mir, wie ich mit dem Boot *striken*[92] kann. Er hat mir viel geholfen und wir sind oft zusammen gegangen, aber wir hatten leider nie Glück. Jedes Mal wurden wir auf dem Meer erwischt. Dann prügelten sie auf uns ein. Sie schlugen uns, warfen uns auf den Boden und trampelten auf uns herum. Ich wurde bereits sechs oder sieben Mal nach Oujda abgeschoben. Yeah, ich bin oft *gestrikt*. Und ich werde es weiter versuchen. Denn nur ein Zodiac kann mich hier weg bringen. Für uns gibt es keinen anderen Weg. Ich ging durch den Flüchtlingsprozess, aber nichts funktioniert. Ich fragte überall, *wie kann ich legal nach Europa kommen* – es gibt keinen Weg. So ist das.

Es ist hart für uns hier, weißt du. Manchmal fühlst du dich wie von allen verlassen. Die Leute machen sich lustig über dich als leidender, armer Afrikaner, der hierher kam um sein Glück zu suchen. Die respektieren diese Art von Leute nicht. Sie sehen dich nicht als Mensch. Verrücktes Leben. Dieses Zeug stresst mich. Es gibt keine Arbeit, kein Geld und überall Polizei. Jeden Tag denken wir darüber nach, wie wir über die Grenze kommen. Denn es ist sehr hart geworden. Die Polizei will nicht, dass wir nach Europa gehen. Weil sie dafür bezahlt werden. Sie sehen Europa wie etwas, ich weiß nicht wie ich das nennen kann, wie ein Paradies! Wie einen Ort, für den sie auswählen müssen, welche Art von Menschen dort sein dürfen. Aber ich denke, wir sind alle gleich! Und die Menschen sind schon immer überall auf der Welt herumgereist. Man kann die Menschen nicht davon abhalten, zu reisen. Damit schafft man nur Hass und ein Durcheinander. Viele Afrikaner werden in Zukunft Verachtung gegenüber Marokkanern empfinden, denn viele Leute kommen hier durch und werden dir sagen, *wo immer ich einen Marokkaner treffe, werde ich nicht nett zu ihm sein, wegen der Art, wie sie uns hier misshandeln.* Dabei sind es nicht die Marokkaner. Es sind die Leute dahinter, welche sie dazu bringen, uns so zu misshandeln. Denn wenn sie sich weigern, dies zu tun, kriegen sie Probleme wegen diesen Kolonisations-Dingen, Verstehst du?

Das ist verrückt, *man!* In ganz Afrika. Denn die afrikanischen Führer sind Dummköpfe. Sie sollten uns von den Babylon-Leuten[93] befreien, weißt du! Sie sollten die afrikanischen Völker den Westlern gleichsetzen, damit wir die gleichen Rechte haben. Aber sie sind noch immer diese Art von Führer, die nur ihre eigenen Interessen verfolgen und zu allem ja sagen, was die Westler sagen. Sie sind nicht gekommen, um die Leute zu befreien. Sie sind nur gekommen, um dasselbe zu tun wie die Kolonialisten. Deshalb existiert auch der Sklavenhandel weiter, *man!* Er existiert zu hundert Prozent! Aber auf eine moderne Art. Und wenn du nicht aufpasst, dann merkst du es nicht. Du rufst, *yeah, wir sind frei, wir sind unabhängig!* Aber all diese Unabhängigkeit ist Bullshit, *man!* Sie brauchen einfach andere Tricks, um dich dumm zu machen. Sie machen es auf eine diplomatischere Art. Sie haben aufgehört, die Gewalt selber anzuwenden. Stattdessen setzen sie Führer ein und sagen ihnen, ihr müsst gegen euer Volk Gewalt anwenden. Und all die Freiheitskämpfer wie Kwame Nkrumah[94] und Patrice Lumumba[95], all diese Leute haben sie abgesetzt, weil sie nicht wollen, dass sie Afrika vereinen. Die Europäer sollten die Konsequenzen tragen für die Gewalt, welche sie in Afrika ausgeübt hatten, verstehst du? Die Kolonisation, das Entführen von Menschen aus Afrika, deren Ausbeutung für harte Arbeit, deren Vergewaltigung, Folter und Ermordung. All diese Gewalt.

Ich denke, das wichtigste ist es, die Menschen zu vermischen, um sie zu vereinen. Das ist das Wichtigste. Denn wenn sich die Menschen nicht vermischen, werden sie voneinander getrennt, und die einen meinen, sie seien besser als die anderen. Aber wenn wir uns vermischen ist jeder gleich und die Vergangenheit ist Vergangenheit. Es wird nicht einfach sein, die Menschen zu mischen. Yeah, das wird nicht einfach sein. Aber wir müssen die Welt vermischen, Bruder. Alles muss sich vermischen. Wir müssen zusammen leben. Dann können wir sehen, wie schön diese Welt ist.

Die Enklave

In einem alten, beigefarbenen Mercedestaxi fahre ich von Tanger nach Fnideq – eingeklemmt zwischen drei großen Männern, die sich zusammen mit mir auf die Rückbank quetschen. Wir fahren durch eine hüglige Landschaft, die ein bisschen aussieht wie der Süden Andalusiens. Nur weniger aufgeräumt. Im hellgrünen Frühlingsgras stehen gelb blühende Rhododendren, dunkelgrüne Zypressen, Olivenbäume, Minarette und weiße Häuser mit Flachdächern. Im Taxi ist es eng und heiß. Während den letzten fünfzehn Kilometern fahren wir an vielen Gruppen subsaharischer Männer vorbei. Sie stehen am Straßenrand und winken flehend den Autos zu. Sie bitten um ein bisschen Essen. Sie leben in den Wäldern, die die Straße säumen. Und warten auf den Tag, der sie auf die andere Seite bringt.

Castillejos sagt der Fahrer, als er auf einem Kiesplatz voller Taxis parkt. So hieß diese Stadt zur Zeit der spanischen Kolonisation. Heute heißt sie Fnideq. Es ist Freitagnachmittag und die Straßen sind so menschenleer wie die vielen Ferienapartments, die weiß gestrichen mit blauen Ziegeldächern in der Gegend stehen. Ich spaziere an der Küste entlang und es regnet leicht zu einem warmen Wind, der die Wellen in die Bucht treibt. Ein Mann joggt den Strand ab und ein Soldat patrouilliert im Regenmantel hin und her. Dann liegt auf einmal Europa vor mir: Die spanische Enklave Ceuta, als Halbinsel vor einem tiefblauen Meer. Die letzten hundert Meter vor der Grenze ist die Küste durch einen hohen Gitterzaun mit NATO-Draht[96] abgesperrt. Beim Beginn des Zaunes steht ein marokkanischer Soldat. Lässig lässt er einen Schlagstock von seiner rechten Hand baumeln.

Hier ist nicht nur die Grenze zwischen zwei Staaten, sondern die Grenze zwischen Europa und Afrika, zwischen der christlichen und muslimischen Gesellschaft, zwischen den ehemaligen Koloni-almächten und ihren Kolonien. Vor dem Grenzübergang liegt ein großer Parkplatz voller weißer Taxis. Oben auf dem Hügel steht ein Soldat im Horizont. Marokkanische und spanische Fahnen flattern im Wind. Plastiksäcke fliegen durch die Luft, Möwen kreisen. Und eine einsame weiße Wolke schiebt sich vor die dunkelgraue Wand des Himmels. Die marokkanische Seite des Grenzpostens sieht aus wie eine Industriehalle nach einem kräftigen Tornado. Das Wellblechdach ist zur Hälfte abgedeckt, das Metallgerüst verbeult und verrostet. Vor den Absperrgittern am Eingang steht eine lange Menschenschlange: Unzählige marokkanische Arbeiterinnen und Arbeiter, welche an diesem Morgen wie jeden Tag nach Europa ge-hen. Denn nach Ceuta und Melilla können Marokkanerinnen und Marokkaner aus den umliegenden Städten tagsüber visumfrei ein-reisen, um den beiden Enklaven günstige Arbeitskräfte zu sichern.

Ich reihe mich ein und werde von den Anstehenden nach vor-ne geschickt. Dem Polizisten reicht ein Blick auf mein rotes Pass-büchlein, um mich durchzuwinken. Ich gehe durch einen langen Gang zwischen weißen Wänden und zwänge ich mich an verbeul-ten Absperrgittern vorbei zum marokkanischen Passschalter. Für den Wind, der ungeduldig an mir vorbei braust, gibt es keine Gren-ze. Der Beamte gibt mir kommentarlos den Ausreisestempel und ich betrete einen langen, blau gestrichenen Gittergang, der einem Viehkäfig gleicht. Am Stacheldraht über mir kleben Plastiksäcke und klatschen im Wind. Überwachungskameras türmen sich in den Gipfeln hoher Masten. Ein Spürhund schaut nervös zwischen Gitterstäben hindurch und zerrt an seiner Kette. Ein sehr bleicher spanischer Grenzpolizist betrachtet lässig mein Passbild und lässt mich weiterziehen.

Auf der anderen Seite trifft mein Blick auf eine blaue Tafel mit weißer Schrift: *España*, umgeben von einem Kreis aus zwölf gelben Sternen, der auf einmal eine frappante Ähnlichkeit mit den Sta-cheldrahtrollen aufweist, unter denen ich gerade Europa betreten habe. Als Spanien 1986 der EU beitrat, installierte die Regierung hier

einen beleuchteten Drahtzaun entlang der acht Kilometer langen
Grenze von Ceuta zu Marokko. Sieben Jahre später wurde daraus
ein drei Meter hoher Gitterzaun. Bereits zwei Mal wurde er seither
verstärkt und erhöht. Finanziert größtenteils direkt durch die Europäische Union, unter anderem durch den *Europäischen Fonds für
regionale Entwicklung* (APDHA, 2014). Ein Hochsicherzeitszaun für
die *Entwicklung der Region*. Heute besteht die Grenze aus zwei parallelen, sechs Meter hohen Gitterzäunen, gekrönt mit rasierklingenscharfem NATO-Draht, ausgerüstet mit Wachtürmen, Scheinwerfern, Video- und Infrarotkameras sowie Bewegungs- und Geräuschmeldern. Dazu ferngesteuerte Tränengasanlagen. Zwischen
den Zäunen liegt eine Straße für Patrouillen. Täglich überwachen
hier 1169 Beamte der Guardia Civil und der Polizei die Grenze der
Europäischen Union auf afrikanischem Boden (Valsecchi, 2009).
Unterstützt von Frontex – und regelmäßig auch von Schweizer
Grenzwächtern (Hossli, 2014).

Im Herbst 2005 wurde dieser Grenzwall erstmals berühmt,
nachdem mindestens 13 Reisende von spanischen und marokkanischen Grenzwächtern erschossen wurden, als etwa tausend Personen versuchten, die Zäune zu überklettern. Die Überlebenden
wurden damals zu hunderten in der Nähe von Er-Rachidia mitten
in der Wüste ausgesetzt – ohne Nahrung und Wasser (Bayanga-Belume, 2007). *Attaque forcée*, erzwungener Angriff, nennen die
Reisenden einen solchen Massenansturm auf die Grenzzäune der
spanischen Enklaven Ceuta und Melilla. Jedes Jahr finden dutzende solche Anstürme statt und regelmäßig verlieren Reisende unter der Gewalt der Grenzwächter ihr Leben. Für die meisten ist es
der letzte Weg nach Europa. Der Verzweiflungsweg. Der einzige,
der kein Geld kostet. Sie verstecken sich in den Wäldern, vereinbaren gemeinsam einen Zeitpunkt und stürmen den Zaun – an
verschiedenen Stellen, ausgerüstet mit Leitern und Decken, um
sich vor den Klingen zu schützen. Zu hundert, zu fünfhundert, zu
tausend rennen sie auf den Zaun los, der sie von der Europäischen
Union trennt. Die marokkanischen Soldaten werfen mit Steinen

nach ihnen und prügeln mit Stöcken, manchmal fallen Schüsse. Auf der anderen Seite prügelt die Guardia Civil und versucht, die Eingedrungenen zu verhaften und den Soldaten zu übergeben. Zehn, zwanzig, fünfzig, manchmal hundert Menschen schaffen es, über den Zaun zu klettern und sich in der Enklave zu verstecken. Manche haben Glück und gelangen in das Flüchtlingslager. Andere werden auch dort noch verhaftet und illegal nach Marokko abgeschoben (Gadem, 2012).

Ich gehe der Küste entlang in Richtung Stadt. Ein sauberer Badestrand ohne Müll. Schwarzer Kies, weiße Möwen und rote Schilder: *Prohibido el Passo*. Príncipe, das erste Viertel entlang der Grenze, sieht noch aus wie ein marokkanischer Vorort. Rot, gelb und ockerfarben gestrichene Häuser mit Flachdächern voller Satellitenschüsseln. Dazwischen die Türme von Moscheen. Auch die Menschen sind dieselben wie jenseits der Grenze. Sie grüßen sich auf marokkanische Art, lächelnd und mit vielen Worten: *Assalaamualeikum, wie geht es Ihnen, wie geht es Ihrer Frau, wie geht es Ihrem Vater, allen geht es gut, Hamdullah, Gott sei Dank.* Die Männer tragen Dschellaba, die Frauen Kaftan, und die Mädchen putzen die Fliesenböden ebenso, wie sie es auf der anderen Seite des Hochsicherheitszaunes tun: Mit viel Seifenwasser aus Plastikeimern, das sie mit Schwung auf den Boden kippen und mit Gummischabern in die Straße stoßen. Ich gehe über enge, geflickte Gässchen und moosbewachsene Treppen zwischen den Häusern den Hügel hoch. Oben beginnt es in Strömen zu regnen und ich stelle mich unter einen Dachvorsprung zu einer Gruppe Männer, die mich vor dieser Gegend warnen: *Dieser Ort ist nicht gut für dich, voller Banditen und schlechter Menschen.*

Die Straße führt über ein ausgetrocknetes Flussbett voller Stacheldrahtrollen, und je mehr ich mich dem Zentrum nähere, desto spanischer wird die Gegend: Spanische Supermärkte, spanischer Waschmittelgeruch, spanische Flaggen, spanische Telefonkabinen, spanische Briefkästen, Tapas-Bars und Werbeplakate mit schlanken Damen in aufreizender Unterwäsche. Bei einer Bar frage ich einen Herrn nach einer günstigen Unterkunft. Als er merkt, dass ich englisch spreche, ruft er einen Pakistaner herbei. *Komm mit, ich werde dir ein Hotel zeigen,* sagt dieser spontan und ich folge ihm. Der Pakistaner heißt Sadjid. Und der Herr, den ich angesprochen hatte, ist Polizist im *Centro de Estancia Temporal de Inmigrantes,* kurz CETI, dem Auffanglager für Reisende, welche unerlaubt die Grenze überschritten haben.

Sadjid begleitet mich den ganzen Nachmittag durch die Stadt auf der Suche nach einer günstigen Unterkunft. Er ist vierzig Jahre alt und stammt aus Kaschmir. Vor sechs Jahren kam er hier über die Grenze. Versteckt unter den Sitzen eines präparierten spanischen Sportwagens. Für 1500 Euro. Während wir zusammen durch die Stadt spazieren, erklärt er mir Ceuta, die spanische Enklave in Afrika, die seine Heimat geworden ist. Immer wieder werden wir von heftigem Regen überrascht und drängen uns unter die Vordächer der Hauseingänge. *Weißt du, ich genieße das Leben,* sagt Sajid immer wieder, *es ist nicht einfach, aber ich mache das Beste daraus.*

Vor sieben Jahren begann seine Reise wie die Reise so vieler anderer auch: Mit dem Wunsch, in Europa reich zu werden. Damals gab es in Spanien noch Arbeit und Sadjid wollte Verwandte in Barcelona aufsuchen. Aber die Reise zog sich in die Länge. Sie führte von Pakistan über Dubai, Côte d'Ivoire und Burkina Faso in die Wüste von Mali. Zwei Jahre lang wurde er von Schmugglern in der Wüste gefangengehalten. Und vier Monate verbrachte er in den Wäldern vor Ceuta, bevor er es schließlich in die Enklave rein schaffte.

Hier saß er drei Jahre lang im CETI fest und errichtete 2009 mit fünfzig Kameraden aus Indien, Pakistan und Bangladesch ein Protestcamp im Wald. Viele wurden daraufhin abgeschoben. Er wurde freigelassen, heiratete eine Cousine aus London und erhielt europäisches Aufenthaltsrecht. Aber in der Zwischenzeit wurden seine ehrgeizigen Pläne von der spanischen Wirtschaftskrise eingeholt. Sadjid kehrte nach Ceuta zurück und entschied sich für ein einfaches, aber freies Leben. *Meine ganze Familie hat Geld, verstehst du, mein Vater, mein Onkel, mein Bruder, meine Schwester, alle. Aber ich will weder von ihrem Geld leben noch will ich jeden Tag hart arbeiten. Also arbeite ein bisschen, verdiene mal zehn, mal fünfzehn Euro und lebe bei Freunden auf dem Sofa. Das wichtigste ist es, glücklich zu sein.*

*

Gegenüber meinem Hotelzimmerfenster steht die *Kapelle aller Heiligen* hinter einem schwarzen Gittertor mit drei goldenen Kreuzen. Daneben eine Moschee, deren Lautsprecher mich um fünf Uhr morgens in den Tag holen. Ein kräftiges Gewitter sucht die Gegend heim. Blitze preschen ins Meer und Donnerschläge lassen die Scheiben zittern. Stunden später trocknet ein starker Wind die Straßen, reißt an den Ästen der Bäume und treibt weiße Wolkenwatten über den Himmel.

Ich schlendere durch das Städtchen. Im Park vor dem Polizeikommissariat küsst ein Mädchen mit Kopftuch leidenschaftlich einen Jungen. Sie lachen und halten sich an den Händen, wie gewöhnliche Verliebte in Europa. In der Tourist Information erklärt mir die Dame, dass sie keine Karte für die ganze Enklave habe, sondern nur für das Stadtzentrum. *Außerdem,* sagt sie, *ist es besser, wenn Sie nicht nahe an der Grenze spazieren gehen. Die Guardia Civil will dort keine Leute sehen. I'm sorry for this.* Hier im Zentrum könnte Ceuta irgendeine spanische Stadt am Mittelmeer sein. Nichts erinnert einen daran, dass wir uns auf afrikanischem Boden befinden. Auf der Küstenpromenade flanieren asiatische Touristen mit Fotokameras an einer aufwändig restaurierten Kirche vorbei. Es gibt Luxushotels, Goldhändler und Sexshops. Oberhalb des Segelhafens stehen als Andenken an die historischen Referenzen der Stadt die metallenen Büsten alter Griechen, in deren Schriften der antike Name des Ortes auftaucht: *Heptá Adélphia,* die sieben Brüder, die sieben Berge an der Meeresenge. Aus dem Namen machten die Römer *Septem,* die Araber *Septa* und die Spanier *Ceuta.*

Hier kam im Jahre 1100 der arabische Geograph Muhammad Al-Idrisi zur Welt. Er erstellte seinerzeit die akkurateste Weltkarte der Vormoderne und gilt als Begründer der modernen Geografie, da er sich nicht für die Könige und deren Reiche interessierte, sondern für die Beschaffenheit der Welt und die Lebensweise der Menschen. Sein Hauptwerk nannte er *Nuzhatu Al-Muschtaq fi Ichtiraq Al-Afaq – Die Reise des Sehnsüchtigen, um die Horizonte zu durchqueren*. Doch nichts erinnert im spanischen *Ceuta* von heute an dieses kosmopolitische Erbe der Stadt.

Stattdessen thront in der Mitte des Kreisels vor dem Hafen *Príncipe Enrique el Navegante*, Heinrich der Seefahrer, der nur einmal zur See fuhr – um die Handelsstadt Septa von den Mauren zu erobern. Das war im Sommer 1415. Ein Kreuzzug während der *Reconquista*, noch bevor die katholischen Königreiche die Muslime und Juden endgültig von der iberischen Halbinsel vertrieben, noch bevor Kolumbus Amerika entdeckte. Während sich der von Heinrich eingesetzte neue Gouverneur von Ceuta mit Piraterie bereicherte, gab der portugiesische Prinz Enrique Entdeckungsreisen in Auftrag – und verdiente sich damit seinen Namen: *El Navegante*, der Seefahrer. Von ihm finanzierte Flotten umschifften 1434 als erste das Sagenumwobene *Kap Bojador* und machten Westafrika für den europäischen Handel zugänglich. Sie begründeten die portugiesische Kolonialmacht und markieren den Beginn der europäischen Expansion. Die Eroberung und Ausbeutung Afrikas. Neun Jahre später stieg Portugal in den Handel mit schwarzen Sklaven ein.

Am Nachmittag führt mich Sadjid den Hügel hinauf zum CETI, dem Auffanglager. Ein sehr hoher Zaun aus Eisenstäben umgibt die Bungalows des Camps, überwacht von Videokameras. Der Eintritt erfolgt mit biometrischer Identitätskarte und Fingerscan. Hier landen alle, denen es gelingt, irregulär Ceutas Grenzen zu überschreiten, ohne direkt nach Marokko abgeschoben zu werden.[97] Das CETI ist für 512 Personen gebaut und regelmäßig überfüllt. Viele bleiben hier jahrelang. Sie dürfen die Enklave nicht verlassen. Denn um eine Fähre zu betreten, welche auf die spanische Halbinsel fährt, brauchen sie eine Aufenthaltsgenehmigung. Erst nach einer langwierigen Prozedur werden sie nach Algeciras auf das spanische

Festland gebracht, wo sie in einem Internierungszentrum auf ihre Abschiebung warten. Dort dürfen sie allerdings höchstens 40 Tage festgehalten werden. Und wenn in dieser Zeit keine Abschiebung stattfinden kann, werden sie mit einer Ausreiseaufforderung freigelassen. Dann beginnt für sie ein neues Abenteuer – ohne Aufenthaltspapiere in Europa.

In einem Eukalyptuswald neben dem CETI treffen wir auf eine Gruppe afrikanischer Reisender. Auf einem Feuer am Boden kochen sie in verbeulten Kochtöpfen Reis, Hühnchen, Tomaten und Eier. *Das Essen im Zentrum ist schlecht,* erklärt mir Hermann, während er mit einem Holzscheit im Reistopf rührt. *Es besteht aus Wasser, Teigwaren und Kartoffeln. Keine Vitamine, keine Proteine, nichts, das dich bei Kräften hält.* Der junge Kameruner kam vor eineinhalb Jahren schwimmend nach Ceuta und verliert allmählich die Hoffnung auf ein besseres Leben. *Ich kann niemandem empfehlen, hierherzukommen. Ich sitze seit 18 Monaten hier fest, den ganzen Tag kann ich nichts tun, und ich habe keine Ahnung, wie lange das noch weiter geht.* An die zwanzig Männer stehen hungrig auf dieser Kuppel im Wald mit Blick auf das europäische Festland. Sie insistieren darauf, dass ich mit ihnen esse. Das bisschen Geld für die Nahrungsmittel verdienen sie sich mit *Dalidali,* mit Parkeinweisen in der Stadt. Wenn es gut läuft, schaffen sie vier Euro am Tag.

Später spaziere ich mit Sadjid den Strand entlang weiter nach Westen. Ceutas Grenzzaun schlängelt sich durch eine bergige Landschaft mit steilen Hängen voller dichtem Gestrüpp. Und schließlich zwischen den Häusern eines Dörfchens hindurch, das hier Benzù und auf der marokkanischen Seite Belyounech heißt. Auf dem kleinen Dorfplatz treffen wir Hassan. Er trinkt Minztee aus einem kleinen Glas, während seine schweren Augen auf der Grenzanlage ruhen, die sein Dorf von Marokko trennt.

Am Strand patrouillieren zwei plaudernde Soldaten an einem einsamen Angler vorbei. Blaue Fischerboote liegen in einer Sandbucht und eine Schaar weißer Möwen auf dem ruhigen Wasser. An diesem Strand hat Lamin vor wenigen Nächten mit seinen

Kameraden ein Schlauchboot ins Wasser gesetzt und versucht, über die Grenze zu paddeln. Heute liegt die Bucht ruhig und friedlich neben Europa in der Mittagssonne. Ein einzelner junger Sportler dehnt seine Muskeln im Schatten einer Pinie, ein Hahn kräht und das Meer klatscht sanft gegen die Felsen. *Die Welt ist verrückt*, sagt Hassan irgendwann neben uns. *Erst gingen die Europäer nach Afrika und klauten die Rohstoffe – Diamanten, Gold, Holz, alles Mögliche – und jetzt, wenn die Leute nach Europa kommen, sagen sie: Fuerra!*

Der Muezzin ruft zum Asr, zum Nachmittagsgebet, und Sadjid geht in die kleine Moschee um zu beten. Ich warte davor auf einer Bank. Bald setzt sich ein alter Mann neben mich, stöhnend und mit schmerzverzerrtem Gesicht. Er fragt, ob ich Deutsch spreche. Er habe in Frankfurt gearbeitet. Zehn Jahre lang. *Sauber machen.* Jetzt tun ihm die Beine weh. Als Sadjid zurückkommt, steigen wir etwas weiter den Hang hinauf. Wir blicken auf den Felsen von Gibraltar. Das andere Ufer der Meeresenge ist so nahe, dass man die Rotorblätter der Windturbinen drehen sieht. Auf dem Hügel über uns dreht ein großer, weißer Radar im blauen Himmel seine Kreise. Und als ich endlich die Festungsanlage aus der Nähe sehe, kommt uns ein Landrover der Guardia Civil entgegen. *Was wollt ihr hier? Woher kommt ihr? Das ist eine Sperrzone. Habt ihr Papiere?*

Der nächste Tag ist Sonntag, sonnig mit kaltem Nordwind. Ich bin mit Sohir verabredet, einem Freund von Sadjid. Ein kleiner, schlanker Junge mit verschmitztem Lächeln und scheuen Augen. Sohir kommt aus Bangladesch. Wir setzen uns in den Windschatten großer Betonblöcke am Strand und er beginnt mir seine Geschichte zu erzählen. Es ist die Geschichte von einer sehr langen und entbehrungsreichen Reise, von vielen Lügen und viel verlorenem Geld. Von sehr viel verlorenem Geld. Über 14.000 Euro bezahlte sein Vater für die Reise seines zweiten Sohnes ins Paradies, in dem er auch nach sieben Jahren noch nicht angekommen ist. Als ich mich vier Stunden später von ihm verabschiede, fährt ein Auto der Guardia Civil heran. Der Beamte lässt die Scheibe hinunter und winkt mich zu sich: *Sind Sie Franzose? Nein? Schweizer? So. Gut. Aufwiedersehen.*

Sohir

Geboren 1989 in Bangladesch

Weißt du, ich spreche nicht gut Englisch. Aber seit ich im CETI bin, treffe ich viele Leute aus Kamerun und Nigeria. Wir reden, reden, reden und so lerne ich. Aber mein Englisch ist gebrochen. Ich bin einer aus Bangladesch. Ich wurde 1989 in einem Dorf namens Kapilmuni geboren. Von dort komme ich. Okay. Mein Vater, vor sehr vielen Jahren, bevor ich ins Leben kam, ich erzähle dir die wahre Geschichte, ja? Mein Vater arbeitete auf einer Farm von anderen Leuten. Die Leute gaben ihm keinen Lohn, nur zu essen und einen Platz zum Schlafen. Diese Leute hatten Kühe, kennst du Kühe? Sie hatten einige Kühe und mein Vater holte Futter für die Kühe, er putzte die Kühe, putzte das Haus, arbeitete auf dem Feld und baute Kartoffeln und Zwiebeln an.

Das war vor vielen Jahren, ich glaube, vor vierzig Jahren. Mein Vater erzählte mir dies, als ich klein war. Er sagte, *mein Sohn, das ist meine Geschichte, da bin ich durchgegangen.* Mein Vater arbeitete sehr hart. Die Leute gaben ihm zu essen und er brachte es seiner Mutter. So arbeitete er acht Jahre lang, dann wurde seine Mutter sehr krank. Eines Tages ging er zum Haus seines Cousins, der damals Reis verkaufte, kennst du Reis? Der hatte sehr viel Reis in seinem Laden und mein Vater sagte ihm: *Es tut mir leid, ich habe gar kein Geld, bitte gib mir nur ein halbes Kilo Reis, damit ich meiner Mutter etwas zu Essen geben kann.* Aber mein Cousin antwortete: *Zuerst bringst du Geld, dann gebe ich dir Reis. Wenn du kein Geld hast, versuche nicht in meinen Laden zu kommen.* Also ging mein Vater die ganze Nacht über fischen. Am nächsten Morgen verkaufte er den Fisch

247

für ein bisschen Geld und kaufte Reis. Seine Mutter liebte meinen Vater sehr fest und sagte ihm, *sorge dich nicht, eines Tages wird es dir gut gehen.* Sie hatte ein kleines Haus und als sie sehr krank war, verkaufte mein Vater das Haus, damit sie zum Arzt gehen konnte. Der Arzt sagte, wenn ihm Gott helfe, werde sie am Leben bleiben, aber wenn Gott nicht helfe, dann werde sie sterben. Und wenige Tage später starb sie. Das war 1971. Damals war Bangladesch im Krieg mit Pakistan.[98]

Der Vater meiner Mutter hatte eine Farm mit Kühen, und ein paar Jahre nachdem meine Großmutter starb, arbeitete mein Vater auf dieser Farm. Mein Vater liebte seine Arbeit und machte alles, egal wie hart es war. Er tat es einfach. Er arbeitete dort sechs Jahre lang und die Familie gab ihm ein bisschen Geld. Meine Mutter mochte meinen Vater und erzählte dies ihrem großen Bruder. Dieser fragte eines Tages meinen Vater: *Magst du meine Schwester? Sie ist gut und schön, nicht?* Und mein Vater sagte *ja.* – *Du magst sie, nicht?* Und er sagte, *ja, ich mag sie.* – *Möchtest du sie heirateten?* Und mein Vater sagte, er müsse erst seinen Bruder fragen. Aber alle waren einverstanden, also heirateten meine Eltern und der Vater meiner Mutter schenkte meinem Vater eine Kuh. Er sagte: *Dies ist für dich.* Mein Vater hatte damals ein kleines Häuschen in einem Stück Wald, und der Vater meiner Mutter sagte: *Ihr habt geheiratet, ihr werdet in eurem Haus zusammmen leben, diese Kuh ist für euch, ihr werdet sie melken,* kennst du melken? *Und jedes Mal wenn ihr sie melkt, verkauft ihr die Milch auf dem Markt. Ihr spart das Geld, und in einem Jahr werdet ihr euch eine zweite Kuh kaufen. So habe ich selber vor vielen Jahren auch angefangen.* Und mein Vater sagte: *Ich werde mich sehr bemühen.* Nach einem Jahr gebar die Kuh ein kleines Kalb. Als es groß war, verkaufte mein Vater das Kalb und später kaufte er sich eine zweite Kuh. Und als sie drei Kühe hatten, gebar meine Mutter einen Jungen. Das ist mein großer Bruder. Drei Jahre später wurde ich geboren.

Meine Mutter und mein Vater arbeiteten sehr hart. Nach einer Weile konnten sie einen kleinen Laden kaufen, und als mein jüngerer

Bruder zur Welt kam, kaufte mein Vater ein Stück Land in einem anderen Dorf. Das Land kostete damals 40.000 Taka, das sind etwa 400 Euro, ja. Dort baute er unser Haus. Später wurde meine Schwester geboren und meine Eltern hatten sieben Kühe. So ging es weiter. Meine Mutter hat noch zwei Jungen geboren. Zusammen sind wir fünf Brüder und eine Schwester. Mein Vater machte einen Vertrag mit Leuten, welche einen Teil seines Landes bebauten, und ihm im Gegenzug die Hälfte der Ernte gaben. Jedes Jahr ernteten sie 600 Kilo Reis und gaben ihm die Hälfte. Nach fünf Jahren kaufte mein Vater ein anderes Feld. Er baute dort Kartoffeln, Zwiebeln, Auberginen und so weiter an. Die Leute ernteten viel Reis und so hatten sie keine Probleme. In Bangladesch ist das einzige Problem der Reis. Wenn die Leute Reis haben, habe sie kein Problem, ja. Sie essen, schlafen, essen, schlafen. Und am Morgen arbeiten sie.

Als mein Bruder 18 Jahre alt war, ging er nicht weiter ans College. Er sagte zu meinem Vater: *Du hast in diesem Land sehr hart gearbeitet. Ich kenne deine ganze Geschichte und ich liebe dich sehr. Lass mich in ein anderes Land gehen und arbeiten, denn ich denke, dass es in einem anderen Land mehr Geld gibt.* Und mein Vater sagte: *Gut, in zwei Jahren werde ich etwas Geld haben. Sag mir, wo du hin willst, und ich werde dich dort hinschicken.* Also arbeitete mein Bruder zwei Jahre und dann ging mein Vater zu einem Agenten, kennst du Agenten? Das sind Leute, die wissen, wie man ein Visum kriegt, und die Einwanderungsbehörden kennen. Du gibst ihnen deinen Pass und sie organisieren für dich die Reise nach Dubai, Katar, Saudi Arabien, Griechenland oder Italien. Mein Vater ging zu einem solchen Agenten, und der sagte ihm: *Du bezahlst 7000 Euro und ich schicke deinen Sohn nach Griechenland.* Ja, das ist viel Geld. Bengalische Geschäftsleute sind so. Das war 2003, denn ich habe jetzt in der Geschichte vieles übersprungen. Mein Vater sagte, *gut, ich bezahle jetzt 2000 Euro, und wenn mein Sohn in Griechenland ankommt, bezahle ich den Rest.* Mein Bruder reiste in die Türkei und wurde von dort mit vielen anderen Leuten in einem Containerschiff nach Griechenland gebracht. Aber als das Schiff vor der griechischen Küste lag, rief der türkische Verbindungsmann den Agenten an und sagte, *sende mir das Geld, dann bringe ich die Leute an Land.* Der Boss in Bangladesch sagte, *bringe erst die Leute nach Griechenland, und wenn alles klappt, werde ich dir viel Geld bezahlen.* Doch der türkische Boss sagte, *nein, wenn du mir nicht glaubst, bringe ich sie zurück in die Türkei.* Dem bengalischen Boss war das egal. Und als der türkische Boss nach vier Tagen noch kein Geld kriegte, brachte er die Leute zurück, wo sie von der Polizei verhaftet wurden. Sie wurden in den Iran abgeschoben, vom Iran nach Pakistan und dort schickte mein Vater meinem Bruder ein Ticket, um nach Bangladesch zu kommen.

Mein Bruder war sehr besorgt und dachte viel an das verlorene Geld. Er konnte das nicht stehen lassen und sagte, er müsse es noch einmal versuchen. Er arbeitete wieder zwei Jahre lang mit meinem Vater und suchte sich danach einen anderen Agenten. Wir arbeiteten alle. Wir bauten Gemüse an, kennst du Gemüse? Jeden Tag gingen wir früh am Morgen auf die Felder, und am Nachmittag verkaufte mein Vater das Gemüse auf dem Markt. Mein Bruder suchte sich also einen Agenten und sagte, *ich verspreche euch, ich werde hart arbeiten und euch all das Geld zurückgeben.* Der Agent verlangte 8000 Euro. Das war 2005, während des Ramadans, kennst du Ramadan? Mein Vater bezahlte 3000 Euro im Voraus und der Agent machte meinem Bruder ein Visum für die Türkei. Dort lebte er vier Monate und dann ging er zu Fuß über die Grenze. Sie liefen zwei Tage und zwei Nächte durch die Wälder, dann kamen sie nach Griechenland. Dort wurden sie von einem Boss abgeholt und in ein Zimmer eingesperrt, damit sie nicht fliehen konnten, bevor das Geld bezahlt wurde. Sie sagten ihnen, *ihr müsst am Telefon weinen, damit eure Eltern das Geld bezahlen.* Mein Bruder rief meinen Vater an und sagte: *Papa, ich bin glücklich! Ich bin jetzt in Griechenland!* Und mein Vater sagte *Hamdullah, Gott sei Dank.* Er verkaufte ein großes Stück Land und brachte das Geld dem Agenten. Dann wurde mein Bruder freigelassen und ging nach Athen.

Als ich sah, dass mein Bruder in Griechenland ist, sagte ich meinem Vater, *ich will nach Spanien.* Mein Vater sagte, *mache mir das Leben nicht schwer, mein Sohn.* Aber ein Jahr später gingen Sohrab und Jakir nach Spanien. Wir sind Cousins und waren sehr enge Freunde. Wir gingen zusammmen zur Schule, wir spielten zusammmen, wir machten alles zusammen. Und 2006 sagten sie, sie gingen nach Spanien. Ich sagte: *Ich will auch nach Spanien!* Ich sprach mit meiner Mutter und sie sagte, sie werde mit meinem Vater reden. Aber mein Vater sagte, ich solle nach Dubai gehen. Kennst du Dubai? Ein arabisches Land. Er sagte, *Dubai ist gut.* Ich sagte, *Dubai?* Und er sagte, *ja, du arbeitest dort drei Jahre, kommst zurück nach Bangladesch und dann schicke ich dich nach Europa.* Ich sagte okay. Er fand einen Agenten der versprach, mich für 2300 Euro nach Abu Dhabi zu schicken, wo ich als Gärtner arbeiten könne. Also machte mein Vater einen Pass für mich und gab ihn dem Agenten.

In dieser Zeit redete ich viel mit meinen Cousins, welche sich darauf vorbereiteten, nach Spanien zu gehen. Ich dachte: Sie gehen nach Spanien, in ein großes Land, und ich gehe in ein kleines Land. So dachte ich. Ich dachte viel nach und sagte meiner Mutter: *Ich gehe nicht nach Dubai.* Dann kam mein Vater. Ich erklärte es ihm und er sagte, *wenn du nicht gehst, musst du dir ein anderes Zuhause suchen! Dann kommst du nicht mehr hier essen und schlafen.* Also ging ich. Ich lebte eine Woche lang bei meiner Tante. Dann kam meine Mutter vorbei und sagte, *mache dir keine Sorgen, sag mir ganz, ganz ehrlich: Was brauchst du?* Und ich sagte, *das einzige, was ich will, ist mit Sohrab und Jakir nach Spanien gehen. Ich mag keine arabischen Länder.* Sie redete daraufhin jede Nacht mit meinem Vater und sagte ihm, *kannst du nicht etwas tun, um das Visum für Dubai zu stoppen? Er will mit seinen Cousins nach Spanien gehen, er kennt sie sehr gut, er will mit ihnen gehen, um keine Probleme zu haben.* Und eines Morgens kam mein Vater zu mir und sagte: *Gut, sag mir ganz ehrlich: Was willst du? Willst du in Bangladesch bleiben? Willst du nicht nach Dubai?* Ich sagte, *ich gehe nicht nach Dubai und bleibe nicht in Bangladesch. Ich gehe nach Spanien.*

Also schickte mich mein Vater zu dem Agenten, um ihn in unser Haus zu rufen. Er kam und mein Vater meinte zu mir, *sag ihm, was du brauchst. Ich sagte, ich will nicht nach Dubai gehen, bitte stelle das Visum ein und gib mir meinen Pass zurück, ich will mit meinen Cousins nach Spanien gehen.* Der Agent fragte, *Sohir, bist du sicher? Dein Visum ist unterwegs.* Ich sagte, *ja, das ist meine Lösung, ich bin sicher.* Danach redete er mit meinem Vater und sagte, wenn ich nicht ginge, müsse mein Vater 400 Euro für den Aufwand bezahlen. Den Rest des Geldes gab er ihm zusammen mit dem Pass zurück. Zwei Tage später rief mein Vater seinen älteren Bruder und zehn weitere Verwandte zu uns nach Hause. Es kamen viele Leute, und als alle da waren, musste ich mich in die Mitte setzen, und er sagte: *Fragt Sohir, warum er nicht nach Dubai gehen will und mir jetzt das Leben schwer macht.* Ich saß in der Mitte all dieser Leute. Das war sehr hart für mich. Mein Onkel fragte: *Du magst Dubai nicht, was? Du willst nach Spanien? Wie denkst du, dass du dort hingehen kannst?* Ich sagte, *mein Vater hat Kühe, nicht? Sag ihm, er soll seine Kühe verkaufen, damit ich gehen kann.* So war das.

Eines Tages gingen wir zum Haus von Mounir, dem Agenten meiner Cousins. Mein Vater sagte: *Dies ist mein Sohn und er will nach Spanien gehen, wie soll das geschehen?* Mounir sagte: *Ich habe ein Programm. Er fliegt von Bangladesch nach Indien, dort kenne ich Einwanderungsbeamte, welche ein Visum für Bulgarien machen können. So kommt er nach Europa.* Mein Vater fragte, wie viel Geld das kostet, und er sagte 9500 Euro. Aber mein Vater sagte, *das ist zu viel.* Später einigten sie sich auf 8500 Euro und mein Vater sagte: *Ich habe das Geld nicht, denn ich habe sehr viel Geld verloren. Aber ich werde schauen, dass ich dir jetzt 1000 Euro geben kann.* Mounir sagte, *nein, du musst mir mindestens 2000 Euro geben.* Also nahm mein Vater einen Kredit auf und Mounir machte mir ein Visum für Indien. Vier Tage später rief er uns an und sagte, wir würden am nächsten Tag abreisen. Mein Vater gab mir Geld und ich ging zusammen mit Jakir auf den Markt, um neue Jeans, neue Schuhe und eine Tasche zu kaufen. Und am Abend kamen sehr viele Leute in mein Haus, um mich ein letztes Mal zu sehen. Es kamen mehr als 60 Leute. Manche gaben mir ein bisschen Geld, andere etwas zu essen. Dann kam ein Taxi vorbei und meine Mutter weinte sehr. Ich sagte ihr, *weine nicht, ich werde eines Tages zurückkommen und viel Geld haben und du wirst glücklich sein.* So ging ich zusammen mit Jakir zum Bahnhof auf den Zug nach Kalkutta. Mein Vater war sehr stark, aber am Ende weinte er ein bisschen. Und er sagte: *Wo immer du bist, rufst du mich an, ja?* Ich sagte, *ja,* und er gab mir 110 Dollar mit auf den Weg. Ich war damals sechzehn Jahre alt.

Als wir in Dehli waren, kam Mounir und sagte: *Okay, ich habe jetzt kein Visum für Bulgarien. Ihr werdet also von Dehli nach Addis Abeba fliegen und von dort nach Bamako.* Und er zeigte uns mit dem Finger: *Hier ist Bamako, hier ist Marokko und gleich hier ist Spanien! Ihr kommt mit einem Bus nach Marokko und mit einem anderen Bus nach Spanien. Fertig. Dann seid ihr in Europa.*[99] Europa. Ja, okay. Das mit dem Visum für Bulgarien war also nur eine Lüge. Am 13. Oktober 2006 gab er uns die Pässe und die Flugtickets: Dehli Airport nach Addis Abeba und Addis Abeba nach Bamako. Ich erzähle dir die wahre Geschichte, okay? Er sagte, er habe Kontakte am Flughafen, wir sollen uns keine Sorgen machen, alles werde klappen. So bin ich das erste Mal in meinem Leben geflogen. Ich hatte noch nie von Afrika gehört und hatte keine Ahnung, wo Afrika ist. Ich wusste überhaupt nichts von diesem Kontinent. Und zum ersten Mal in meinem Leben sah ich schwarze Menschen. Viele, viele schwarze Menschen. Die waren sechs Meter hoch. Sie waren alle riesig. Und ganz schwarz. Willkommen in Addis Abeba.

Dann flogen wir nach Bamako und dort kam uns der Verbindungsmann abholen. Er heißt Haruna, ist sehr groß und sieht aus wie ein Mafiaboss. Und das ist wirklich eine Mafia. Er sagte, *willkommen Bengalen, willkommen. Ich arbeite seit 15 Jahren zusammen mit Mounir, er ist mein Geschäftspartner. Ich organisierte das Visum für euch, damit ihr nach Bamako kommen konntet.* Wir verbrachten einen Monat in Bamako. Dort leben sehr viele Inder im *Forêt.*[100] Wir trafen mindestens siebzig Inder und sie erzählten uns ihre Geschichten. Manche bezahlten ihrem Agenten 8000 Euro für das Versprechen, nach Italien zu kommen. Und als sie in Bamako landeten, sagte man ihnen, das hier sei Italien. Ja, manchen Leuten passiert das im Leben. Einige lebten schon vier Jahre dort. Sie suchen nach Arbeit, aber die Arbeit dort ist sehr hart und sie verdienen bloß 500 oder 1000 Franc CFA im Tag. Das sind ein oder zwei Dollar. Das ist nichts. Ich traf viele Leute, welche dort festsaßen, sehr viele Leute.

Haruna hatte ein großes Haus. Er sagte, *ihr könnt in meinem Haus leben, bis die anderen Leute ankommen, und danach werdet ihr zusammen nach Gao fahren. Von dort werde ich euch nach Marokko schicken.* Dann rief Mounir aus Bangladesch an und sagte, *wenn eure Eltern jetzt das restliche Geld geben, geht ihr nach Marokko, dort seid ihr schon fast in Spanien.* Er machte viel Druck und Haruna sagte, *wallahi billahi, ich schwöre bei Gott, wenn ihr das Geld bezahlt, geht ihr nach Marokko, wenn ihr nicht bezahlt, bleibt ihr hier.* Also bezahlte ihm mein Vater 3000 Euro. Er verkaufte Kühe. Damals hatte er vierzehn Kühe und verkaufte acht davon, damit sein Sohn nach Marokko gehen konnte. Der Vater von Jakir verkaufte ein Stück Land und die Mutter von Shorab verkaufte ihren goldenen Hochzeitsschmuck.

Nach einem Monat fuhren wir nach Gao. Das ist die wahre Geschichte, aber ich erzähle dir nur die wichtigsten Dinge, denn die Geschichte ist sehr lang. Mounir und Haruna hatten uns angelogen. In Gao traf ich viele Bengalen, die mir ihre Geschichten erzählten und sagten: *Yeah, du hast in Bamako 3000 Euro bezahlt? Ich auch, und jetzt bin ich seit vier Jahren in Gao.* Sie wurden alle angelogen und hatten das Geld verloren. Für nichts. Mounir hatte sich aus dem Staub gemacht, nachdem unsere Eltern ihm alles Geld gegeben hatten. Als mein Vater zu seinem Haus ging, war nur seine Frau dort. Er fragte: *Wo ist dein Mann?* Und sie sagte: *Ich weiß es nicht.*

In Gao war Mohammed unser Boss, *wallahi billahi*, ich schwöre bei Gott, das ist eine riesige Mafia. Wenn du in sein Gesicht schaust, dann weißt du: Gefährliche Leute. Er nahm uns alles weg. Die Dollar, welche uns die Eltern mitgegeben hatten, unsere Mobiltelefone, unsere Pässe – alles nahm er uns. Er kam mit einem Messer, kennst du Messer? Er kam mit dem Messer und durchsuchte uns überall. Wir mussten zehn Monate lang in Gao bleiben. Nach zehn Monaten kam Haruna mit einem Landcruiser und sagte, *jetzt gehen wir.* Der Fahrer hieß Issa und wir fuhren durch die Wüste. Es ist eine große Wüste, eine sehr, sehr große Wüste. Wir sahen nichts und niemand, nur Wüste und Wüste und Wüste. Drei Tage lang. Dann kamen wir in ein Dorf Namens Khalil. Dort war die Reise zu Ende.

In Khalil lebten viele Pakistaner im *Forêt.* Dort gibt es keine Arbeit, und so gehen sie jeden Tag *fisabilillah,* kennst du *fisabilillah?*[101] Sie bitten die Leute um etwas zu Essen, etwas Zucker, etwas Milch. Sie schlafen draußen, zwischen den Felsen, ohne etwas. Wir lebten dort zwei Monate. Zwei Monate nur *fisabilillah.* Jeden Morgen ging ich in das Dorf und bat in den Läden und vor den Häusern um etwas zu essen, *fisabilillah, im Namen Gottes, bitte gebt mir ein bisschen Tee, ein bisschen Makkaroni, ein bisschen Reis.* Denn Mohammed brachte uns nur alle paar Tage etwas zu Essen. Das war bei weitem nicht genug. Und so waren wir gezwungen, betteln zu gehen. In diesem Dorf haben uns die Leute viel geholfen. Manchmal gaben sie uns sogar einen ganzen Ziegenkopf zum Auskochen.

Nach zwei Monaten kamen 24 andere Bengalen an. Issa brachte daraufhin eine Gruppe nach Marokko, also, damals, wie war das... Jaja, genau: Meine Cousins gingen in einem Auto von Khalil nach Maghnia, aber ich musste dort bleiben. Wir waren elf Leute, welche zurückblieben. Sieben Pakistaner und vier Bengalen. Wir riefen Haruna an, aber wir erreichten ihn nicht. Und erst nach zwei Wochen kam auf einmal Issa um Mitternacht vorbei. Er brachte uns zu Essen, Milch und *Tamar,* kennst du Tamar?[102] Wir aßen und er sagte, *morgen fahren wir nach Maghnia.* Wir sagten, *okay,* und um sechs Uhr früh fuhren wir los. Wir waren schon sehr müde von den Strapazen dieser Reise. Als wir in die Nähe von Tamanrasset kamen hielt er in einem felsigen Wüstengebiet an und sagte, wir würden hier übernachten. Es gab viele Höhlen, und dort schliefen wir. Issa ließ uns Wasser und Decken zurück und sagte, am nächsten Morgen früh um drei Uhr werde er kommen. Manche Leute haben die ganze Nacht nicht geschlafen und auf ihn gewartet. Sie sagten, *wir werden bereit sein, wenn er kommt, damit wir rasch nach Maghnia fahren können. Dann ist fertig Afrika und wir werden glücklich sein!*

Aber Issa kam nicht. Wir warteten die ganze Nacht und den ganzen nächsten Tag. Doch Issa kam nicht zurück. Einer von uns sprach Bambara, denn er lebte schon drei Jahre lang in Gao. Er ging zu einem Haus und fragte nach einem Thuraya[103], um Issa anzurufen. Aber sein Telefon war ausgeschalten. Wir warteten vier Tage lang. Ein Ziegenhirte sah uns und brachte uns Brot und Wasser. Er half uns viel und wir wurden gute Freunde. Nach drei Tagen sagte er: *Meine Freunde, diese Leute, welche euch hierher brachten, sind eine Mafia. Sie werden nicht zurückkommen, sie kümmern sich nicht um euch, sie wollen nur euer Geld.* Danach kamen wir alle zusammen und beredeten, was wir nun tun sollten. Wir entschieden, zu Fuß nach Tamanrasset zu gehen und die Polizei zu alarmieren, damit sie uns hilft.

Wir gingen etwa fünf Kilometer lang durch die Felsen bis an die Straße. Dort fuhren viele Leute an uns vorbei und wir riefen um Hilfe, aber niemand hielt an. Danach kam ein Polizeiauto und wir stellten uns einfach in die Mitte der Straße, damit sie nicht vorbeifahren konnten. Sie hielten an und fragten: *Was?* Wir sagten, *wir brauchen Hilfe. – Was? – Wir wollen ins Gefängnis.* Die Polizisten sagten, *okay, geht zur Seite.* Dann gaben sie Gas und fuhren einfach davon. Fort. Sie wollten uns nicht einmal ins Gefängnis bringen.

Also mussten wir zu Fuß bis nach Tamanrasset gehen. Dort fragten wir die Leute: *Wo ist das Gefängnis?* Denn im Gefängnis gab es wenigstens zu Essen. Sie gaben uns Brot und Wasser und nahmen uns die Fingerabdrücke. Dann sagten sie: *Ihr seid verrückt!* Sie zeigten uns eine Weltkarte und sagten: *Schaut, hier ist Bangladesch, hier Tamanrasset, hier Europa. Warum nehmt ihr kein Visum und fliegt direkt nach Europa?* Ich fragte, *Visum? Wer gibt mir ein Visum?* Aber sie sagten nur, *crazy, crazy people!* Nach einer Woche im Gefängnis fuhren sie uns in einem Lastwagen während einer Nacht und einem Tag bis nach Tin Zaouaten, wo sie uns abschoben. Dort sagte man uns, wir müssten zehn Euro bezahlen, um nach Kidal zu kommen. Die Pakistaner riefen ihren Boss in Gao an, damit er ihnen Geld schickte. Und einer von uns Bengalen hatte 40 Euro bei sich und half uns, um nach Kidal zu kommen. Dort blieben wir drei Tage. Ein anderer von uns hatte Freunde in Dubai, welche ihm etwas Geld schickten, damit wir nach Gao fahren konnten.

In Gao sahen wir Haruna. Er sagte, wenn wir ihm 500 Euro bezahlen, werde er uns nach Maghnia bringen. Aber diesmal glaubten wir ihm nicht mehr. Wir trafen Ali, einen bengalischen Freund, der bereits zwei Jahre in Gao lebte. Jetzt ist er in Madrid. Er sagte, wir sollen das mit Spanien sein lassen. Er kenne einen Weg über Niamey und Agadez nach Libyen. Dort sei es besser. Und so sagten wir uns, wir gehen nach Libyen. Aber Mohammed hatte meinen Pass. Und als ich ihn darum bat, sagte er, ich müsse dafür 40 Dollar bezahlen. Da sprach ich mit meinem Bruder und er gab mir eine Lösung: Ich ging zu Bouchra, der Frau von Mohammed und sagte ihr: *Bouchra, bitte sage Mohammed, dass mir mein Bruder Geld geschickt hat und ich meinen Pass brauche, um das Geld abzuholen. Ich werde ihm die Hälfte davon geben.* Und Bouchra fragte: *Sagst du die Wahrheit?* Ich sagte *ja, das ist die Wahrheit.* Dann sagte sie: *Ich weiß, wo dein Pass ist. Ich werde ihn dir geben. Aber sag Mohammed nichts davon und gib mir die Hälfte des Geldes, ja?* Ich sagte okay und sie gab mir meinen Pass.

Wir waren drei Bengalen, Asif, Sylheti und ich. Wir erzählten niemandem davon, aber wir hatten kein Geld. Sylheti rief seinen Onkel in Saudi-Arabien an, Asif einen Freund in Melilla, und ich rief meinem Bruder an und erzählte ihm, dass ich überhaupt kein Geld mehr habe zum Essen. Er hatte auch kein Geld, aber er lieh 100 Euro von einem Freund und schickte sie mir. So fuhren wir nach Niamey. Sylheti kannte dort jemanden, der uns abholte und zu sich nach Hause brachte. Wir erzählten ihm von Gao und er fragte, *was wollt ihr jetzt tun?* Wir sagten, *wir wollen nach Libyen.* Er sagte *Libyen? In Libyen gibt es nichts. Warum wollt ihr dort hin?* Wir sagten, *in Gao gibt es auch nichts und zu viele Probleme mit den Mafialeuten.* Er sagte, *okay, ich habe einen Freund, der in Agadez arbeitet. Er wird euch helfen und wenn ihr in Libyen seid, werdet ihr ihn bezahlen. Habt ihr Geld?* Ich hatte nicht genug. Und ich hatte niemandem von meiner Familie erzählt, dass ich nach Libyen gehe, also werden sie mir nicht glauben. Da musste ich viel nachdenken. Ich dachte: Ich bin gekommen, um nach Spanien zu gehen, jetzt gehe ich nach Libyen. Da wäre ich noch besser nach Dubai gegangen! Ich habe lange nachgedacht, dann rief ich meinem Bruder an und erzählte ihm die Wahrheit. Ich habe ihm die ganze Geschichte erzählt und er sagte: *Gehe nicht nach Libyen, gehe zurück nach Gao und bleibe dort. Wenn du Glück hast, wird dir vielleicht Haruna helfen nach Algerien zu kommen.* Und am nächsten Tag sagte ich Asir: *Es tut mir sehr leid, ich kann nicht nach Libyen gehen. Ich gehe zurück nach Gao.* Er sagte, *okay, das ist dein Leben.*

Dann rief ich Mohammed an und sagte, *ich bin in Niamey. – Niamey? Seit wann? Und du hast mich nicht einmal angerufen? Komm zurück, in wenigen Tagen gehen die Leute nach Maghnia. Komm zurück! Diesmal wirst du gehen!* Ich fragte, *bist du sicher? – Ja, ich bin sicher, frag Sishir!* Das war ein anderer Bengale. Sishir sagte, *ja, am Montag fahren wir los!* Also ging ich mit dem Bus zurück nach Gao. Sishir holte mich beim Busbahnhof ab und brachte mich zu Mohammed. Dieser redete die ganze Nacht kein Wort mit mir. Erst am frühen Morgen rief er mich: *Sohir, Passagier von Mounir, komm! – Ja Boss. – Wo warst du? – In Niamey. – Was wolltest du dort? – Ich wollte nach Libyen.* Dann sagte er: *Du hast den Pass gestohlen, du hast Geld gestohlen und bist abgehauen. Warum?* Ich sagte, *wallahi billahi, ich schwöre bei Gott, ich habe kein Geld gestohlen. Ich nahm nur den Pass, den mir Bouchra gegeben hatte.* Aber er sagte, *ich habe 250 Euro verloren und ich habe deinen Pass verloren. Das kostet dich 400 Euro!* Denn offenbar hatte ihm jemand Geld gestohlen, aber ich weiß nicht, wer es war. Dann begann er auf mich einzuprügeln. Er sagte: *Wallahi billahi, wenn du diese 400 Euro nicht bezahlst, wirst du hier sterben, kein Problem, erst kürzlich ist ein Bengale so gestorben!*

Also habe ich meine Mutter angerufen und geweint. Ich habe meinen Eltern die ganze Geschichte erzählt, so wie es war. Mein

Bruder in Griechenland sagte, *ich gebe ihm nichts, soll er dort sterben, ich habe selber nicht einmal genug zu essen!* Aber meine Mutter sagte ‚*sorge dich nicht, ich werde dir helfen.* Sie verkaufte ihren sämtlichen Goldschmuck und schickte mir das Geld mit Moneygram. Mohammed fragte: *Kommt das Geld? – Ja Boss, es kommt.* Er hatte ein Motorrad und damit gingen wir zu Moneygram, ich unterschrieb und sie gaben mir das Geld. Das war sehr viel Geld. 400 Euro in Franc CFA, das war ein riesiger Stapel Geld. Als wir raus gingen, sagte Mohammed: *Sohir, gib das Geld!* Ich sagte, *ich gebe es dir, aber lass uns erst nach Hause gehen,* denn ich wollte noch einmal mit ihm über meine Geschichte reden. 400 war einfach viel zu viel. Aber er sagte, *nein, gib jetzt das Geld.* Und als ich es nicht gab, rief er Haruna an. Der kam und sagte, *wallahi billahi, Sohir! Du wirst sterben!* So redete er: *Du wirst sterben! Gib ihm das Geld!* Sie packten meine Hand und wollten mir eine Nadel unter den Fingernagel schieben. Ich sagte, *okay Boss* und gab ihnen das Geld. Zuhause sprach ich mit Bouchra und sagte, *das ist nicht gut, das ist haram[104], wenn er mir das Geld nicht zurückgibt, gehe ich zur Polizei.* Denn ich wusste, dass ihr Nachbar ein Polizist war. Aber sie sagte: *Geh nur, er ist einer von unserer Familie!*

Also hatte ich gar kein Geld mehr. Ali sprach Urdu[105] und er ging oft zu den Pakistanern, welche im Chateau lebten. Eines Tages sagte er, *Sohir, ich muss dir etwas sagen. – Was?* Er sagte: *Manche Pakistaner haben viel Geld, aber du hast nichts. Ich werde ihnen ein Telefon stehlen und wir verkaufen es auf dem Markt. Ich kriege die eine Hälfte des Geldes und du die andere.* Ich sagte okay. Der Pakistaner hatte sein Guthaben aufgeladen, Ali nahm sein Telefon weg, machte die SIM-Karte raus, wir gingen in die Stadt und verkauften es. Ich weiß nicht, vielleicht 20.000 CFA (30 Euro), ich nahm die Hälfte, er nahm die Hälfte. So hatte ich ein bisschen Geld.

Ein paar Tage später gingen viele Leute von Gao nach Algerien. Mohammed sagte, *Mounir-Leute, kommt!* Wir kamen. *Jeder bezahlt 500 Euro!* Er kam zu mir und sagte: *Willst du nicht gehen?* Und ich antwortete, *doch, ich will gehen. – Dann bezahle 500 Euro!* Ich sagte, *ich habe nichts, wie kann ich dir 500 Euro geben?* Ich dachte, er würde mich vielleicht umsonst mitgehen lassen. Aber er ließ mich nicht gehen. Er sagte immer wieder, *du da, du wirst nicht gehen, du bleibst hier!* Die Leute bereiteten sich auf die Reise vor und deckten sich mit Wasserkanistern und Essen ein. Um halb sieben kam Issa, der Fahrer, und in der Nacht gingen sie mit einem Landcruiser nach Algerien. Shahalom und Ali gaben mir beide fünf Euro. Sahalom sagte, *möge Gott dir helfen, nimm das!* Ich sagte, *okay, viel Glück.* Der Motor wurde angelassen und ich schaute zu, wie sie alle davonfuhren. Sie gingen von Gao über Kidal nach Tin Zaouaten. Dort saßen sie wieder fest. Aber das wusste ich nicht. Ich dachte, sie wären bis nach Maghnia gekommen.

Nach einer Woche kam Haruna zu mir und sagte, *Sohir, du hast kein Glück, wie? Willst du nicht nach Spanien?* Ich sagte, *wie soll ich gehen? Meine Familie hat nichts mehr. Wenn du mir zu Essen gibst, kann ich in deinem Haus arbeiten.* Er sagte: *Machst du Witze? Du nimmst dein Leben nicht ernst!* Aber ich sagte, *doch, ich nehme mein Leben ernst, aber ich habe nichts, ich sage dir die Wahrheit.* Doch er sagte: *Du brauchst nur dieses eine Mal 500 Euro. Du behältst das Geld bis du fährst, und ich verspreche dir, du wirst zusammen mit den anderen gehen. Sie sind noch immer in Tin Zaouaten.* Ich glaubte ihm nicht. Also rief er Issa an und sagte, er solle das Telefon einem Bengalen geben. Und Ali sagte, *hey, Sohir, wo bist du? Wie geht es dir? Sohir, wir sind im Forêt! Tin Zaouaten. – Was macht ihr dort? – Issa brachte uns gestern hierher, er gibt uns kein Essen, jeden Tag nur Wasser. Du hast Glück, du isst gut.* Ich sagte, *ich esse nicht gut, ihr seid wenigstens alle zusammen!* Danach sagte Haruna: *Glaubst du es jetzt? – Ja. – Wenn du willst, bringt dich Issa direkt zu ihnen. Du musst nur 500 Euro bezahlen.*

Ich glaubte ihm nicht mehr, aber ich glaubte meinen Freunden und ich glaubte meinem Herzen und ich glaubte Gott. Ich hatte keine Ahnung, wie das Geld kommen sollte. Aber es kam sehr einfach und die Reise dorthin war sehr leicht. Sogar mein Bruder glaubte mir, als ich ihm die Situation erklärte. Und mein Vater schickte mir das Geld. Ich glaube, er verkaufte einige Kühe dafür. Ich holte es ab und Mohammed sagte, *dies ist dein Geld, diesmal nehme ich es dir nicht weg, siehst du?* Ich sagte, *okay.* Nach zwei Tagen rief mich Haruna an: *Sohir, komme zu meinem Haus.* Ich nahm meine Tasche und packte Essen, Milch und Kekse ein, meine Kleider und meine Jacke. Dann ging ich zu Haruna und diesmal sagte mir mein Herz: *Jetzt verlasse ich Gao.* Das sagte mir mein Herz. *Ich werde nicht mehr zurückkommen.*

Haruna sagte, *wo sind die 500 Euro? – Hier sind sie, Boss.* Er nahm 300 Euro, gab mir 200 und sagte, *das ist für Issa. Und wenn du in Maghnia ankommst, gibst du ihm nochmal 500 Euro.* Ich sagte, *okay.* Ich hatte kein Geld, aber ich glaubte daran. Denn Maghnia ist nicht gleich wie Gao. Also brachte mich Issa nach Kidal, wo ich in seinem Haus schlafen konnte. Am Morgen kam er und sagte, *Sohir, dieses Mal wirst du gehen. Ich verspreche es dir. Du musst mir nur noch 500 Euro bezahlen.* Ich sagte, *ich habe nur zweihundert. Entweder du bringst mich für dieses Geld, oder ich gehe zurück.* Doch er beharrte darauf. Ich rief Haruna an und der sagte, *ja, gib ihm die 500. – Dann gib mir die 300 Euro zurück, die du genommen hast!* Er sagte, *unmöglich. – Okay Boss, okay.* Ich rief wieder meine Familie und meinen Bruder an. Manchmal riefen sie mich zurück, manchmal nicht. Diesmal wurde ich richtig verrückt. Ich sagte, *kannst du mir glauben, dass mein Herz sagt, diesmal komme ich durch, wenn du mir nur diese 500 Euro schickst?* Mein Bruder glaubte mir. Ich weiß nicht, wie er das Geld auftreiben konnte, aber er schickte es mir. Ein paar Tage später kam Issa und ich gab ihm all mein Geld. 700 Euro. Und er fragte, *Sohir, hast du etwas, das du vergessen hast mir zu geben?* Ich sagte *nein, ich habe nichts mehr. Boss, es tut mir sehr leid, aber gib mir bitte 30 Euro, damit ich etwas Geld bei mir habe.* Und er sagte, *okay, das ist für dich.* Er gab mir 20.000 CFA und sein Bruder brachte mich nach Tin Zaouaten.

Tin Zaouaten – oh, oh! Issas Bruder ließ mich einfach irgendwo stehen und fuhr davon. Da war nur ein Mann, der bloß Bambara sprach. Ich fragte ihn, wo meine Freunde sind, aber ich verstand nur, wie er sagte, *Gott ist groß, eines Tages wirst du gehen.* Am frühen

Morgen ging ich in eine Teleboutique und rief Issa an. Er sagte, *keine Sorge, mein Bruder wird kommen und dich zu deinen Freunden bringen.* Es war weit außerhalb von Tin Zaouaten. Eh, eh, als ich dort ankam! Nach wie vielen Tagen? Einem Monat? Sechs Wochen? Die Leute sind alle schwarz geworden und hatten Bärte. Als meine Freunde mich sahen, waren sie sehr glücklich. Nourijaman sagte: *Mein Bruder, wie geht es dir, bist du okay?* Ich sagte, *ja, okay.* Und er sagte, *schau, das ist unser Haus. Der Fôret ist unser Haus. Willkommen.*

Wir mussten dort warten, weil einige Pakistaner ihrem Boss noch nicht genug Geld bezahlt hatten. Am Tag gab es nur Wasser und am Abend ein bisschen Reis. Ich war glücklich, dass ich wieder mit meinen Freunden war. Jeden Morgen ging ich mit Ali, Shahalom und Shishir nach Tin Zaouaten. Wir gingen in die Läden und sagten, *bitte, gebt uns Tamar, fisabilillah,* und manche Leute schenkten uns zu Essen. Die Leute dort haben uns viel geholfen. Nach zwei Wochen kamen Issa und Mohammed mit zwei Pick-ups und wir fuhren los. Sahara, Sahara, Sahara. In der Nacht schliefen wir draußen und sehr früh am Morgen fuhren wir weiter. So reisten wir acht Tage lang durch die Wüste. Wir hatten viele Probleme unterwegs. Aber dann kamen wir nach Ghardaia.

Ach ja, etwas habe ich vergessen: Bevor wir nach Ghardaia kamen, sahen wir einen Hasen, kennst du Hasen? Wir sahen einen Hasen und Issas Bruder verfolgte ihn. Wenn der Hase dort hinging, fuhr er ihm nach, dann ging der Hase in diese Richtung, und er folgte ihm. Er gab Vollgas und fuhr mit 100 dem Hasen nach. Als der Hase müde war, lag er ab und Issas Bruder stieg aus, um ihn zu fangen. Denn er wollte ihn nicht überfahren, sondern schlachten. Aber als er sich dem Hasen näherte, rannte er wieder davon.

In Ghardaia sagte Issas Bruder: *Jetzt sind die Probleme fertig!* Wir sollen saubere Kleider anziehen und uns waschen. Dann schliefen wir sehr lange. Erst um acht Uhr abends fuhren wir weiter nach Oran. Diesmal aber in Taxis auf einer asphaltierten Straße. In Oran kam ein großer Lastwagen. Der Fahrer hieß Mohammed Kabir und sagte: *Ihr hattet viele Probleme, nicht? Das ist jetzt alles vorbei! Ihr kommt zu mir nach Hause! Fertig Probleme!* Er gab uns Orangen, Brot, Wasser und fuhr uns nach Maghnia. Dort brachte er uns in einen bedeckten Innenhof und wir sahen auf einmal sehr viele Menschen, wow, wow, wow! Mehr als hundert Leute! Jeden Tag kamen und gingen Leute. Die einen, die ich gestern sah, sah ich heute schon nicht mehr. Ich fragte: *Wo sind diese Leute?* Und man sagte mir: *Die sind jetzt in Melilla.* Oder: *Sie sind in Oujda.* Oder: *Sie sind mit einem Zodiac nach Spanien gegangen.*

Nach einer Woche gingen wir in der Nacht zu Fuß nach Oujda und kamen zu einem anderen Boss namens Aziz. Das war im Frühjahr 2009, also vor vier Jahren. Ich lebte sechs Monate lang im Haus von Aziz und musste jeden Monat 50 Euro bezahlen. Meine Eltern arbeiteten hart und schickten mir immer wieder ein bisschen Geld. Sie waren glücklich, dass ich in Marokko bin. Nach sechs Monaten nahm ich ein Angebot von Abderrahman, einem bengalischen Boss in Oujda. Ich bezahlte ihm 3600 Euro, um nach Spanien zu kommen. Mein Vater nahm dafür einen Kredit auf und brachte das Geld dem Bruder von Abderrahman, der in Bangladesch lebt. Wir waren elf Leute und Abderrahman organisierte uns ein Zodiac von Nador aus über das Mittelmeer. Aber nach nur wenigen Kilometern stieg Motor aus und das Boot hatte ein Loch. Zwei Leute schöpften Wasser, aber es kam immer mehr nach. Der Bootsführer sagte *keine Sorge, wir rufen die marokkanische Polizei.* Also verhafteten sie uns und brachten uns zurück nach Oujda.

Wir warteten vergeblich auf eine zweite Chance. Abderrahman brachte mich nirgendwo hin. Das Geld war verloren. Aber weißt du, manche Leute tun Schlechtes und Gott wird mit ihnen Schlechtes tun. Was ist mit seinem Leben passiert? Ich sage es dir: Er hat von vielen, vielen Leuten sehr viel Geld genommen. Und eines Tages kam er ins Gefängnis. Die marokkanische Polizei verhaftete ihn. Und ich glaube, er verlor 300.000 Euro. Er musste für ein Jahr ins Gefängnis und 200.000 Euro dem Staat geben. Der Rest des Geldes nahm seine Frau und ließ sich von ihm scheiden. Sie kommt aus

Tanger und ihr Vater ist ein General. Als er aus dem Gefängnis kam, wurde er nach Bangladesch abgeschoben. Und wie er dort ankam, hatte er gar nichts mehr. Er weinte und weinte, er rief mich sogar an und sagte, er habe nicht einmal Guthaben auf seinem Telefon.

Im Februar sind vier meiner Freunde nach Rabat gegangen. Dort sei es besser, sagten sie. Rabat ist die Freiheit. Als sie dort waren, rief mich Sishir an und sagte: *Eh! Ich bin frei! Ich kaufe mir mein eigenes Essen, ich kaufe mir Fisch, ich esse was ich will! Ich arbeite und verdiene 40 Dirham (4 Euro) am Tag.* Er arbeitete auf einer Baustelle. Und am 22. Februar 2010, ich erinnere mich genau, da erhielt ich Geld von meinen Eltern und bezahlte 70 Euro, um nach Rabat zu fahren. Da waren die Probleme vorbei! Ich ging jeden Morgen in ein Quartier namens Suisi, um in den Villen nach Arbeit zu fragen, weil Shahalom einmal dort gearbeitet hatte und gut verdiente. So lernte ich einen sehr netten arabischen Jungen kennen, der bei einer französischen Familie arbeitete. Deren Nachbarin war die Frau des philippinischen Botschafters. Und eines Tages sagte er, *geh zu unseren Nachbarn, klingle bei der zweiten Türe und sage nur Jardinier, denn die haben keinen Gärtner mehr.* Ich ging hin und klingelte, eine alte Frau öffnete und ich sagte *Jardinier, Jardinier*. Die Frau war etwa 70 Jahre alt und hieß Marhama. Sie sagte, *warte hier, ich frage die Madame.* Dann kam die Frau des Botschafters und sagte, *du siehst aus wie ein Inder, wo kommst du her?* Ich sagte Bangladesch. *Ah, kennst du die Arbeit?* Ich kannte sie nicht, aber ich sagte ja. *Wie heißt du?* Ich sagte Sohir. *Okay, Sohir, willkommen, Marhama wird dir zeigen, was zu tun ist.* Es war ein sehr großes, schönes Haus mit Schwimmbad und allem. In einer großen Küche brachte mir Marhama Frühstück mit Brot, Tee und allem. Sie zeigte mir mein Zimmer. Ein schönes Zimmer. Dann gab sie mir einen Rechen und ließ mich im Garten arbeiten. Um ein Uhr sagte sie, *geh in dein Zimmer, die Arbeit ist fertig.* So habe ich angefangen zu arbeiten. Am Morgen gab es Frühstück, um ein Uhr Mittagessen und am Abend Abendessen. Es war das erste Mal seit dreieinhalb Jahren, dass ich richtig gutes Essen kriegte. Ich hatte einen Tag die Woche frei. Die Madame sagte: *Du kannst auch am Nachmittag vorher schon gehen, wenn du deine Freunde sehen willst.* Ich sagte, *okay.* Sie gab mir jeden Monat 1500 Dirham. Ihr Sohn hatte ein schönes Auto. Einen Mercedes. Er kostete 74000 Euro. Ich habe ihn jeden Tag schön für ihn geputzt. Und manchmal gab er mir 100 Dirham, 200 Dirham, einfach so. Und er sagte, *wenn du etwas brauchst, sag es mir einfach, okay?*

Ich blieb dort ein Jahr und sieben Monate. Am 22. August 2011 ging ich los und am 25. August kam ich nach Ceuta. Ich hatte einen Kontakt zu einem Pakistaner. Er schickte viele Leute von Castillejos nach Ceuta. Auch viele meiner Freunde. Sie kamen in Autos, versteckt in einem Kasten unter der Rückbank. Dort mussten sie sich hineinlegen, dann machten sie zu und fuhren über die Grenze. Aber ich kam mit einem Wasserscooter. Es war während des Ramadans. In Rabat hatte ich 1000 Euro gespart und 500 Euro schickte ich meiner Familie. Ich sagte, *ich bezahle jetzt 1000 Euro und den Rest sobald ich in Ceuta bin.* Er sagte, *okay, aber wenn das Geld nicht kommt, schicke ich dich wieder zurück!* Zusammen kostete es 2600 Euro.

Ich wartete am Strand in Castillejos. Der Scooter kam direkt aus Ceuta. Um die Mittagszeit. Da waren viele Leute, aber sie kümmerten sich nicht. Denn es war sehr heiß, die Leute dösten oder schwammen im Meer und überall gab es Wasserscooter. Der Fahrer kurvte mit seinem Scooter herum, dann kam er und sagte, *steige ein!* Er fragte, *ist das Geld bereit? – Ja, das Geld ist bereit. – Heute kommt das Geld? – Ja, es kommt. – Keine Sorge, fünf Minuten, Ceuta, Ceuta.* Er startete den Motor und nach ein paar Minuten war ich in Ceuta. Niemand merkte etwas.

Er brachte mich an den Strand, dann kamen zwei Leute und sagten, *venga, venga!* Sie nahmen mich mit und brachten mich in ein Zimmer, wo sie mich einschlossen. Sie gaben mir ein Telefon, um meine Eltern anzurufen, sonst nichts. Kein Essen, nichts. Mein Vater nahm noch einmal einen Kredit auf und schickte mir 1600 Euro. Nach zwei Tagen kam das Geld und sie ließen mich frei. Ich ging zur Polizei und sie gaben mir ein Papier, womit ich zum CETI gehen konnte.

Wir waren an diesem Tag vier neue. Ein Pakistaner blieb sieben Monate hier, dann ließen sie ihn frei und gaben ihm einen Laissez-Passer. Zwei Inder waren ein Jahr und drei Monate hier, dann gaben sie auch ihnen einen Laissez-Passer. Ich bin seit einem Jahr und sechs Monaten hier. Ich bin noch immer hier. Als ich angekommen bin, sagte man mir, ich müsse um Asyl fragen. Damals wusste ich nicht: Wenn du um Asyl fragst, bleibst du hier zwei, drei Jahre, niemand weiß wie lange. Aber wenn du drei Mal *Fuerra*[106] unterschreibst, kommst du nach sieben, acht Monaten weg.

Jeden Morgen gibt es eine Liste der Leute, welche zur Polizei müssen zum unterschreiben. Nach dem dritten Mal schreiben sie deinen Namen auf die Liste für *Maleta*[107]. Dann bringen sie dich nach Algeciras. Ich habe schon zwei Mal unterschrieben. Eine Polizistin nahm meine Fingerabdrücke und gab mir ein Papier zum ausfüllen und unterschreiben. Aber sie sagen uns nicht, wann wir gehen können. Ob in einem Jahr, in zwei Jahren, das weiß niemand. Deswegen versuchen sich viele Leute am Hafen in den Lastwagen zu verstecken. Ich versuchte es vier Mal. Und ich wurde vier Mal erwischt. Ich gehe in der Nacht auf den Parkplatz der Lastwagen und verstecke mich in einem Fahrwerk. Der Lastwagen fährt los und geht in den Hafen. Dort haben sie einen Hund. Und wenn er bellt, sagen die Polizisten *venga amigo, venga, otro dia – komm raus, mein Freund, versuch es an einem anderen Tag!*

Mein Bruder hat auch nichts, keine Papiere, keine Arbeit, nichts. Er versuchte nach Italien zu kommen, aber er sagte, das sei sehr schwierig. Ja, das stimmt: Mit dem Geld, welches ich zum Reisen ausgab, hätte ich in Bangladesch ein großes Haus und viel Land kaufen können. Nach Dubai zu gehen wäre wohl besser gewesen. Ich hoffe, dass sie mich eines Tages hier freilassen. Dann gehe ich nach Spanien und schaue, ob ich Papiere kriegen kann. Wenn ich Aufenthaltspapiere kriege, bin ich glücklich, ist meine Familie glücklich, sind alle Probleme vergessen. Ja, Weißt du, mein Herz ist rein und ich glaube an Gott, dass ich eines Tages durchkommen werde. Denn ich hatte vieles erlebt. Ich sah gute Dinge, schlechte Dinge, ich sah alles. Also glaube ich an Gott. Vielleicht wird er mir eines Tages ein schönes Leben geben. Inschallah. Ja, das ist alles. So ist das Leben.

Ohne dass jemand die Toten zählt

O Allah, erleichtere uns diese Reise und verkürze ihre Entfernung... Das muslimische Reisegebet knattert auf arabisch durch die schlechten Lautsprecher des Airbus A320 von Air Arabia. Basel Mulhouse – Casablanca Mohammed V. In meinem Kopf das Bild von Karawanenhändlern kurz vor Sonnenaufgang in der großen Wüste, die während Jahrhunderten mit diesen Worten für ein sicheres Geleit zur nächsten Wasserstelle baten. Nach drei Stunden liegt Casablanca vor mir. Eine Kruste aus weißen Häuserwürfeln, die sich neben dem Ozean über die Erde legt. Von Staub und Abgasen schmutzig grau geworden. Nochmals drei Stunden, und ich flöge nach Côte d'Ivoire oder Nigeria. Weitere zwei Stunden und ich stünde im Kongo oder in Kamerun. Der Tag wäre noch nicht zu Ende. Die realitätsfremde Nähe einer globalisierten Welt.

Ein Jahr ist vergangen, seit ich diese Geschichten aufzeichnete. An der Grenze zu Algerien hat Marokko indes mit dem Bau eines 450 Kilometer langen Stacheldrahtzaunes begonnen. Eine weitere Mauer, um das Leiden, welches wir mitverursachen, von uns fernzuhalten. Die Grenze wird weiter nach Süden verschoben. Die Schicksale der Reisenden in die Wüste abgedrängt. Aber die Fluchten und Aufbrüche werden damit nicht weniger werden. Ein Ungleichgewicht wird solange nach einem Ausgleich suchen, wie es besteht. Und je höher die Mauern sind, die den Ausgleich verhindern, desto brutaler wird er. Die Reisen werden noch gefährlicher. Der Migrationsdruck steigt weiter an. Und die Kräftigsten sind immer entschlossener, *die Festung Europa zu erobern.*

Ich mache mich auf die Suche nach den Freunden, die mir ihre Geschichten erzählten. Jenen, die noch hier sind. David ist nach Angola zurückgekehrt um zu arbeiten, bis er genug Geld haben würde, um die Suche nach seiner Familie wieder aufzunehmen.

Auf N'diayes Telefonnummer antwortet seit einigen Monaten die künstliche arabische Frauenstimme eines Anrufbeantworters. Und Felix ging zurück nach Nigeria. Er besuchte in Lagos einen Kurs am Goethe Institut, in der Hoffnung, dadurch ein Stipendium für ein Studium in Deutschland zu erhalten. Verschiedene Menschen unterstützten ihn zeitweise mit Geldüberweisungen, und am Ende setzte er alle seine Hoffnung auf mich. Wenn er Geld brauchte, klingelte mein Handy ununterbrochen. Doch über eine realistische Zukunft konnten wir nicht sprechen. Das schwere Trauma seiner Reise machte ihn für mich unzugänglich. Meine Worte prallten an ihm ab. Was er gebraucht hätte, wäre ein Visum nach Europa gewesen oder eine kompetente psychologische Betreuung. Aber Felix lebte einsam in Lagos und vertraute niemandem. Als sich das deutsche Stipendium als Illusion entpuppte, bat ich ihn eindringlich, eine nachhaltige Lösung zu suchen. Nach langem Kampf ging er nach Cotonou, Benin, um auf dem Markt Kleider zu verkaufen. Er brauchte 350 Euro Startkapital, die ich ihm eine Woche später schickte.

Doch es war zu spät. Felix ging damit nach Libyen. Manche Träume sterben nie. Noch am selben Abend reiste er nach Agadez, Niger. Ich versuchte ihn erfolglos davon abzuhalten. Zehn Tage später erhielt ich mehrere Anrufe von einer libyschen Nummer. Ich ging nicht ran. Dann kamen die SMS, die meine bösen Vorahnungen bestätigten: Die Schmuggler hatten ihn an Libyer verkauft, in ein Ghetto namens Aboukefi in Sabha, welche 500 Euro für seine Freilassung und Weiterreise nach Tripoli verlangten. Mai 2014. Der Weg über Libyen nach Italien wurde zur Hauptroute für Flüchtlinge nach Europa. Und in den Medien gab es erste Berichte über den Einstieg libyscher Milizen[108] in das Geschäft mit Lösegeldern für entführte Migranten – nach dem abscheulichen Vorbild aus dem Sinai[109]. Ständig klingelte mein Telefon. Ich schaltete es aus. Ich kaufte eine neue Simkarte. Ich wusste nicht, was ich tun sollte. Als ich zwei Wochen später auf die SMS antwortete, blieb es still. Seither habe ich nichts mehr von Felix gehört.

Massamba verlor inzwischen seine Anstellung als Musiklehrer und sieht als Schwarzer in Marokko keine Perspektive mehr. Er wartet seither darauf, dass seine Mutter das Geld zusammengespart hat, um ihm den Flug zurück nach Brazzaville zu bezahlen. Amin, Maruan und Karim versuchten ein Visum für Norwegen zu kriegen, um als Skateboard-Gruppe an einem Extremsport-Wettbewerb teilzunehmen. Doch der Antrag wurde abgelehnt. Amin und Maruan gingen wieder in den Hafen. Einmal wurden sie von der Polizei erwischt. Amin konnte fliehen, aber Maruan wurde verhaftet und kam für zwei lange Monate ins Gefängnis. Wir schlendern zusammen durch die Lauben der Hobous und reden über alles andere, nur nicht übers Gehen.

Seit Marokko mit der EU eine Mobilitätspartnerschaft eingegangen ist, versucht das Land mit allen Mitteln die Weste seiner Migrationspolitik reinzuwaschen. So wurde vorübergehend davon abgesehen, Reisende nach Oujda abzuschieben, und eine einmalige Legalisierungskampagne für irreguläre Einwanderer gestartet. Rund 850 vom UNHCR anerkannte Flüchtlinge konnten eine *Carte de Séjour* beantragen, einen Ausländerausweis, mit dem sie sich legal in Marokko niederlassen können. Ebenso galt dies für Personen, welche mit einem Marokkaner oder einer Marokkanerin verheiratet sind oder nachweisen können, dass sie seit mindestens fünf Jahren in Marokko leben. Die Legalisierungskampagne kommt aufgrund der strengen Kriterien jedoch nur wenigen zugute und zielt eher darauf ab, anschließend noch konsequenter gegen *Illegale* vorgehen zu können. Um im Auftrag Europas die Reisenden von der Grenze fernzuhalten, scheint Marokko nichts anderes übrig zu bleiben als die alte Strategie der Gewalt. Diese hat seit der Unterzeichnung des Abkommens massiv zugenommen. Frauen berichten von Vergewaltigungen durch Polizisten, und bei großangelegten Razzien in den Camps und Häusern der Reisenden kommt es zu etlichen Todesfällen.

Aber nicht nur die Staatsgewalt hat zugenommen. Auch die Verzweiflung, Wut und Entschlossenheit der Reisenden. Im ganzen

Jahr 2012 versuchten noch 4.000 Menschen in 28 Anstürmen den EU-Grenzzaun von Melilla zu überklettern – und 486 von ihnen schafften es bis ins Stadtzentrum. So die Statistik der Guardia Civil. Im Frühjahr 2014 versuchten es über 4.000 Menschen pro Monat. Und von Januar bis Oktober 2014 gelang etwa 2.000 Personen die Flucht bis ins Campo, ohne an der Grenze heiss abgeschoben zu werden (ANSAmed, 2014). Immer wieder bleiben Reisende oben auf den Zäunen sitzen oder klettern auf die Scheinwerfermasten, um den Zaun zu besetzen und gegen die mörderische Grenze zu demonstrieren. Nicht selten dauert es einen ganzen Tag, bis es der Guardia Civil gelingt, sie mit Knüppeln und Pfefferspray vom Zaun zu prügeln und den marokkanischen Soldaten zu übergeben.

Als Reaktion auf die Gewalt haben manche Reisende auch angefangen, sich selber mit Knüppeln zu bewaffnen und Steine gegen die Soldaten zu werfen. Ich erinnere mich, wie Azarias in Oujda sagte: *Wenn man die Sache immer schwerer macht für die Jungen, die Träume haben, die Hunger haben, dann riskieren sie, gewalttätig zu werden. Und anstatt zu fragen, werden sie kommen, und euch das Brot aus dem Mund reißen. Denn viele sagen sich, ich habe nichts mehr zu verlieren, ich bin im Grunde bereits tot. In mein Land zurückkehren bedeutet den Tod, hierbleiben bedeutet den Tod, siehst du, warum nicht auf diesem Tod beharren, so dass ich zumindest sterbe im Versuch, zu überleben.*

Europa konterte mit einer weiteren Verstärkung der Festung von Melilla: Mit neuen Antiklettermaschen sowie dem Bau eines vierten Zaunes auf marokkanischem Boden. Und Mitte Juli besuchte Spaniens frischgebackener König Felipe VI seinen marokkanischen Amtskollegen Mohammed VI und versprach 150 Millionen Euro zur *Unterstützung von Marokkos Migrationspolitik* für die nächsten drei Jahre. Auch drängt die EU weiter auf das Rückübernahmeabkommen: Marokko soll sämtliche Reisende wiederaufnehmen, welche irregulär Europa betreten. Doch die Verhandlungen ziehen sich in die Länge. Die illegale Migration ist an dieser Grenze ein alter Spielball in einem komplexen Kräftemessen der Diplomatie.

Zeitweise verringert das Königreich bewusst die Überwachung der Strände, erhöht den Druck auf Spanien und verlangt mehr finanzielle Unterstützung. Um alsbald wieder musterhaft brutal gegen die Flüchtlinge vorzugehen. So wurden einige Reisende darüber informiert, dass die Strände von Tanger am 11. und 12. August 2014 nicht bewacht würden. Rund 1300 Menschen schafften es daraufhin innert 48 Stunden nach Spanien – und etwa hundert Personen ertranken in der Meeresenge.

In Rabat treffe ich Amadou und wir setzen uns in ein kleines Café in Duardum. *Schau, ich bin dünn geworden,* begrüßt er mich, aber trotzdem lächelnd. Er zeigt mir eine große Beule an seinem Hinterkopf. Vor ein paar Wochen habe ihn ein Soldat mit einem Stein getroffen, als er über den Zaun nach Melilla klettern wollte. An den Armen und Händen trägt er die Narben von den Klingen der Stacheldrahtrollen. Sechs Wochen verbrachte er im Wald von Gougourou, vor der Grenze zu Melilla. *Jedenfalls ist das Leben dort nicht für einen Menschen gemacht,* sagt Amadou. *Aber das lässt sich nicht beschreiben. Das muss man erlebt haben. Sonst weiß man nicht, was das ist.* Sieben Mal versuchte er zusammen mit rund tausend anderen Reisenden in einem Massenansturm über den Grenzzaun zu klettern. Sechs Mal wurden sie von einem jungen Malier an die marokkanische Polizei verraten und abgefangen, bevor sie den Zaun erreichten. Die Polizisten versprachen dem Jungen, ihn nach Melilla zu schleusen, wenn er sie einen Monat lang jedes Mal darüber informiere, wann seine Kameraden zu einer *Attaque Forcée* aufbrechen. Aber der Verräter flog auf. Die *Chairmen* richteten ihn, schnitten ihm zur Strafe Fingerkuppen und Zehen ab und übergaben ihn den nigerianischen *Ecowas* in Oujda. Seither habe man nichts mehr von ihm gehört.

Nach sechs Wochen und sieben Versuchen kehrte Amadou nach Rabat zurück. Aber seine Mitbewohner hatten inzwischen die Wohnung gekündigt, die Stadt verlassen und Amadous Sachen verkauft. *Schau, das ist alles, was ich noch habe:* Die Kleider, die er trägt, eine kleine Handtasche und ein Küchenmesser gegen die alltäglichen Attacken. *On est mal vu ici, wir sind hier nicht gerne gesehen.* Moussa wurde gerade zwei Tage zuvor überfallen. Acht Uhr abends, er ging um die Ecke Brot kaufen, als ihn zwei Männer von hinten packten und ihm das Handy aus der Hosentasche zogen. Moussa wehrte sich, doch dann kam das Pfefferspray. Es war das dritte Mal. Der Ort war voller Menschen, aber niemand reagierte. *Wenn du nur fünf Minuten mit meiner Haut durch die Straßen gehen könntest, dann wüsstest du, wovon ich spreche.* Ich sitze neben ihm auf dem Bett in einer fensterlosen Kammer voller Feuchtigkeit, wo ihn ein Landsmann in der Not aufgenommen hat. Seit Marokko offiziell die UNO-Flüchtlingspapiere anerkennt, erhält er keine Unterstützung mehr vom UNHCR. Er machte ein Praktikum in einem Restaurant und verdiente 300 Dirham (30 Euro) im Monat, bis ihn der Rassismus seiner Vorgesetzten wieder rauswarf. *Ich weiß nicht, wo mich dieses Leben hinführen will. Manchmal kommt es mir vor, als hätte ich kein Recht auf das Glück, wie es andere haben.*

Nadine lebt noch immer illegal in Duardum. Allerdings in einer neuen Wohnung, zuoberst im Haus, mit vielen Fenstern, durch welche der Wind die Feuchtigkeit rasch wegbläst. Vor drei Monaten gebar sie ihr fünftes Kind: Den Sohn eines Abenteurers, der ihr Freund war, bis er nach Europa ging. Und Jeanne versuchte mit einem Zodiac von Tanger aus das Meer zu überqueren. Aber sie hatte zu viel Angst, um ins Wasser zu springen und sich vom spanischen roten Kreuz retten zu lassen. Also wurde sie kurz darauf von der marokkanischen Marine erwischt und nach Oujda abgeschoben. Als ich sie treffe, bittet sie mich darum, ihre Geschichte vorzulesen. Schweigend hört sie zu und beginnt zu weinen. *Es ist gut, seine eigene Geschichte zu hören, aber es ist nicht leicht.* Vor zwei Monaten habe sie am Telefon mit ihrer Mutter gesprochen. Die Kinder seien groß geworden, habe ihre Mutter gesagt: *Wenn du sie auf der Straße sehen würdest, könntest du sie nicht mehr erkennen.* Jeanne sitzt neben mir und wischt sich sorgfältig mit einem Taschentuch die Tränen von den elegant geschminkten Augen. *Kannst du dir vorstellen, was es heißt, als Mutter deine eigenen Kinder nicht mehr zu kennen?*

Tamesna liegt auf dem Land. Aus dem Boden gestampfte, schlecht gebaute Häuserblöcke, eine neue Satellitstadt von Rabat, an deren Rand Kühe weiden. Die Gegend ist ruhig und sauber und günstig. Ich fahre eine Stunde lang in einem klapprigen Stadtbus hierher, um Naomi zu besuchen. Es geht ihr besser. Sie wurde vom UNHCR als Flüchtling anerkannt, erhielt dank der Legalisierungskampagne einen Ausländerausweis und kriegt jeden Monat 1000 Dirham der UNO-Flüchtlingsbehörde, um ihr Zimmer zu bezahlen. Zum ersten Mal sehe ich Marcel, ihren Sohn. Er ist drei Jahre alt und keine Minute ruhig. Marcel strampelt, schreit, schlägt seine Mutter, wirft Spielzeuge durch die Gegend und Kochtöpfe aus dem Fenster. Wenn Naomi die Nerven verliert, bringt sie ihn wieder in die Kinderkrippe, wo er den ganzen Tag lang in einem Gitterbett eingesperrt wird. *Weißt du, ich konnte ihm nie die Liebe geben, die er verdiente,* sagt Naomi, während sie Marcels Arme festhält, damit er nicht die Wand anmalt. *Ich habe ihn oft geschlagen. Ich habe ihn oft angeschrien. Es war nie leicht.* Die Kinder sind die Erben des Abenteuers. Sie werden das Leiden weitertragen.

Serge trägt einen sauberen, weißen Pullover und hellblaue Jeans, als ich ihn in wiedertreffe. Die Haare kurz geschnitten, das Gesicht rasiert. Er ist schon eine Weile wieder in Rabat, seit er das letzte Mal im *Forêt* war, Gougourou, an der Grenze zu Melilla. Wir sitzen wortkarg nebeneinander in einem Straßencafé. Seine Stimmung ist betrübt. Den ganzen Tag schon stritt er sich mit seiner Freundin. Sie kam ihn gestern aus Marrakesch besuchen und ist heute schon wieder abgereist, weil ihr Chef sie aus dem zweitätigen Urlaub zurückbeorderte. *Alle Leute um mich herum sind Heuchler,* meint Serge bitter. Er wohne jetzt alleine. Er habe keine Freunde mehr. Er habe nie richtige Freunde gehabt. Freunde, die für einen da sind, wenn man sie braucht. Resigniert blickt er auf die Straße. *Weißt du, ich habe einen Sohn. Er ist jetzt sechs Jahre alt. Ich will nicht, dass er das gleiche Leben hat, das mir widerfahren ist. Aber was kann ich für ihn tun? Ich habe nichts. Und ich kann das zuhause nicht einmal erklären.* Serge senkt den Kopf und reibt sich die Augen. Der kräftige Mann mit den geschwollenen Armen und prallen Oberschenkeln sitzt schwermütig neben mir und beginnt leise zu weinen. *Je suis fatigué.* Dann rafft er sich auf und ruft seine Freundin an, um ihr kraftvoll wütend zu sagen, dass er, Kassi Serge Bako, in Zukunft für sie nicht mehr existiere. Wie ein richtiger Mann. Das *Aventure* macht die Beziehungen zwischen den Menschen zu Gratwanderungen mit vielen Abstürzen.

Am nächsten Tag scheint die Sonne und der Himmel ist blau. Ich treffe Serge noch einmal, um ein paar Fotos zu machen, bevor ich nach Tanger weiterreise. Er sitzt am Rande einer lebendigen Gasse der Medina, neben seinem kleinen Stand, an dem er Schuhe repariert: Eine große Holzkiste, eine Ledernadel, zwei Tuben Leim, ein Feuerzeug und eine blaue Schürze voller Schuhsterleimflecken. Lange sitzen wir schweigend nebeneinander, während er sorgfältig die Spitze meines linken Halbschuhs zusammennäht. Unter dem schmutzigen, braunen Kapuzenpulli am Straßenrand ist der würdige Serge von gestern kaum mehr zu erkennen. *Weißt du,* sagt er irgendwann noch, *wir stellen nie Bilder auf Facebook, in denen wir unseren Alltag zeigen. Wir zeigen uns nie in der Medina, sondern gehen in die neuen Quartiere, und wenn wir einen guten Pullover und eine saubere Hose haben, dann tragen wir sie, fotografieren uns vor den schönen Häusern, und die Leute zuhause denken, es gehe uns gut. Wir können ihnen nicht zeigen, wie wir hier leben.*

Lamins Stimme ist heiser, als er mich in Tanger begrüßt. So heiser wie damals in dem chinesischen Gefängnis nach dem großen Aufstand, der ihm das Leben rettete. Heiser vom Schreien. Am Abend davor versuchte er zusammen mit 1500 Reisenden die Grenze von Ceuta zu stürmen. Doch ebenso viele marokkanische Soldaten und spanische Gendarmen hätten bereits auf sie gewartet, als sie die Grenze erreichten. Auch hier hatte die marokkanische Polizei Erfolg mit dem Versprechen, die Informanten nach Spanien zu schleusen. Die Guardia Civil stand mit schwarzen Sturmmasken, Schlagstöcken und Tränengas auf der marokkanischen Seite des Zaunes. Seite an Seite mit den Soldaten, welche mit Eisenstangen und Steinen auf die Reisenden losgingen. In der Entschlossenheit, die Landesgrenze um jeden Preis dicht zu halten, verliert sie sogar ihre eigentliche Bedeutung: Die Trennung zweier Staaten. Kürzlich drangen auch marokkanische Soldaten in die Stadt Melilla ein, um 50 Einwanderer zu verprügeln, verhaften und zurück über die Grenze zu schleppen.

Lamin zeigt mir eine große Schwellung an seinem Oberarm und verzerrt das Gesicht. Seine Stimmung ist noch immer kämpferisch, aber zunehmend nisten sich Ohnmacht und Verzweiflung in sein Gemüt. Vor ein paar Wochen ist sein Cousin ertrunken, als er mit einem Zodiac nach Spanien übersetzen wollte. Und bei dem gestrigen Ansturm seien wieder drei Menschen gestorben, erzählt Lamin. Er habe mit eigenen Augen gesehen, wie ihre reglosen Körper davongetragen wurden.

Europäische Medien berichteten hingegen, niemand sei bei dem Ansturm verletzt worden. Eine Nachricht, die für Spanien ungemein wichtig war, nachdem zwei Monate zuvor ein mediales Aufhorchen durch Europa ging: Mindestens 15 Menschen ertranken am 6. Februar 2014, als die Guardia Civil mit Gummigeschossen und Tränengas auf schwimmende Flüchtlinge schoss, welche über das Meer nach Ceuta zu gelangen versuchten. Ich treffe Lamin zusammen mit einer schwedischen Journalistin, welche deshalb von ihrer Zeitung für eine Reportage hierhergeflogen wurde. Für einen Augenblick schaut die Weltöffentlichkeit auf die schändliche Grenze. Spanien verspricht, keine Gummigeschosse mehr einzusetzen. Und in wenigen Wochen wird die Welt diese Geschichte vergessen haben. Doch das Sterben an der Grenze wird weitergehen, ohne dass jemand die Toten zählt.

Als ich gerade mein Fährticket nach Spanien kaufen will, spricht mich ein Mann an: *Hello, my friend, where are you from?* Tanger ist voll von diesen Leuten. Aber etwas an ihm scheint mir anders. Er heiße Sami und sei Flüchtling aus Syrien, erklärt er, und fragt mich nach Informationen über das Asylsystem in der Schweiz. Ich entscheide, das Fährticket nicht zu kaufen. Samis Sätze sind abgehackt.

Immer wieder durchzuckt ein Leiden sein Gesicht. Die Augen sind klein. *Sag, bin ich noch normal? Macht das Sinn, was ich sage? Oder beginne ich zu Spinnen?* Ich lade ihn ein, mit mir am Hafen einen großen Teller Fisch zu essen. Und Sami gibt in den abgehackten Sätzen eines gefallenen Gebildeten sein Leben preis. Er sitze seit vier Monaten in Marokko fest. Der Winter sei am schlimmsten gewesen. *Karton. Karton hilft im Winter.*

Später setzen wir uns in ein Café in der Medina. Ich erzähle ihm von meiner Reise nach Syrien, und als seine Heimatreaktion ausbleibt, beginne ich an seiner Identität zu zweifeln. Er schreibt mir seine E-Mail-Adresse auf, *anarajawi.* Ich bin Rajawi – so nennen sich die Fans von Casablancas Fußballklub Raja. Ich stutze. Ich schaue in die kleinen, leidenden Augen. Das schmerzverzerrte Gesicht. Die Schüchternheit in Samis Worten. Bevor wir uns verabschieden sage ich, dass ich es ihm nicht übel nehmen würde, wenn seine Geschichte nicht stimmte. Wir verabreden uns für den nächsten Morgen. *Wenn du meine Persönlichkeit kennenlernst, wirst du vielleicht verstehen, warum ich mich hinter einer anderen Geschichte verstecke,* sagt Sami noch, bevor er in die Gasse einbiegt, wo er in einer heruntergekommenen Herberge schläft, für dreißig Dirham die Nacht, mit vielen Männern in einem stickigen Zimmer. Ich glaube noch immer, dass Sami Syrer ist.

Am nächsten Morgen bläst ein schneidender Westwind kleine weiße Wölkchen über den hellblauen Himmel und Staub durch die Straßen. Ich warte auf dem großen Platz vor dem Hafen auf Sami. Möwen kreischen dem Wind entgegen. Touristen mit großen Rucksäcken essen in den Cafés Frühstück. *Yes, hello my friend, mon ami, amigo, come in, here cheap, where are you from, Switzerland, I was in Zermatt, many years ago!* Doch Sami kommt nicht.

Ruhig schlendere ich durch die Medina von Tanger. Die Morgensonne wärmt die Sträßchen. Die Stadt der Wartenden. Der Hoffenden. Nur 14 Kilometer von Europa entfernt. Zwei Stunden später ruft mich Sami doch noch an. Er habe schlecht geschlafen. Wir gehen zum Englischen Friedhof. Unter mächtigen alten Bäumen liegen die grasüberwachsenen Gräber aus der Zeit, in der Tanger eine internationale Stadt war. Amerikanische Diplomaten, Offiziere der Royal Navy, Professoren und deren Gemahlinnen, nach christlichem Brauchtum neben einer Kapelle begraben. Schildkröten kriechen über Marmorplatten. Katzen schleichen durch die wuchernden Büsche. Und die Sonne legt die sanften Schatten der Blätter auf den feuchten Boden. Sami nimmt seine Maske ab und verliert. *Du hast gestern gemerkt, dass ich mich hinter Syrien verstecke.* Es fällt ihm trotzdem schwer zu sagen, wo er herkommt. Die ersten fünf Jahre verbrachte er in einem Dorf auf dem Land. Danach zog seine Familie in ein Armenviertel Casablancas. Medina Kadima. Seine Eltern hätten ihn umbringen wollen, als er zwölf Jahre alt war, schlank, ruhig und schön, jedenfalls nicht so, wie ein richtiger Mann sein sollte, weshalb sie fürchteten, er könnte schwul werden. *Die Schule war mein Fluchtort. Dort vergaß ich alles um mich herum.* Sein Damaskus ist Casablanca. Den Krieg hat es nie gegeben. Sami nimmt seine Maske ab und verliert die profane Rechtfertigung seines Schicksals. Die Tragik eines vom Krieg zerrissenen Landes. Übrig bleibt die Schuld. Die Wut. Die Zweifel. Die Fehler. Wäre er nur nicht schon mit siebzehn klandestin nach Italien gegangen. Gleich nach dem College. Hätte er nur besser Acht gegeben auf das Privileg, in Europa zu sein. Hätte er einfach weiter in dieser Mailänder Metallfabrik gearbeitet, bis seine Papiere in Ordnung gewesen wären. Oder wäre er dann halt in Paris geblieben, auch wenn er die Russin nicht liebte, die ihn unterhielt. Oder dann wenigstens in die Bretagne gegangen. Aber nur nicht nach Nizza. Warum denn Nizza? Es war doch vorauszusehen. Ein arabisch aussehender junger Mann, der in der Luxusmetropole am Mittelmeer auf der Straße schläft. Natürlich würde die Polizei sich für ihn interessieren. Natürlich würden sie ihn abschieben. Nach fünf Jahren in Europa. Zurück nach Marokko. Mit nichts. Und zwei Jahre später wieder weg. Türkei. Griechenland. Bulgarien. Hätte er nur auf die Nummernschilder der Autos geachtet. Es wäre so einfach gewesen. BG.

Das war noch nicht Serbien. Aber als ihm der Grenzsoldat mit Joggingschuhen hinterherrannte, war es zu spät. Zehnmal saß er in griechischen Abschiebelagern fest. Zweieinhalb Jahre in Gefangenschaft. *Vorher hatte ich so weiße Zähne wie du. Jetzt sind sie gelb und faul von Kaffee und Zigaretten.* Er zeigt mir eine Narbe am Kopf, die Erinnerung an den Fußtritt eines griechischen Grenzwächters. *Sie wollen den Leuten ihre Würde nehmen. Ja. Meine Würde wurde wirklich in den Schmutz gezogen, in diesen Jahren.*

Aber wäre er doch nur in Griechenland geblieben. Warum denn zurück nach Marokko? Wegen dem Heimweh? Und was, wenn es diese Heimat gar nicht gibt, nach der man Heimweh hat? Vor drei Monaten flog er zurück nach Casablanca. Fünfunddreißig Jahre alt, ohne jede Grundlage. Was versteht die Familie von seinem Leben? Seine Mutter, die ihn als Kind verjagen wollte, weil sie glaubte, er wäre schwul? Dieses zierliche Kind, das sich so nicht wie ein echter Junge benahm? Wie könnte er ihnen erklären, warum er zurückgekehrt ist? Aus Europa. Mit nichts in der Tasche. Also fuhr er wieder los. Nach Tanger. Nur der Hasch mag ihn noch zu trösten. Und die Hoffnung. Das wissen darum, dass Europa nur 14 Kilometer von hier entfernt ist. *Diese 14 Kilometer machen mich verrückt.*

Am Nachmittag fahre zum Hafen Tanger Med. Mein Schiff nach Europa ist 154 Meter lang und 24 Meter breit und hat acht Stockwerke. Es ist angesichts seiner stolzen Größe ironischerweise benannt nach drei winzigen spanischen Eiländern vor der marokkanischen Küste: Die Alhucemas-Inseln. Auf eine dieser Inseln, kaum größer als dieses Schiff, schwammen Ende August 2012 rund 80 Menschen ohne europäische Einreiseerlaubnis. Das unbewohnte, felsige Inselchen liegt gerade mal 50 Meter von der Küste entfernt. Aber ihre Hoffnung, durch das Betreten europäischen Bodens unter europäischem Recht zu stehen, erfüllte sich nicht. Ohne Einzelfallprüfung wurden sie mitten in der Nacht auf den 4. September 2012 durch die Guardia Civil von der Insel geräumt, den marokkanischen Behörden übergeben und von diesen im Niemandsland an der algerischen Grenze ausgesetzt (Ceberio Belaza, 2012).

Im Bauch der Fähre löst sich der Alarm eines Autos. Ein kräftiger Nordwind braust die Wellen auf und lässt das Schiff leicht schwanken. An seinem Heck flattert eine kleine, schmutzige, spanische Fahne. Ich schaue zurück auf das Land der gestrandeten Reisenden. Das Land der großen Hoffnung. Und Enttäuschung. Der geplatzten Träume. Und für so viele, die versuchen, über diese seltsame Grenze zu kommen, das letzte Land ihres Lebens. Ich schaue auf das Land der Gastfreundschaft. Auf das Land meiner Liebe. Das Land meiner Sehnsucht. Auf meine zweite Heimat. Ich ziehe vorbei am *Dschebel Moussa*, dem Berg zwischen Tanger und Ceuta, der allmählich im Dunst verschwindet. Ich überquere das Meer als wäre es nichts. Die Fähre zerbricht die hohen Wellen mühelos zu einem weißen Staub. Die Wogen bringen sie nur leicht zum wanken. Die Sonne strahlt auf das dunkelblaue Meer. Wie künstlich diese Grenzen sind, denke ich.

Sohir begrüßt mich vor der U-Bahn-Station *Vodafone Sol*, für dessen Umbenennung der britische Mobilfunkkonzern der Stadt Madrid drei Millionen Euro gezahlt hat. Wir spazieren zur Plaza Santa Ana, auf der Sohir ein halbes Jahr lang von Mitternacht bis sechs Uhr Morgens Bier verkaufte. Einen Monat nach unserem Treffen in Ceuta erhielt er von den spanischen Behörden einen Laissez-Passer, ein Fährticket nach Algeciras und ein Busticket nach Madrid. Willkommen in Europa. Nach einem halben Jahr Bierverkaufen schickte ihm sein Vater eine gefälschte Geburtsurkunde. 15. November 1996. Sohir lässt sich von der bangladescher Botschaft in Madrid einen Pass ausstellen, nach dem er 17 Jahre alt ist, und geht damit zur Einwanderungsbehörde. Er wird in einem Heim für minderjährige unbegleitete Einwanderer untergebracht, erhält einen Ausweis, Essen, Taschengeld, Schulunterricht. Und in einem halben Jahr, wenn er offiziell achtzehn wird, mit etwas Geld und Glück, kriegt er vielleicht spanische Aufenthaltspapiere.

GiRESSE

Giresse

Geboren 1990 in Kongo Kinshasa

Ich schrieb ein Gedicht[110] mit dem Titel *Der verrückte Planet Erde ist eigentlich nicht verrückt*. Es ist ein Gedicht der Hoffnung, welches den Menschen zeigt, dass mit den Schwierigkeiten, die im Leben auf uns zukommen, auch die Hoffnung einhergeht. Denn beim Anblick dieser Welt gibt es überall Leute, welche die Hoffnung verloren haben, auch in den entwickelten Ländern. Oft fragen wir uns: *Was haben wir getan, um dies zu verdienen?* Und viele verzweifeln an dieser Frage. Das Gedicht ist die Geschichte eines Mannes, der sich eines Tages entscheidet, diesen Planeten zu verlassen, um zu einem anderen Planeten zu reisen. Es ist meine Geschichte. Zuerst sah ich in meinem Land die Gewalt und musste fliehen, unterwegs erlebte ich die Entbehrung und dann hier in Marokko bin ich der Diskriminierung, rassistischen Äußerungen und Überfällen ausgesetzt. All das hat mein Herz traurig gemacht. Also sage ich mir: Ich muss diesen Planeten verlassen. Ich will zum Planeten Mars. Denn die Leute wollten schon immer zum Mars gehen. Der Mars ist das Ziel. Also will ich auch zum Mars, um zu sehen, wie es dort ist, und ob ich dort einen Platz zum Leben habe. So gehe ich los. Ich gehe und gehe und gehe, bis ich einen Wegweiser sehe, auf dem in großen Lettern geschrieben steht: *MARS*. Ich gehe näher und da erkenne ich unterhalb in roter Schrift: *Zutritt nur für Roboter*. Als ich das sehe, verliere ich sämtliche Hoffnung. Ich sage mir: Ich floh von der Erde, um zum Mars zu gelangen. Und jetzt dreht mir auch der Mars den Rücken zu! Ich bin verzweifelt und weiß nicht, was ich tun soll. Denn zurückzukehren, wo ich herkam, bedeutet den Tod. Und auf

283

den Mars zu gehen bedeutet den Tod. Also sitze ich da und wartete auf den Tod. Da höre ich auf einmal eine Stimme rufen: *Komm mein Bruder, komm!* Ich schaue mich um und sehe niemanden. Aber die Stimme fährt fort: *Schau, im Herzen der Verzweiflung wird die Hoffnung geboren.* Die Stimme fängt an, mich zu trösten und ich sage mir, *ja, sie hat recht.* Und da erkenne ich von weitem die Person hinter der Stimme. Sie ist nicht schwarz, nicht weiß, weder Frau noch Mann, es ist nur eine Person. Sie steht auf einem großen Schiff und sagt, *mein Bruder, ich habe dich lange gesucht, um mich mit dir zu versöhnen.* Diese Person ist der Vertreter des Planeten Erde, der mir gefolgt ist, um mich um Entschuldigung zu bitten. Sie gibt mir Hoffnung. Und wie ich ihr zuhöre, denke ich mir, *nein, die Erde ist nicht verrückt, aber wir, die Menschen, wir machen sie verrückt.* Also besteige ich das große Schiff und komme zurück auf die Erde. Das ist die Handlung des Gedichtes.

Anmerkungen

1   Es handelte sich um ein Massaker von Regierungstruppen an Familien in Abidjan, welche aus dem Norden des Landes stammten. Von 2002 bis 2007 befand sich Côte d'Ivoire in einem **Bürgerkrieg**. Rebellengruppen aus dem Norden des Landes bekämpften die aus dem Süden stammende Regierung. Ausgelöst wurde der Krieg durch ethnische Spannungen, er stellte aber in erster Linie einen Konflikt bestimmter Interessengruppen um Land und den Zugang zu Ressourcen dar.

2   **Bordj** (sprich: Bordsch), offiziell Bordj Badji Mokhtar, ist eine abgelegene algerische Stadt in der Wüste an der Grenze zu Mali. Sie ist ein Knotenpunkt für Reisende auf der Wüstenroute von Mali nach Marokko. Auf dem Tschad-Platz werden sie für meist sehr harte Arbeiten zu niedrigen Tagelöhnen abgeholt. Sie finanzieren sich so die Weiterreise nach Oran oder Algier.

3   **Maghnia** ist eine Grenzstadt im Norden Algeriens, gegenüber der marokkanischen Stadt Oujda. Die Grenze zwischen Marokko und Algerien ist seit 1994 gesperrt und wird von den Reisenden heimlich zu Fuß überquert. Auf beiden Seiten der Grenze etablierten sich zu einem hohen Grad organisierte Gemeinschaften in versteckten Camps. Die Gemeinschaften unterscheiden sich nach Herkunftsland der Reisenden und weisen eine klare Hierarchie auf. Sie ermöglichen eine geführte und gut organisierte Überquerung der Grenze. Andererseits missbrauchen die Machtpersonen in vielen Gemeinschaften ihre Position, um ankommende Reisende gnadenlos auszubeuten.

4   **Zodiac** ist ein französischer Schlauchboothersteller, nach dem die für die Überfahrt verwendeten Schlauchboote benannt werden. Diese Boote sind nicht meerestauglich und werden in der Regel aus Kostengründen mit doppelt so vielen Menschen beladen wie angegeben. Laut dem spanischen Roten Kreuz sind Zodiacs mittlerweile die am häufigsten verwendeten Boote für die Überquerung.

5   **Nador** ist eine marokkanische Küstenstadt am Mittelmeer nahe der spanischen Enklave Melilla.

6   **Castillejos** (sprich: Kastiecho) ist der aus der Kolonialzeit stammende aber noch heute gebräuchliche Spanische Name der Stadt Fnideq.

Castillejos/Fnideq grenzt direkt an die spanische Enklave Ceuta. Ausgehend von Fnideq oder von dem Dorf Belyounech auf der anderen Seite der Enklave versuchen Reisende häufig schwimmend oder in Schlauchbooten in spanisches Gewässer zu gelangen.

7 **Ceuta** (sprich: Seuta) ist eine spanische Enklave an der Mittelmeerküste Marokkos. Ebenso wie Melilla, die zweite spanische Enklave, ist die Stadt mit rund 84.000 Einwohnern von zwei acht Kilometer langen Stacheldrahtzäunen umgeben. Seit Jahren versuchen Flüchtlinge und Migrierende diese Grenze zu überklettern, umschwimmen oder mit Schlauchbooten zu umfahren, um auf europäischen Boden zu gelangen. (Siehe *Die Enklave*, Seite 236)

8 Es handelt sich um Soldaten der **Forces Auxiliaires**. Dies ist eine paramilitärische Einheit, welche rechtlich den Streitkräften untersteht, aber vom Innenministerium befehligt wird. Im Norden des Landes übernehmen sie die Migrationsbekämpfung an den Grenzen zu Ceuta und Melilla sowie an der Küste. Die Forces Auxiliaires werden häufig auch zur Niederschlagung von Demonstrationen eingesetzt sowie zur Bewachung von Amtsgebäuden und einflussreichen Personen.

9 **Oujda** (sprich: Uschda) ist eine marokkanische Grenzstadt zu Algerien. 30 Kilometer von der Stadt entfernt werden regelmässig unerwünschte Reisende im kargen Ödland an der Grenze ausgesetzt. (Siehe *Das Meer soll uns nicht verschlucken*, Seite 179)

10 **Marhababik**, arabisch für *willkommen*.

11 Eine **Dschellaba** ist ein traditionelles, weites Gewand mit einer großen, spitzen Kapuze.

12 **Souk**, arabisch für *Markt*.

13 **Couchsurfing.com** ist eine internationale Gastfreundschafts-Plattform (da sie seit September 2012 keinen Datenschutz mehr bietet, empfehle ich stattdessen Bewelcome.org).

14 **Harraga** ist eine Bezeichnung für Personen, welche irregulär nach Europa zu migrieren versuchen. Der arabische Ausdruck bezeichnet ursprünglich jemanden, der die Papiere / die Grenze verbrennt.

15 **MSN Messenger** war ein in den 2000er-Jahren sehr verbreitetes Chat-Programm von Microsoft.

16 Der **Franc CFA** ist die Währung der ehemaligen west- und zentralafrikanischen französischen Kolonien. CFA war ursprünglich die Abkürzung für *Colonies Françaises d'Afrique* und wurde später zu *Communauté Financière Africaine* umgedeutet. Der CFA-Franc ist an den Euro gebunden und wird durch Frankreich kontrolliert. 85 Prozent der Wäh-

rungsreserven liegen in der Banque de France. Der massive Einfluss von Frankreich und der Europäischen Union auf die CFA-Währung wird in Afrika stark kritisiert und als Neokolonialismus betrachtet.

17   **Affection.org** ist eine kostenlose französischsprachige Kontaktbörse.

18   Die **Internationale Organisation für Migration** (IOM) ist eine Hilfsorganisation im Migrationsbereich, welche von 151 Mitgliedstaaten finanziert wird. Sie engagiert sich vor allem für die Verhinderung von Migration und die Rückführung von Migrierenden. In Marokko finanziert sie besonders verletzlichen Personen die freiwillige Rückkehr in ihr Heimatland.

19   **Terre des Hommes** ist ein entwicklungspolitisches Kinderhilfswerk, welches 1960 von dem Schweizer Journalisten Edmond Kaiser gegründet wurde. In Marokko unterstützt Terre des Hommes seit 2011 Mütter und Kinder subsaharischer Migrantenfamilien. Sie setzt sich außerdem auf institutioneller Ebene für die Rechte von Migranten ein.

20   Im Anschluss an die **Präsidentschaftswahl 2010** kam es in Côte d'Ivoire zu kriegerischen Auseinandersetzungen. Amtsinhaber Laurent Gbagbo und Herausforderer Alassane Ouattara beanspruchten beide den Sieg für sich, wobei letzterer von UNO, EU und Afrikanischer Union als legitimer Präsident betrachtet wurde. Gbagbo sprach jedoch von massivem Wahlbetrug im Norden des Landes, der von den Rebellen der *Forces Nouvelles* kontrolliert wurde, welche Ouattara unterstützten. Diese kämpften nun mit Hilfe von UNO-Truppen und französischen Elitesoldaten gegen Gbagbo-treue Regierungsstreitkräfte. Im April 2011 eroberten sie die Hauptstadt Abidjan begleitet von Massakern an Zivilisten und verhafteten Gbagbo. Während der fünfmonatigen Krise verloren mehr als 3000 Menschen ihr Leben und etwa eine Million Flüchtlinge verließen das Land.

21   Die **Europäische Nachbarschaftspolitik** (ENP) ist seit 2004 ein Programm der Europäischen Union mit dem strategischen Ziel, einen *Ring stabiler, befreundeter Staaten* um die EU herum zu etablieren. Marokko ist als *privilegierter Partner* der größte Empfänger von EU-Geldern im Rahmen der Nachbarschaftspolitik.

22   Die **euro-mediterrane Partnerschaft** (EMP) wurde 1995 in Barcelona gegründet (daher auch Barcelona-Prozess genannt) und gilt als das Fundament der institutionalisierten Beziehung der EU zu ihren Nachbarländern im Mittelmeerraum. Ihr formuliertes Ziel ist *die Schaffung eines Raumes des Friedens, der Stabilität und des gemeinsamen Wohlstandes im Mittelmeerbecken*. Dabei wird der Bekämpfung illegaler Migration ein hoher Stellenwert eingeräumt. 2008 wurde die EMP in

die von Frankreichs Präsident Sarkozy gegründete *Union für das Mittelmeer* integriert.

23   In Zentralafrika liegen zwei Länder mit dem Namen **Kongo**: Die Republik Kongo mit der Hauptstadt Brazzaville, eine ehemalige französische Kolonie, sowie die Demokratische Republik Kongo mit der Hauptstadt Kinshasa, eine ehemalige belgische Kolonie, welche unter der Diktatur von Mobutu Zaire hieß. Die beiden Länder werden durch den Fluss Kongo voneinander getrennt, wobei die Hauptstädte einander gegenüberliegen. Um eine Unterscheidung zu erleichtern, werden hier die umgangssprachlich üblichen Bezeichnungen «Kongo-Brazzaville» und «Kongo-Kinshasa» verwendet.

24   Reisende aus **Kongo-Brazzaville** benötigen kein Visa für die Einreise nach Marokko.

25   **RDC**: *Republique Démocratique du Congo*, Demokratische Republik Kongo mit der Hauptstadt Kinshasa.

26   **Angolas Wirtschaft** verzeichnet derzeit das größte Wachstum in ganz Afrika und ist bereits die drittgrößte Volkswirtschaft des Kontinents – nach Südafrika und Nigeria. Über 20.000 Portugiesen übersiedelten in den letzten Jahren in ihre ehemalige Kolonie. Die Hauptstadt Luanda ist 2013 laut dem Beratungsunternehmen ECA International die teuerste Stadt der Welt in punkto Lebenshaltungskosten für ausländische Geschäftsleute. Teurer als Tokio, New York oder London.

27   Reisende gewisser afrikanischer Länder wie Senegal, Mali und Kongo Brazzaville können **visumsfrei** in Marokko einreisen. Andere sind gezwungen, auf die klandestine Wüstenroute auszuweichen, wenn sie nicht die nötigen Voraussetzungen und Mittel haben (Geld, Arbeit, Stabilität), um ein marokkanisches Visum zu erhalten. Sie können nicht fliegen und nicht über die gesicherte Landroute an der Küste reisen (via Senegal, Mauretanien, Westsahara).

28   Dies sind die **inoffiziellen Wahlresultate**, welche nach der Wahl vom 28.11.2011 vielerorts kursierten. Nach offiziellen Angaben gewann der regierende Präsident Joseph Kabila mit 48,95 % der Stimmen, während Etienne Tshisekedi 32,33 % erhielt. Einzelergebnisse zeugen jedoch von massivem Wahlbetrug. So gingen in gewissen Wahlbezirken angeblich 99,46 % der Bevölkerung wählen – und stimmten zu 100 % für Kabila. Zudem gingen die Ergebnisse von mindestens 4875 Wahlstationen verloren und etwa 3 Mio. Stimmen sollen doppelt registriert worden sein. (vgl. de.wikipedia.org/wiki/Wahl_in_der_Demokratischen_Republik_Kongo_2011, 29.9.2013)

29   **Joseph Kabila** wurde 2001 mit nur 30 Jahren Präsident der RDC, nachdem sein Vater Laurent-Désiré Kabila bei einem Attentat ums Leben kam. Dieser stürzte 1997 die über dreißigjährige Diktatur von Mobutu Sese Seko.

30   **Buzu**, haussa für *Leder*. Diskriminierender Ausdruck, welcher häufig von der schwarzhäutigen Bevölkerung verwendet wird, um die hellhäutigen (*Lederfarbenen*) Tamaschek/Tuareg zu bezeichnen.

31   **Ressemblance**, französisch für *Ähnlichkeit*. Gemeint ist ein Pass, der nicht auf seinen Träger ausgestellt wurde, dessen Passbild letzterem jedoch ähnlich sieht. Solche malischen Pässe werden in Bordj auf dem Schwarzmarkt verkauft und von den meisten Reisenden benutzt, um durch die Polizeikontrollen hindurch weiter nach Norden zu gelangen. Für Besitzer von **malischen Pässen** ist die Einreise nach Algerien nicht visumspflichtig.

32   **Allah rabbi**, arabisch für *Gott ist mein Herr*.

33   **Fuckup**, nigerianischer Slangausdruck für *Strafe*. Abgeleitet von Englisch *to fuck up something*: etwas versauen, respektive *to fuck up someone*: jemanden fertig machen.

34   **Chairman**, Englisch für *Vorsitzender, Präsident*. Begriff für die Chefs der *Ghettos* oder *Communities,* der nach Herkunftsland aufgeteilten Gemeinschaften von Reisenden entlang der Route. Die meisten Communities sind streng hierarchisch organisiert und vergleichbar mit einem Staatsapparat auf kleinstem Raum. Dies ermöglicht einerseits ein geordnetes Zusammenleben wildfremder Menschen unter extrem schwierigen Umständen in einem rechtsfreien Gebiet, eine gut organisierte Überquerung der Grenze sowie eine Art Selbstorganisation des Menschenschmuggels. Andererseits missbrauchen die Machtpersonen in vielen Gemeinschaften ihre Position, um ankommende Reisende gnadenlos auszubeuten.

35   Als **Passagiere** werden hier Personen bezeichnet, welche in der Community auf der niedrigsten Hierarchiestufe stehen: Einfache Reisende ohne Machtposition.

36   **Fedra**, wahrscheinlich abgeleitet von *federation* oder *federal republic*, englisch für *Bund, Bundesrepublik* (Nigeria ist eine Bundesrepublik).

37   **Fedrapo**, wahrscheinlich abgeleitet von Fedrapolice

38   **Junge Frauen**, insbesondere aus Nigeria, werden werden häufig von sogenannten *Connection Men* mit dem Versprechen von einem besseren Leben in Europa auf die Reise gelockt und unterwegs zu deren Sexsklavinnen gemacht, vergewaltigt und zur Prostitution gezwungen.

39   Positive Umschreibungen von **Vergewaltigungen** wurden teilweise beibehalten, um die Wortwahl der Erzählenden wiederzugeben. Es wurde versucht, sowohl dem Anspruch der Authentizität gerecht zu werden, als auch dem Anspruch, die sexualisierte Gewalt nicht in der Sprache weiterzuführen. Der Sprachgebrauch der Erzählenden weist auch auf ihren Umgang mit dem Trauma hin, da es einfacher war mit entsprechenden Umschreibungen darüber zu reden. Das Übernehmen dieser Wortwahl soll den Gewaltcharakter der Erfahrungen keineswegs herunterspielen. Im Falle von Felix hängt die Verwendung von «Liebe machen» damit zusammen, dass dies scheinbar der einzige Begriff war, der ihm dafür zur Verfügung stand. Im Falle der Schilderungen von Jeanne und Nadine mag es ein Versuch sein, sich durch diese harmlosere Bezeichnung des Geschehens («ich war gezwungen mit ihm zu schlafen») die eigene Würde zu bewahren, da Vergewaltigungen in ihrem kulturellen Umfeld als Tabu wahrgenommen werden.

40   **Rotes Öl**, gemeint ist Palmöl.

41   Die **Gendarmerie** ist eine militärisch organisierte Polizeieinheit nach französischem Vorbild, welche dem Verteidigungsministerium (Algerien) respektive direkt dem König (Marokko) unterstellt ist. Das spanische Pendant ist die *Guardia Civil*. In Marokko übernimmt die *Gendarmerie Royale Marocaine* vor allem Aufgaben im ländlichen Raum, während die lokale Polizei, die *Sûreté Nationale*, für die Städte zuständig ist und dem Innenministerium untersteht.

42   **La Fac**, gemeint ist die *Facultée de Droit*, die juristische Fakultät der Universität Mohammed I in Oujda. Auf dem ehemaligen Sportgelände im Westen der Fakultät campieren seit Jahren Migrantinnen und Migranten, meist vorübergehend in einfachen Hütten aus Ästen, Plastiksäcken, Planen und Decken, da sie dort weitgehend vor Übergriffen der Polizei geschützt sind.

43   **MSF**, Medecins sans Frontières (Ärzte ohne Grenzen) ist eine medizinische Hilfsorganisation, welche von 2003 bis 2013 insbesondere in der Region Oujda und Nador subsaharischen Migranten den Zugang zu grundlegender medizinischer Versorgung ermöglichte.

44   **Yoruba** ist ein westafrikanisches Volk, das vor allem im Südwesten Nigerias lebt.

45   In Nigeria und etlichen anderen Ländern werden die **Wohnungsmieten** in der Regel für ein Jahr im Voraus bezahlt.

46   Die hier beschriebenen **Menschenhandel-Netzwerke** sind eine direkte Folge der Grenzpolitik. Da Europa seine Grenzen hermetisch abriegelt und die Transitländer beauftragt, die Migration mit allen Mit-

teln zu bekämpfen, müssen viele Reisende auf organisierte Schmugg-
lernetzwerke ausweichen, um weiterzukommen. Diese wird es geben,
solange sich Menschen gezwungen sehen, ihre Heimat zu verlassen,
und sie durch Grenzen daran gehindert werden. Entsprechend ist die
einzige effektive Maßnahme gegen den Menschenhandel die Öff-
nung der Grenzen. Durch jede andere angebliche *Bekämpfung von
Menschenhandel* wird die Situation verschlimmert: Die Akteure werden kriminalisiert, ihr Risiko wird größer, ihre Aufgabe schwieriger; sie
werden skrupelloser, verlangen höhere Preise, wählen gefährliche-
re Routen; und die Ausgeliefertheit und Ausbeutung der Reisenden
nimmt zu.

47 **Al Ghorba**, arabisch für *die Fremde*, aber auch für *Einsamkeit, Entfrem-
    dung, Verlassenheit.*

48 **Safi**, marokkanischer Dialekt für *genug*. Häufig verwendet für *also, gut*.

49 **Gaschté** ist ein Slang-Ausdruck für *Reiseproviant*.

50 **Klebstoffdämpfe** haben eine betäubende und euphorisierende Wir-
    kung. Im vorliegenden Fall wird der Klebstoff zum Reparieren von
    Fahrradreifen verwendet. Er wird in einer Plastiktüte beim Atmen vor
    den Mund gehalten und gilt als Droge der Armen.

51 **Dreadlocks**, auch Rasta-Locken, verfilzte Haare wie sie von den
    Rastafaris getragen werden.

52 Der **Grenzfluss Evros** zwischen Griechenland und der Türkei. Bedingt
    durch die verstärkten Kontrollen im Süden Spaniens und Italiens so-
    wie die Zunahme von Kriegsflüchtlingen aus dem Osten (Afghanistan,
    Irak, Syrien) war die Überquerung der türkisch-griechischen Grenze
    2013 die Hauptroute für Flüchtlinge auf dem Weg nach Europa.

53 **Artikel 13** (Freizügigkeit und Auswanderungsfreiheit) der Allgemeinen
    Erklärung der Menschenrechte schreibt: *1. Jeder hat das Recht, sich in-
    nerhalb eines Staates frei zu bewegen und seinen Aufenthaltsort frei zu
    wählen. 2. Jeder Mensch hat das Recht, jedes Land, einschliesslich seines
    eigenen, zu verlassen sowie in sein Land zurückzukehren.*

54 **Beispiel Schweiz**: Nur zwei Tage nach der Unterzeichnung dieser
    Mobilitätspartnerschaft begrüßt die schweizerische Bevölkerung mit
    79% eine weitere Verschärfung des Asylgesetzes: Das Botschaftsasyl
    wird abgeschafft (somit kann in der Schweiz nur noch um Asyl ersu-
    chen, wer illegal einreist oder sich bereits legal in der Schweiz aufhält),
    Kriegsdienstverweigerer haben kein Anrecht auf Asyl, die Beschwer-
    defrist wird verkürzt und die gesetzliche Grundlage für geschlossene
    Asylantenlager geschaffen.

55 Reisende aus **Senegal** benötigen kein Visum für die Einreise nach Marokko. Sie erhalten an der Grenze einen Einreisestempel, der sie zu 90 Tagen Aufenthalt berechtigt.

56 Drei weitere Reisende schilderten mir unabhängig voneinander die Beobachtung, dass ihre Personendaten von marokkanischen Polizeistationen an eine **europäische Datenbank** weitergeleitet worden seien, wofür die beteiligten Polizisten direkt Geld erhalten hätten. Die Schilderungen konnten jedoch nicht weiter verifiziert werden. Auf eine entsprechende Anfrage bei der Pressestelle der Europäischen Union erhielt ich nach anderthalb Monaten und mehrmaligem Nachfragen die Antwort, es gäbe «keinerlei Vereinbarungen mit Drittstaaten, die einen Datenaustausch über Bürger aus Drittstaaten vorsehen, die versuchen, illegal in die EU zu gelangen». Dennoch dürfte es sich bei den Vorfällen um einen Versuch handeln, die Einspeisung von Daten in EURODAC auf Drittstaaten auszuweiten. EURODAC ist eine europäische Datenbank zur Speicherung von Fingerabdrücken von Flüchtlingen und Migranten. Sie dient der Anwendung des Dublin-Abkommens, um Asylsuchende in ihr EU-Ankunftsland abzuschieben, da sie nach der Dublin-Verordnung einzig dort das Recht haben, Asyl zu beantragen. Da insbesondere Reisende aus dem Senegal in Marokko meistens mit ihren persönlichen Pässen verhaftet werden, dürften die Fingerabdrücke und Personendaten der EU dazu dienen, die Personen bei einer eventuellen Ankunft in Europa zu identifizieren und direkt in den Senegal abzuschieben. Andererseits könnte es auch ein Prämien-System darstellen, indem marokkanische Polizisten durch finanzielle Belohnungen dazu gebracht werden, möglichst viele Reisende zu verhaften und abzuschieben.

57 Am 25. Oktober 2012 **ertranken 58 Menschen** in der Strasse von Gibraltar. Ein Frontex-Flugzeug hatte ihr Boot in Seenot in der Nacht zuvor fotografiert, aber keine Rettungsmaßnahmen eingeleitet.

58 **Auch die Schweiz** als Nicht-EU-Land zählt hier dazu, da sie durch die Abkommen von Schengen und Dublin in das EU-Grenzsystem integriert ist und auch die Europäische Grenzschutzagentur Frontex mitfinanziert. Außerdem stellt die Schweiz jährlich 40 Grenzwächter für Frontex-Missionen zur Verfügung – unter anderem auch am Stacheldrahtzaun in Ceuta.

59 **Hera** ist in der griechischen Mythologie die eifersüchtige Gattin und Schwester des Göttervaters Zeus. Zum Widerstand gegen Zeus' zahlreiche Liebschaften fehlt ihr zwar der Mut, sie verfolgt aber seine unehelichen Kinder und stürzt sie in Raserei.

60 **Zeus** hatte Europa zuvor aus dem heutigen Libanon entführt, indem er sich in einen weißen Stier verwandelte, sie verführte und übers Meer trug. Wie die Geschichte weitergeht: Als die Argonauten mit dem goldenen Vlies von Colchis zurückkehrten, wollten sie auf Kreta Halt machen und Trinkwasser für ihre Weiterreise holen. Ihr Anführer Jason versuchte Talos davon zu überzeugen, dass sie sich in einer ernsthaften Notlage befänden und umgehend wieder weiterreisen würden. Aber Talos verweigerte ihnen den Zutritt auf die Insel. Da lenkte Jasons Gefährtin Medea den Riesen Talos ab, worauf dieser – je nach Überlieferung aus unterschiedlichen Gründen – einen Nagel in der Ferse verlor und verblutete.

61 **Fnideq**, auch *Castillejos* genannt, ist die marokkanische Grenzstadt zur spanischen Enklave Ceuta.

62 Von 2002 bis 2007 befand sich Côte d'Ivoire in einem **Bürgerkrieg**. Er wurde ausgelöst durch ethnische Spannungen, stellte aber in erster Linie einen Konflikt bestimmter Interessengruppen um Land und den Zugang zu Ressourcen dar. Der Konflikt kam 2007 durch einen Waffenstillstand und die Teilung des Landes zu einem Stillstand, lebte aber mit den Präsidentschaftswahlen Ende 2010 kurzzeitig wieder auf.

63 Die Insel **Alcatraz** in der Bucht von San Francisco, USA, diente von 1934 bis 1963 als Hochsicherheitsgefängnis. Es galt aufgrund der eiskalten Strömung der Bucht als besonders ausbruchssicher und wurde vor allem mit *Unruhestiftern* aus anderen Gefängnissen belegt. Die Insel war mit Wachtürmen ausgestattet. Als einziges Gefängnis in den USA gab es in Alcatraz (nur) Warmwasserduschen – um eine Gewöhnung an kaltes Wasser für die Flucht zu verhindern.

64 Das Wort **Bruder** wird in westafrikanischen Umgangsformen häufig verwendet, um einen Freund oder Kameraden zu bezeichnen.

65 **UNHCR**, *United Nations High Commissioner for Refugees*. Das UNO-Hochkommissariat für Flüchtlinge registriert in Marokko Flüchtlinge und prüft deren Status. Neuangekommene erhalten ein Identitätsdokument, welches sie als Asylsuchende beim UNHCR ausweist. Dieses Dokument schützt sie nach internationalem Recht vor einer Abschiebung. Wird ein Gesuch bewilligt, erhält die betreffende Person eine Identitätskarte des UNHCR und teilweise Unterstützung, um den Lebensunterhalt zu bestreiten.

66 **Takadoum** ist ein heruntergekommenes Viertel im Osten von Rabat, in dem viele Subsaharier in sehr prekären Verhältnissen leben.

67 In Spanien ist die **Guardia Civil** verantwortlich für die Grenz- und Küs-

tenwache. Sie ist eine paramilitärische Polizeieinheit wie die *Gendarmerie Marocaine.*

68 Der **HI-Virus** wurde erstmals im 20. Jahrhundert (während der Kolonialzeit) in Zentralafrika auf den Menschen übertragen. Wie es dazu kam, ist unklar, und Theorien dazu sind umstritten. Eine Theorie geht davon aus, dass die Übertragung des Virus durch einen Impfstoff gegen Kinderlähmung in Belgisch Kongo (Kinshasa) geschah, für dessen Herstellung versuchsweise Schimpansenzellen verwendet worden seien, was zur Mutation des Virus geführt habe. Der Impfstoff wurde von 1957 bis 1960 testweise an etwa eine Million Menschen in Zentralafrika verabreicht, vorwiegend in Kinshasa (damals Leopoldville). Die Theorie stützt sich unter anderem darauf, dass der älteste Fund von HIV-1 aus einer Blutprobe stammt, welche 1959 in Kinshasa genommen wurde. Vgl. Edward Hooper: The Origins of the AIDS Pandemic, www.aidsorigins.com/origins-aids-pandemic (30.9.2013)

69 **Michael Jackson** besuchte 1992 den Ort Krindjabo im Südosten von Côte d'Ivoire auf der Suche nach seinen Wurzeln. Er erklärte, seine Vorfahren stammten aus dem dortigen Königreich der Sanwi.

70 Das Gespräch wurde am 24. Januar 2013 geführt, 13 Tage nach Beginn der *Opération Serval,* mit der die französische Armee im Norden Malis einmarschierte.

71 Tiken Jah Fakoly: *Ouvrez les Frontières*, in Album *L'Africain*, Barclay Records, 2007

72 **Caritas** ist eine Wohlfahrtsorganisation der römisch-katholischen Kirche, welche in der Nothilfe, Entwicklungshilfe und den Sozialdiensten tätig ist. In Marokko bietet Caritas in Rabat und Tanger materielle, medizinische, rechtliche und psychologische Unterstützung für subsaharische Durchreisende.

73 **Almosen** geben ist die dritte der fünf Säulen des Islams: Jeder Muslim und jede Muslima ist verpflichtet, einen Teil des Besitzes an Arme, Waisen, Bedürftige, Verschuldete oder Reisende zu spenden, um sie in ihrer Not nicht alleine zu lassen.

74 Das als **Genfer Flüchtlingskonvention** bekannte *Abkommen über die Rechtsstellung der Flüchtlinge* wurde 1951 auf einer UNO-Konferenz in Genf verabschiedet. Es entstand in Reaktion auf die Verweigerung zahlreicher Staaten, darunter insbesondere auch der Schweiz, während dem 2. Weltkrieg Flüchtlinge aufzunehmen und ihnen Schutz vor Verfolgung zu gewähren.

75 Im **Bürgerkrieg von Côte d'Ivoire** kämpften von 2002 bis 2007 Rebellengruppen der nördlichen Landeshälfte gegen Regierungstruppen des Südens. Bei dem hier geschilderten Vorfall handelt es sich um den Einmarsch von Rebellenorganisationen, welche im Oktober 2002 die Städte Danané und Man eroberten und tausende Zivilisten töteten. Diese Organisationen bestanden hauptsächlich aus liberianischen Truppen unter Sam Bockarie. Der aus Sierra Leone stammende General trug den Spitznamen *Moskito*, weil er bekannt war für schnelle Angriffe aus dem Hinterhalt. Seine Truppen kämpften zuvor zehn Jahre lang einen Bürgerkrieg in Sierra Leone und waren berüchtigt dafür, die Zivilbevölkerung auf grausame Art zu terrorisieren. Durch willkürliche Morde, Vergewaltigungen sowie das Amputieren von Händen, Armen und anderen Körperteilen wollten sie diese für ihre *Kooperation mit der Regierung* bestrafen. Sam Bockaries Rebellen der *Revolutionary United Front* waren auch bekannt für massive Plünderungen, die Versklavung der Bevölkerung und den Einsatz von Kindersoldaten. Sie finanzierten sich in erster Linie durch Diamanten. (Vor diesem Hintergrund spielt der Thriller *Blood Diamond* von Edward Zwick aus dem Jahr 2006.)

76 Ein *Familiale*-Modell des **Peugeot 504** mit offiziell sieben Sitzplätzen.

77 **Foyer**, französisch für *Heim*: Sehr einfache und günstige Massenunterkünfte für Reisende, auch *Ghetto* genannt.

78 Auslöser für das **Schließen der Grenze** war das Attentat vom 24. August 1994, als französische Islamisten algerischer Herkunft in Marrakesch in ein Luxushotel eindrangen und auf eine Gruppe Touristen schossen, bevor sie mit der Hotelkasse die Flucht ergriffen. Zwei Touristen starben, einer wurde verletzt. In der politischen Krise mit seinem Nachbarn machte Marokko den algerischen Geheimdienst für das Attentat verantwortlich und führte als Sanktion die Visapflicht für Algerier ein. Empört über die falsche Anklage schloss Algerien daraufhin die Landesgrenzen.

79 Die **Westsahara** ist ein Gebiet zwischen Marokko und Mauretanien, in dem vor allem nomadische Berberstämme leben. Von 1901 bis 1975 war die Wüstenregion spanisches Kolonialgebiet. Während die Guerillaorganisation *Frente Polisario* für die Unabhängigkeit kämpfte, organisierte das marokkanische Königreich 1975 den *Marche Verte*: 350.000 Marokkaner wanderten in das Gebiet ein, und nachdem sich Spanien überstürzt zurückzog, erklärte der marokkanische König Hassan II die Westsahara schrittweise zu seinem Hoheitsgebiet. Marokko bekämpft seither rigoros sämtliche Unabhängigkeitsbewegungen der *Saharauis* und errichtete einen über 2500 Kilometer langen, verminten

Sandwall als Grenze zu den von der Polisario kontrollierten Gebieten im Osten. Die Frente Polisario wird von Algerien unterstützt, welches sich damit einen Zugang zum Atlantik erhofft. Marokko investierte seit der Annektierung etwa drei Milliarden Dollar in den Wüstenstreifen und erhofft sich den Gewinn von geschätzten sechs Milliarden Tonnen Phosphat, bisher ungeförderten Bodenschätzen und der Verpachtung der fischreichen Atlantikküste an ausländische Flotten.

80 **Fac**, Abkürzung von *Faculté*. Gemeint ist die juristische Fakultät der Universität Mohammed I in Oujda.

81 **MSF** zog sich im März 2013 nach zehn Jahren aus Marokko zurück, da die Situation der Intervention nicht mehr einer akuten medizinischen Krise entspreche, sondern einen chronischen und politisch herbeigeführten Missstand darstelle. Der Schutz von Migrierenden und die Verteidigung ihrer fundamentalen Menschenrechte liege aber außerhalb des Beschäftigungsfeldes der Organisation. Der Schlussbericht: www.trappedinmorocco.org

82 **Mobutu Sese Seko** war von 1965 bis 1997 Präsident der Demokratischen Republik Kongo (Kinshasa). Seine Herrschaft war eine der längsten und korruptesten Diktaturen Afrikas. Sie wurde im Mai 1997 von der Rebellenorganisation AFDL unter Laurent-Désiré Kabila gestürzt. Mobutu ging nach Marokko ins Exil, wo er im September desselben Jahres in Rabat an Prostatakrebs starb.

83 **Gnassingbé Eyadéma** war togolesischer Militärdiktator von 1967 bis zu seinem Tod 2005. Anlässlich seines Todes sagte der französische Staatspräsident Jacques Chirac öffentlich: «Mit ihm stirbt ein Freund Frankreichs, der für mich ein persönlicher Freund war (...) mit Sicherheit spürt Afrika den fürchterlichen Schmerz angesichts des Verlusts dieses Mannes, der sich seit so vielen Jahren für regionale Zusammenarbeit, für Vermittlung und für den Friedensprozess eingesetzt hat.» (Quelle: www.rfi.fr/actufr/articles/062/article_33840.asp [2.8.2013])

84 **Simone Gbagbo** ist die Ehefrau von Laurent Gbagbo, der von 2000 bis 2010 Präsident von Côte d'Ivoire war. Während des Bürgerkrieges von 2002 bis 2007 erhielt sie den Spitznamen *Eiserne Lady*. Sie wurde am 18. August 2011 zusammen mit ihrem Ehemann von Soldaten Alassane Ouattaras verhaftet und misshandelt. Ouattara wurde bei der Machtübernahme aktiv von Streitkräften Frankreichs und der UNO unterstützt.

85 Das **No Border Netzwerk** ist eine lose Verbindung von autonomen Gruppierungen in Europa, welche sich für Bewegungsfreiheit engagieren.

86 Erste Chorstrophe der **Europahymne**. Es handelt sich um den Schluss-
    chor von Beethovens Neunter Symphonie unter Verwendung von
    Schillers Gedicht *Ode an die Freude*.

87 **Jufure Island**, auch *James Island* und seit 2011 offiziell *Kunta Kinteh Is-
    land*, Binneninsel im Fluss Gambia.

88 **Door of no return**, etwa: *Tor ohne Wiederkehr*, auf das Meer führen-
    des Tor, durch welches afrikanische Sklaven von den Verliesen in den
    Inselfestungen auf die Sklavenschiffe verfrachtet und über den Ozean
    gebracht wurden.

89 **Soweto** war ein Vorort von Johannesburg, in dem im Juni 1976 schwar-
    ze Schüler und Studentinnen gegen die Direktive der Regierung pro-
    testierten, in den höheren Schulklassen nunmehr auf Afrikaans und
    nicht mehr auf Englisch zu unterrichten. Da sie diese Sprache zum
    Teil kaum beherrschten, sahen sie sich dadurch ihrer Chancen im Bil-
    dungssystem beraubt. Die Polizei schlug die Demonstration blutig
    nieder, wobei mindestens 575 Kinder und Jugendliche getötet sowie
    zahlreiche bei Razzien in Schulen inhaftiert und gefoltert wurden.
    Der Aufstand von Soweto wurde zum Symbol des Kampfes gegen die
    Apartheid und führte zu lange andauernden, landesweiten Protestak-
    tionen gegen das Apartheidsregime welche bis 1978 andauerten.

90 **Hobo**, Begriff für *Landstreicher, umherziehende Gelegenheitsarbeiter*,
    ursprünglich Wanderarbeiter in den USA.

91 **KFC**, *Kentucky Fried Chicken*, amerikanische Fastfood-Kette.

92 **Strike**, englisch in diesem Zusammenhang für *angreifen, zuschlagen*.

93 **Babylon** war eine der wichtigsten Städte des Altertums. Sie lag am
    Euphrat, etwa 90 km südlich des heutigen Bagdads. In der Bibel wird
    Babylon als Ort des Unglaubens, der Unzucht und der Unterdrückung
    dargestellt. Teile der israelitischen Bevölkerung Jerusalems wurden um
    600 v. Chr. durch babylonische Eroberer nach Babylon umgesiedelt.
    In diesem babylonischen Exil erkannten die Rastafari als Nachfahren
    schwarzer Sklaven in Jamaika Parallelen zur Verschleppung ihrer ei-
    genen afrikanischen Vorfahren nach Amerika. Sie prägten daher die
    Verwendung des Begriffs *Babylon* oder *Babylon-System* als Ausdruck
    für das herrschende westliche Gesellschaftssystem.

94 **Kwame Nkrumah** (1909–1972) führte Ghana 1957 als erstes schwarz-
    afrikanisches Land in die Unabhängigkeit und wurde 1960 zu dessen
    erstem Präsidenten gewählt. Er war einer der wichtigsten Sprecher
    der panafrikanischen Bewegung. Nkrumah setzte sich für die Einheit
    Afrikas ein und rief alle Afrikaner dazu auf, die Fesseln des Koloni-

alismus abzuschütteln. Er prangerte die wirtschaftliche Ausbeutung durch transnationale Konzerne an und betonte, dass sich auch mit der formellen Unabhängigkeit der afrikanischen Länder an den Ausbeutungsstrukturen der Kolonialzeit nichts geändert habe. 1966 wurde er im Zuge des Kalten Krieges und mit Unterstützung westlicher Machthaber durch einen Militärputsch gestürzt. Nkrumah ging ins Exil und starb 1972 in Bukarest.

95 **Patrice Lumumba** (1925–1961) war Wortführer der kongolesischen Unabhängigkeitsbewegung und wurde 1960 zum ersten Ministerpräsident der heutigen Demokratischen Republik Kongo gewählt – trotz großem Widerstand der weißen Siedler und der führenden Oberschicht des Landes. Während der Unabhängigkeitsfeier prangerte Lumumba in seiner Rede die Unterdrückung und Ausbeutung des Kongos durch die belgische Kolonialverwaltung an – in Anwesenheit internationaler Honoratioren und des belgischen Königs. Lumumba wollte das Land nach dem Vorbild Ghanas unter Kwame Nkrumah aufbauen. Dem standen insbesondere die USA sowie die im Kongo verbliebenen weißen Siedler und die belgischen Offizieren entgegen. Er wurde nur zweieinhalb Monate nach Amtsantritt mit Unterstützung der USA durch den späteren Diktator Joseph Mobutu gestürzt und unter Hausarrest gestellt. Nach einem Fluchtversuch wurde er zusammen mit zwei Gefolgsleuten von Mobutus Männern festgenommen, in eine Waldhütte gebracht, gefoltert und unter anderem von belgischen Politikern beschimpft und angespuckt. Am 17. Januar 1961 wurden Patrice Lumumba und seine zwei Getreuen von Soldaten unter belgischem Kommando erschossen. Um die Tat zu vertuschen, wurde Lumumbas Leichnam später zerteilt und mit Batteriesäure aufgelöst, die von einer belgischen Minengesellschaft bereitgestellt worden war. Die Tötung wurde Dorfbewohnern angelastet und eine belgische Zeitung titelte: *Der Tod des Satans*.

96 **NATO-Draht**, auch als *Z-Draht, Klingendraht* oder *Widerhakensperrdraht* bekannt, ist eine Variante von Stacheldraht mit rasierklingenähnlichen Schneiden, welche wesentlich stärkere Verletzungen verursachen als gewöhnliche Stacheldrahtdornen.

97 Es ist eine verbreitete **illegale Praxis** der spanischen Grenzwächter, Personen, welche heimlich die Grenze übertreten, ohne Einzelfallprüfung nach Marokko zurückzuschieben. Diese Übergaben werden laut den Aussagen von Reisenden auch von Korruption begleitet. So habe die Guardia Civil den marokkanischen Militärs Geld gegeben, damit sie die Reisenden übernehmen, wozu sie sonst weder verpflichtet sind noch ein Interesse haben.

98 Das **britisch-indische Kolonialreich** wurde 1947 unabhängig und in ein laizistisches, überwiegend von Hindus bewohntes Indien und ein islamisches Pakistan aufgeteilt. Pakistan bestand aus zwei geografisch weit voneinander entfernten Landesteilen: Westpakistan (heute Pakistan) und Ostpakistan (heute Bangladesch). Dabei beanspruchte Westpakistan die Führung der beiden Landesteile, was zu Unabhängigkeitsbestrebungen in Ostpakistan und schließlich 1971 zu einem Unabhängigkeitskrieg führte. In dem Krieg verloren zwischen 300.000 und 3 Millionen Menschen das Leben, 200.000 Frauen wurden vergewaltigt und über 10 Millionen Menschen flohen aus Bangladesch nach Indien.

99 Je mehr Menschen aus West- und Zentralafrika auf die **Sahara-Route** ausweichen mussten, um nach Europa zu reisen, desto interessanter wurde sie für Schmuggler. Dies führte in den vergangenen fünfzehn Jahren dazu, dass auch Reisende aus Indien, Bangladesch und Pakistan über Mali und Algerien nach Europa geschleust wurden. Denn die Asiaten in der Wüste sind ein Goldgeschäft: Sie sprechen keine lokale Sprache, haben keine Landsleute, welche entlang der Strecke Ghettos betreiben, und können sich aufgrund ihrer Hautfarbe nicht als Malier ausgeben. Sie sind daher auf der gesamten Route auf Schmuggler angewiesen und befinden sich in absoluter Abhängigkeit.

100 **Forêt**, französisch für *Wald*, bezieht sich in den Erzählungen der Menschen im vorliegenden Zusammenhang nicht auf Wälder in einem mitteleuropäischen Sinne, sondern auf die Wildnis außerhalb von Städten und Dörfern, wo die Betroffenen im Gebüsch, unter Felsen oder Bäumen ihre behelfsmäßigen Lager errichten, während sie auf die Weiterreise warten. Solche Lager gibt es überall entlang der Reiserouten. So zum Beispiel bei Tin Zaouaten, Tamanrasset, Maghnia, Oujda sowie vor den Grenzen zu Melilla und Ceuta.

101 **Fisabilillah**, arabisch für: *Auf dem Weg Gottes*. Häufig verwendeter Ausdruck zum Bitten oder Bestätigen: in Gottes Namen, um Gottes Willen etc.

102 **Tamar**, arabisch für *Datteln*.

103 **Thuraya** ist der Name eines Satellitentelekomunikationsnetzes der Thuraya Satellite Telecommunications Company aus Abu Dhabi. Der Name bezeichnet im arabischen die Pleyaden, einen Sternenhaufen mit sieben hervorstechenden Gestirnen im Sternzeichen des Stiers, im Osten des Nachthimmels der nördlichen Hemisphäre.

104 **Haram**, arabisch für *verboten, sündhaft*. Religiös geprägter Ausdruck, Gegenteil von *halal*.

105 **Urdu**, neuindische Amtssprache Pakistans.

106 **Fuerra**, spanisch für *weg, raus*. Gemeint ist ein Dokument, welches die Betroffenen unterschreiben, womit sie erklären, den Schengen-Raum freiwillig verlassen zu wollen, respektive damit einverstanden zu sein, abgeschoben zu werden. Wenn eine Person drei Mal unterschrieben hat, wird sie nach Algeciras in Abschiebungshaft gebracht. Dort können Personen jedoch von Gesetzes wegen nur bedingte Zeit festgehalten werden. Nach spätestens 40 Tagen müssen sie entweder abgeschoben oder mit einer Ausreiseaufforderung freigelassen werden. Aufgrund der hohen Anzahl an ankommenden Personen und der komplizierten und kostenaufwendigen Abschiebungsverfahren werden viele Personen nicht abgeschoben sondern freigelassen.

107 **Maleta**, spanisch für *Koffer* (Koffer packen). Ausdruck dafür, von der Polizei auf die spanische Halbinsel überführt zu werden.

108 Nachdem vorwiegend islamistische Milizen mit Unterstützung von NATO und USA im Frühjahr 2011 Muammar Al-Gaddafi stürzten, versank **Libyen** im Chaos. Trotz einer Übergangsregierung übernahmen die Milizen die Kontrolle über große Teile des Landes und bekämpfen sich seither gegenseitig. Gleichzeitig wurde die Grenze durchlässig und Libyen zum meisgewählten Transitland für die Reise nach Europa. Aber auch zum Gefährlichsten. Flüchtlinge und Migrierende laufen Gefahr, von Sicherheitskräften der Übergangsregierung verhaftet und in menschenrechtswidrige Lager gesteckt zu werden, welche von Italien und der EU finanziert werden. Dort werden sie regelmäßig brutal gefoltert und häufig in die Wüste nach Niger und Tschad abgeschoben. Gleichzeitig entführen organisierte Menschenschmuggler zunehmend Reisende unterwegs in der Wüste und verkaufen sie an Milizen, welche für ihre Freilassung Lösegelder verlangen.

109 Auf der ägyptischen Wüsten-Halbinsel **Sinai** werden Flüchtlinge von spezialisierten Banden entführt und brutal gefoltert – häufig bis zum Tod. Insbesondere auch Frauen und Kinder. Dabei werden deren Angehörige per Mobiltelefon angerufen, um bis zu 30.000 Dollar Lösegeld zu erpressen. Die Flüchtlinge stammen mehrheitlich aus Eritrea und befinden sich auf dem Weg nach Israel. Bisher fielen über 8.000 Menschen diesem grausamen Verbrechen zum Opfer.

110 Es handelt sich um ein langes **poetisches Werk** auf Französisch, welches der Autor selber eines Tages veröffentlichen möchte, weshalb es hier nicht in seiner eigenen Form wiedergegeben wird.

Quellen

ANSAmed: Melilla: 100 migrants attempt to scale barrier, 14.10.2014, www.ansamed.info/ansamed/en/news/sections/general-news/2014/10/14/melilla-100-migrants-attempt-to-scale-barrier_c948b41f-e37f-4bd8-9942-f3c427b8bb42.html

ARD: Report Mainz: Festung Europa, 5.10.2009, 21:15, http://media-thek.daserste.de/sendungen_a-z/310120_report-mainz/3088048_festung-europa-xl-version- (21.9.2013)

Asociaciòn Pro Derechos Humanos de Andalucìa (APDHA): Droits de L'homme à la frontière Sud 2014, S. 14

Bayanga-Belume, Willy: Plainte contre les gouvernements marocain et espagnol, in: Collectif: Paroles D'exiles, Editions Biliki, Bruxel-les, 2007, S. 481ff

Ceberio Belaza, Mónica: Spain and Morocco remove sub-Saharan immigrants from Isla de Tierra, El Pais, 4.9.2012, www.elpais.com/elpais/2012/09/04/inenglish/1346759075_903935.html (12.11.2013)

Chaudier, Julie: Maroc-Mauritanie: 45 migrants abandonnés en plein désert, 22.12.2012, www.yabiladi.com/articles/details/14539/maroc-mauritanie-migrants-abandonnes-plein-desert.html (21.9.2013)

Commission of the European Communities: Commission Staff Wor-king Document, 13.2.2008, http://ec.europa.eu/transparency/reg-doc/rep/2/2008/EN/2-2008-150-EN-1-0.Pdf (21.9.2013)

Del Grande, Gabriele: Mamadous Fahrt in den Tod, Von Loeper, 2008, S. 44

EC, European Commission: Europeaid, Morocco, http://ec.europa.eu/europeaid/countries/morocco_en (23.10.2014)

EC, European Commission: Joint press conference by José Manuel Barosso and Abdelilah Benkirane, following their meeting in Ra-bat, 1.3.2013, Video: http://ec.europa.eu/avservices/video/player.cfm?sitelang=en&ref=93429

EK, Europäische Kommission: EU und Marokko unterzeichnen Part-nerschaftsabkommen zur Steuerung von Migration und Mobilität, 7.6.2013, http://europa.eu/rapid/press-release_IP-13-513_de.htm (25.8.2013)

ETF: Migration et Compétences, 2013, www.etf.europa.eu/webatt.nsf /0/94199E6A3A9FEB1AC1257B1E0030827F/$file/Report%20Migration%20and%20skills_Morocco.pdf (21.9.2013)

Forbes: The World's Richest Royals, 29.04.2011, www.forbes.com/sites/investopedia/2011/04/29/the-worlds-richest-royals (21.9.2013)

Gadem: Recrudescence de la répression envers les migrants au Maroc Une violence qu'on croyait révolue, 11.9.2012, http://www.gadem-asso.org/Recrudescence-de-la-repression,142 (11.12.2013)

Hossli, Peter: 40 Schweizer schützen Europas Aussengrenze, in «Blick» vom 29.8.2014, Zürich

Lemag: Spanish FM applauds Morocco's «excellent cooperation» in fighting illegal immigration, 17.4.2014, www.lemag.ma/english/Spanish-FM-applauds-Morocco-s-excellent-cooperation-in-fighting-illegal-immigration_a7479.html (5.10.2014)

MSF: Violence, Vulnerability and Migration: Trapped at the Gates of Europe, 2013, www.trappedinmorocco.org/doc/2013.pdf (21.9.2013)

Panoramaroc: Voici ce qui s'est passé sur la patera de Lanzarote, 18.03.2013, www.panoramaroc.ma/fr/voici-ce-qui-sest-passe-sur-la-patera-de-lanzarote-entretien-exclusif-avec-un-survivant/ (20.5.2013)

Reflexion: Le roi Mohamed VI, le «commandeur des croyants», 7ème fortune mondiale, 15.1.2012, www.reflexiondz.net/Le-roi-Mohamed-VI-le-commandeur-des-croyants--7eme-fortune-mondiale_a15463.html (21.9.2013)

Talos: Demo Day Summary, 17 May 2012, www.talos-border.eu/index.php?option=com_content&view= article&id=93:talos-demo-day-summary&catid=1:latest-news&Itemid=59 (19.2.2013)

Telquel: 2012, Mohammed VI : Première année islamiste, 3.1.2013, http://www.telquel-online.com/En-couverture/2012-Mohammes-VI-Premiere_annee_islamiste/550-551 (19.9.2013)

Telquel: Parlement. Les droits de l'homme selon Benkirane, 7.12.2012, www.telquel-online.com/Essentiel/Parlement-Les-droits-de-l-homme-selon-Benkirane/548 (21.9.2013)

Valsecchi, Riccardo: Ceuta, the Border-fence of Europe, 25.6.2009, www.worldpress.org/Europe/3371.cfm (20.2.2013)

Darko, Amma:

Der verkaufte Traum

2. Auflage 2000, 184 Seiten, gebunden
ISBN 3-89657-140-0, 15,80 EUR

Mara, ein Mädchen aus einem Dorf in Ghana, wird mit dem ehrgeizigen und rücksichtslosen Akobi verheiratet. Die Ehe entpuppt sich als Fehlschlag. Irgendwann geht Akobi nach Europa, um es im «Land, das dem Himmel am nächsten ist», zu Wohlstand und Ansehen zu bringen. Eines Tages lässt er Mara nachkommen... Dieser Roman zählt heute zu den bestverkauften Büchern einer schwarzafrikanischen Schriftstellerin in Deutschland und zu den Klassikern der MigrantInnenliteratur.

Unglaublich einfühlsam und spannend zugleich beschreibt Amma Darko die Realität afrikanischer Mädchen und Frauen – erst in Afrika, später in Europa. Sie schildert die Zwänge, die aus autoritärer Erziehung und dem Fehlen von Bildung entstehen – beginnend in der elterlichen Familie, dann in der Ehe. Emanzipation und Befreiung können in diesem Umfeld nur schwer und auch der Romanheldin nur teilweise gelingen.
Aber es sind gerade diese Zwänge, die so viele Afrikaner in das gelobte Land nach Europa – ins Paradies – treiben und so ist der Roman auch nach Jahrzehnten seiner Entstehung noch aktuell, angesichts des medialen Interesses an diesem Thema im Herbst 2013 vielleicht sogar aktueller denn je, denn anschaulich und packend beantwortet Amma Darko mit diesem Roman auch die Fragen nach dem Warum der nicht enden wollenden Flüchtlingskatastrophen auf dem Mittelmeer.
Der Klassiker der MigrantInnen-Literatur – aktueller denn je!
Barbara Schirpke, Afroport

Ganz unmerklich zieht einen diese Geschichte in ihren Bann. Plötzlich ist man mittendrin und liest und liest – und liest das ganze Buch auf einmal durch. In ein paar Stunden. Hintereinanderweg. Amma Darko erzählt anschaulich und packend, wird nie langatmig, nicht moralisierend oder wehleidig. Sie behält immer eine kleine Distanz, die Raum für Humor läßt.
Alexandra Schwerin von Krosigk,
SFB-Zeitpunkte, 11.2.93

schmetterling verlag